财税制度改革与财税政策变迁研究

孙健夫/著

本书得到河北省教育厅人文社科重点研究基地、
河北大学政府管理与公共政策研究中心的资助

科学出版社
北京

内 容 简 介

财政税收在我国改革发展进程中始终扮演着十分重要的角色。本书基于作者的前期研究成果，对我国改革开放以来财税制度改革与财税政策的发展演变过程进行了回顾与梳理。共包含八章内容，涉及财税制度改革的若干理论、公共经济与公共财政的关系、改革与完善我国财政体制机制、改革与完善我国税收制度、宏观财政政策决策与运行分析、优化产业发展财政支持政策、大力完善民生财政政策，以及财税制度与政策国际比较研究等问题。这些问题均反映了三十多年来不同阶段财政税收领域重要的体制机制改革和政策设计思路及其实施效果的评价。

本书可供从事经济学、管理学，尤其是财税学习和研究的专业人员和大学生学习参考，也可对实际工作者进行政策分析提供帮助。

图书在版编目（CIP）数据

财税制度改革与财税政策变迁研究 / 孙健夫著. —北京：科学出版社，2016.8

ISBN 978-7-03-049675-1

Ⅰ. ①财… Ⅱ. ①孙… Ⅲ. ①财税–财政改革–研究–中国 ②财政政策–研究–中国 ③税收政策–研究–中国 Ⅳ. ①F812.2 ②F812.0 ③F812.422

中国版本图书馆 CIP 数据核字（2016）第 201885 号

责任编辑：徐 倩 / 责任校对：赵桂芬
责任印制：徐晓晨 / 封面设计：无极书装

科学出版社 出版
北京东黄城根北街 16 号
邮政编码：100717
http://www.sciencep.com

北京凌奇印刷有限责任公司 印刷
科学出版社发行 各地新华书店经销

*

2016 年 8 月第 一 版 开本：720×1000 B5
2016 年 8 月第一次印刷 印张：14 3/4
字数：290 000

POD定价： 86.00元
（如有印装质量问题，我社负责调换）

前　言

财政和税收作为由政府掌握的分配手段，对现代经济和社会的发展承担着重要的协调与引导功能。它的最大特征就是由国家权力部门通过法律法规的制度安排，将公共利益和私人利益、整体利益和局部利益、眼前利益和长远利益、经济利益和社会利益、厂商利益和消费者利益、经济体系内部各环节的利益及公平和效率的关系都与财政税收联系起来，使其在组织公共收入、提供公共产品和服务的过程中，为社会经济稳定和科学发展创造一个有利的环境。而财政税收制度作用的发挥，往往还要表现在不同时期、不同领域、不同性质的财政政策上，或者说，政府还需要立足于既定的财税制度针对具体的主体和客体情况制定并完善相应的政策。制度相对于政策来说，其稳定性和延续性更强。而政策可以表现得更加灵活，有更多的选择性。但是，由于财税制度和政策都会对所涉及的分配对象产生十分重要的影响，并由此改变经济和社会发展中诸多的利益关系，改变相关经济主体的经济行为，因此，慎重制定财税制度和政策、合理调整财税制度和政策，最大限度地增强其对经济和社会发展的积极影响，减少其对经济和社会发展的消极影响，是财政税收学术研究的基本任务和永恒课题。

改革开放以来，我国的财政税收制度与政策随着经济和社会发展呈现出日益复杂的情况。例如，1983 年我国将国营企业直接上交利润改为上交所得税这样的一个变化，好像只是上交财政的名称改变了，实质上都是利润中的一部分以一定比例上交的形式。其实不然，这里不仅是利与税在上交的理论和法律依据不同，而且在分配规则上及其后续的影响上也有所不同。缴纳所得税的制度设计远比上交利润复杂得多。在流转税体系中，用增值税替代产品税更是如此。在两个税种的替代过程中，看似只是税种名称做了调整，实际上却是征税机理的改变，以及税收计算方式、税收负担形成、税收对纳税人生产经营方式的影响，乃至税收征管的技术处理方法，等等，都发生了重大改变。还有，在中央财政与地方财政之间，以及财政与资金使用单位之间的联系上，过去的拨款只要领导批准即可，预算的象征性意义更大。而在规范的财政管理体制下，任何资金的拨付都必须纳入政府预算的盘子当中进行安排，并必须由同级人民代表大会及其常委会按程序严格审批和监督执行。如此等等，这些变化不是人为的繁琐化表现，而是财税分配方式及其管理科学化的必然要求。这样的变化不是削弱了，而是显著提升了社会分配的公平及公共财力管理的效率。正是这样的变化，推动着我国财政税收领域的研究视野不断开阔，思想不断创新，财政税收制度与政策不断走向完善。我国的财政发展模式实现了从原来的计划经济下的国家分配模式到公共财政模式的转变，从原来的生产性财政到民生财政的转变。税收制度也从原来简单的流转税体系转变为流转税、所得税、财产税、资源税和行为税多税种搭配、多环节征收、多层次调节的复合税制。政府的财税政策也广泛地渗透到生产、流通、分配和消费各环节，渗透到教育、科学、文化、卫生等领域。

今天，我国的经济和社会发展已经来到了一个新的历史阶段，在经过了长达三十多年的高速增长之后，国内外经济环境发生了新的变化，我国经济增长正在步入“新常态”时期。如何构建适应“新常态”的财政税收制度和政策，无疑给我们提出了更高的要求。作为一名终身在财政税收领域从事高等教育和学术研究的人，笔者愿意和各位同仁一起，继续为之贡献绵薄之力。

孙健夫

2016年4月

目　录

第一章　财税制度改革的若干理论问题

第一节　税收两大功能及其相互关系

税收是国家为筹集公共财力而参与国民收入分配的基本形式。在相当长的时间里，我国主要通过公有制企业的价值分配获取财政收入，而使税收的作用空间缩小到一个狭小的范围内，因此，税收的功能受到了极大的限制。1978 年，随着中国共产党十一届三中全会的召开，我国的经济改革序幕徐徐拉开。税收领域在社会经济发展中的地位和功能逐渐走上正常的轨道。1980 年我国建立了中外合资经营企业所得税，1982 年实施了外国企业所得税，又在 1983 年和 1984 年进行了两步利改税。但是，在这一时期，人们还没有社会主义市场经济的概念，而仅仅提出了在社会主义计划经济下发展商品经济的问题，因此，对很多问题都存在不同的认识。关于税收组织财政收入功能和调节经济发展功能的争论发生在 1986~1989 年，其核心问题是如何看待两者之间的关系。

一、税收的调节作用与税收的经济杠杆作用的关系

有的学者主张，不能把税收的调节作用与税收的经济杠杆作用混为一谈。“因为税收的调节作用区分为自发的调节和自动的调节两种。自发调节是指国家在利用税收手段取得财政收入的同时而对社会成员的物质利益分配关系产生一定影响，而自动调节则是指税收的经济杠杆作用，是国家利用税收在取得财政收入时对社会成员的物质利益分配关系发生影响的特点，对经济进行有意识的调节，使其朝着预定的方向发展”（赵峰，1986）。笔者认为，将税收的调节作用一分为二，把税收的调节作用与税收的经济杠杆作用看成包含关系并不确切，其主要错误在于模糊了税收经济杠杆作用与利用税收经济杠杆作用这两个不同的概念。

何谓税收经济杠杆作用？笔者认为，税收的经济杠杆作用，就是国家在征税的过程中对社会上已有的物质利益关系进行的调节，是税收固有的调节职能的外在表现。它与人们的认识程度和利用方式无关，只要国家行使征税的权力，它的存在就是永恒的。它不仅可以促进某一社会经济的稳定发展，也可以导致某一社会经济的停滞不前和崩溃。它只有作用程度大小的不同，不存在有无的差别。因此，税收的经济杠杆作用与税收的调节作用具有相同的含义。

何谓利用税收经济杠杆作用？这是指人们在认识到税收经济杠杆作用存在的基础上，有意识地让它服务于社会的经济生活。其目的在于避免它的消极作用，发挥它的积极作用。人们对税收经济杠杆作用的认识是否正确、是否充分，会影响其作用的发挥。但必须指出，绝不是由于人们的认识才使税收具有了经济杠杆的作用。将税收的调节分为自发调节和自动调节，只是反映了人们对税收经济杠杆作用的认识有一个由浅入深的过程，即从自发地利用到自觉利用的过程，而不是说税收调节本身会经历不同阶段的变化。

二、税收经济杠杆作用并非仅存在于社会主义经济中

在某些人看来，税收只有在社会主义国家才能成为经济杠杆。因为税收成为经济杠杆需要一定的社会条件，其中之一是国家要具有管理经济的职能。“我国税收从产生到现在，经历了奴隶制税收、封建制税收、半封建半殖民地税收、社会主义税收四种形态，而前三种形态的税收都掌握在剥削阶级手中，成为它们对劳动人民进行超经济剥削的手段。这些社会形态的国家都不具有管理经济的职能，因而这时的税收没有必要成为经济杠杆，只是作为收入手段，同时产生自发调节作用”（赵峰，1986）。

根据我们对前文的分析已经知道，任何社会条件下的国家税收，都具有经济杠杆的内在属性。因此，在这里所说的剥削阶级国家的税收没有必要成为经济杠杆，实际上是说这些国家没有必要利用税收的经济杠杆作用。笔者认为，这种观点不仅缺乏必要的理论依据，而且也忽视了历史和现实的事实。

按照我国传统的理论，在以生产资料私有制为基础的剥削阶级统治的社会里，国家只有镇压人民、剥削人民的职能，国家就是一种暴力机构。只是到了社会主义社会，生产资料公有制的实行，才使国家具有了双重职能——镇压被推翻的阶级敌人的反抗和保护国家的安全；组织与领导经济、文化建设——专政的职能和管理经济的职能。这种观点带有明显的片面性，不符合马克思主义国家学说的全部含义。马克思和恩格斯关于国家学说的大量论述，都没有把社会主义之前各种社会形态下的国家职能完全归结为专政一个方面，也没有否定国家具有管理经济的职能。例如，恩格斯在谈到“国家萌芽”时就指出过它在经济管理中的作用：“在每个这样的公社中，一开始就存在着一定的共同利益，维护这种利益的工作，虽然是在全社会的监督之下，却不能不由个别成员来担当：如解决争端，制止个别人越权，监督用水，特别是在炎热的地方，……这些职位被赋予了某种全权，这是国家权力的萌芽。”（《马克思恩格斯选集》）这就是说，国家在萌芽的时候，在与原始公社若即若离之际，就已经行使着它的经济职能，如监督用水等。而当国家在人类社会确立了自己的统治之后，经济职能便成为它的基本职能。马克思在

《不列颠在印度的统治》一文中写道："在亚洲，从很古的时候起一般说来只有三个政府部门：财政部门，或对内进行掠夺的部门，军事部门，或对外进行掠夺的部门，最后是公共工程部门。"（《马克思恩格斯选集》）"……在东方，由于文明程度太低，幅员太大，不能产生自愿的联合，所以就迫切需要中央集权的政府来干预。因此亚洲的一切政府都不能不执行一种经济职能，即举办公共工程的职能。"（《马克思恩格斯选集》）恩格斯还在《反杜林论》中进一步论述了国家两种职能的关系。"政治统治到处是以执行某种社会职能为基础，而且政治统治只有在它执行了它的社会职能时才能继续下去"（《马克思恩格斯选集》）。恩格斯在这里提到的社会职能，实际上是指管理职能，而管理职能当然包括经济管理的职能。

国家是否具有管理经济的职能，并不在于生产资料所有制的性质如何，而是由国家作为一种社会的权力机构，担负着管理社会生产和生活的共同需要的任务决定的。尽管在社会主义社会和其他剥削阶级的社会里，国家管理社会生产和生活的范围、手段、目的有所不同，但每一个社会都需要国家的管理这一点却是相同的。无论从历史还是从现实来考察，剥削阶级国家在社会经济管理中的作用，都不能视而不见。撇开其他方面不提，我们仅以它们利用税收杠杆对经济的管理为例加以说明。

早在我国由奴隶制社会向封建制社会的转变中，鲁宣公于公元前 594 年实行了"初税亩"制度，正式宣布废除井田制，合法承认公田和私田的所有权，并且一律收税，即不分公田、私田都按土地的面积大小缴纳一定数量的农产品。课税对象的普遍化和税率的固定化，一方面有利于增加国家财政收入，另一方面也保证了地主阶级和农民在产量增加的基础上获得更多的收入。这一赋税制度的重大改革，对促进社会经济的发展起到了积极作用。在我国封建社会的鼎盛时期——唐朝，出现了我国历史上最著名的税收制度——租庸调制。这一税收制度的实行，使中国古代赋役制度的粟米、力役、布缕三征，达到了完整的地步，在农民阶级内部基本上做到了均田均税。初唐百余年，社会经济繁荣，人丁、户口、岁入都有大幅度增加，与这次税制的调整关系极大。

早在资本主义形成时期，资产阶级政府就曾采取征收消费品税、关税等措施，这对削弱封建势力，促进资本主义的原始积累，促进资本主义工商业的发展起了重要作用。马克思在《资本论》中做过这样的分析："原始积累的不同因素，多少是按时间顺序特别分配在西班牙、葡萄牙、荷兰、法国和英国。在英国，这些因素在 17 世纪末系统地综合为殖民制度、国债制度、现代税收制度和保护关税制度。"（《马克思恩格斯全集》）21 世纪以来，资本主义国家先后走上了国家垄断资本主义的道路。尽管近年来西方的经济自由主义又有些抬头，但国家干预社会经济生活的总趋势并没有改变，只是在某些政策上有所放宽而已。对于现代税收制度，资产阶级政府一直力图通过不断的修正，使其具有调整资源的配置、调节收入的分配、促进经济的稳定发展三项职能。为此，它们适应自由资本主义经济向垄断资本主义经济发展的要求，使具有“自动稳定器”作用的所得税成为主要税种；在流转税方面则实现了由营业税类型向增值税类型的转化，从而克服了商品在流转过程中重复征税、限制专业化生产的弊病。它们还总结并实行了适合资本主义经济情况的、符合经济政策目标要求的一系列调节经济的税收措施。除一般的增减税率、减免税收、加成、附加、退税等办法外，还实行投资抵免、资源折耗、各种加速折旧、亏损结转、国境税收调整及关税中的保税仓库、保税工厂等办法。

以上所述，绝不是单纯地为了一般的理论之争，也不意味着美化剥削阶级国家。笔者的用意在于适应新的经济形势要求，进一步搞好我国的税制改革，广泛地总结古今中外的经验教训，注意吸收那些有益的东西为自己所用。如果我们带着片面的眼光看问题，认为只有社会主义国家才能自觉利用税收经济杠杆，势必会束缚我们改革的思想，影响改革的进程和成效。

三、市场经济条件下应兼顾税收两大功能

税收组织财政收入的功能是与生俱来的，无论什么时代，国家只要存在，就需要税收帮助组织公共收入。但是，我们也应该看到，税收制度的实施必然形成财富分配效应。这种分配效应并非仅仅是指政府从纳税人手里收了多少税，减少了纳税人多少收入，而是还包括这种分配对不同纳税人所形成的横向收入结构变化，也就是说，税收再分配会改变收入的初次分配格局。正是由于分配效应的存在，税收才具有了调节经济的功能。而且，由于现代市场经济需要税收扮演更重要的角色，税收承担调节经济的功能得到了充分运用。并且在某些情况下，它与组织收入的功能会发生矛盾。强调经济增长的时候，需要减税，其结果就会导致收入的下降。同时，过分追求收入的增长，往往会形成较重的税收负担，而过高的负担可能会导致经济的衰退和收入的下降。“拉弗曲线”说的就是这种现象。因此，税制建设必须从一定时期的社会经济环境出发，妥善发挥其调节经济和组织收入的功能，如果割裂它们之间的联系，将有损于税收制度的整体作用。这在实践中是一个非常值得重视的问题。2015 年，学界围绕是否应该减税以缓解经济下行压力的问题展开了一场很激烈的争论。4 月份，张涛（2015）连续发表了多篇呼吁全面减税的文章。他观察到，2015 年第一季度财政收入增长乏力，财政政策要更加积极，巧妇难为无米之炊，解决两难境地的办法是全面减税。并用“拉弗曲线”作为论证观点的依据。张涛还分析了 1994 年分税制以来至今的二十余年的财税数据，认为“拉弗曲线”在我国确实客观存在，并得出结论——我们已经面临“高税率、低增长”的问题，目前的税率已经处于“拉弗曲线”的右侧，成为

低增长的重要原因，故而提出要全面减税。之后，中金公司梁红（2015）发布了题为“降低税负不应缺席稳增长和调结构”的宏观周报，该周报称，企业部门税负过高，不利于企业投资和创新。然而财政部科学研究所所长刘尚希（2015）明确反对减税的主张，认为这只会造成财政收入的下降，增大政府提公共产品和服务的压力，地方政府有可能面临新一轮工资支付难的窘境。而且，2015 年正处于经济结构调整的关键时期，大规模减税是否会引起部分僵尸企业的复活，造成经济结构调整政策前功尽弃，这也是值得慎重考虑的因素。总之，笔者认为，在如何对待税收两大功能的抉择上，需要考虑的因素具体来说虽有很多，但坚持两者相互兼顾、相互协调的总原则是确定的。

第二节　改革开放初期宏观经济管理中的财政角色变化

我国长期的计划经济是以生产资料高度公有制为基础，以国营企业和集体经济为载体的直接实物管理方式为基本特征的管理模式。虽然货币仍然在流通，但无论是企业生产使用的原材料还是生产出来的产品，以及城乡居民的日常消费，都是以极低的价格进行供给，甚至是完全无偿调拨。在分配方式上设计的是平均分配制度。这种经济模式暴露出来许多严重的弊病，导致资源利用效率和社会经济效率处于一种低效甚至无效状态。“两步利改税”期间，城市经济改革进程有了重大突破。国营企业的经营引入竞争机制，企业经营自主权不断加大。在此基础上形成了一种新的经济管理模式，即有计划的商品经济。这使国家财政参与宏观经济管理的方式也发生了一系列新的变化。

一、调控范围收缩，重点突出

我国长期实行的计划经济的实质是产品经济模式，国家对整个国民经济的发展实行高度集中的管理方式，从社会的生产、流通、分配到消费，基本上都是在国家的统一掌管下进行的。特别是在国营企事业范围内，国家不仅控制着生产的布局、行业的规模、机构的设置等宏观上的发展，而且还直接介入企业的人、财、物、供、产、销等微观方面的活动。这种宏观与微观共管的管理方式，事实上就是以宏观管理代替微观管理、强化宏观管理淡化微观管理的做法。建立在这种管理方式基础上的国家财政，为了从资金方面服务于经济的发展，相应地实行大包大揽的分配办法。国营企业里面不仅新创造的价值甚至原有的价值（折旧）都要上缴财政，企业所需要的扩大再生产投资、更新改造投资、新产品的研制开发投资等都要依靠财政拨付。其结果就是造成企业“吃大锅饭”、投资效益低下、浪费现象严重的弊端，同时，宏观经济的发展也常伴随着明显的或隐蔽的失衡状况。

随着商品经济的逐步确立，要求经济的发展真正建立在宏观与微观相互协调的基础上，而不应再保持原有的替代关系，企业作为商品经济的细胞，必须完全充满活力，享有充分的自主权和相应的物质利益，承担经营风险，而国家的宏观管理目标应该是通过为企业微观经济活动建立良好的外部环境而取得最优的宏观效益。根据这样的要求，近年来我国财政在资金分配上较大幅度地收缩了原有的管理范围，给企业下放了较多的财力支配权限。

1979 年我国财政收入占国民收入的比重为 31.9%，1986 年下降到 25%，预算外资金则由 1979 年的 13.5%上升到 1986 年的 20.4%。不仅折旧基金不再通过财政分配，而且新创造的价值中也留给了企业相当大的部分做自有财力。与此同时，在资金供给方面范围亦有所收缩，一个突出的表现就是投资渠道形成了多元化格局，财政在生产投资中的份额降低。1979~1986 年，8 年间全民所有制单位投资中，国家预算投资比重由 66.4%下降到 23.7%，而预算外投资比重则由 33.6%猛升到 76.3%。预算外投资中，除自筹资金外，银行贷款和利用外资增长很快。1986 年国内银行固定资产贷款达 600 多亿元，是 1978 年的几十倍。对于这种改革中的变化，笔者认为其方向是正确的。因为从原先的扩大化的宏观管理转向实际的宏观管理，不但有利于保证企业最大限度地释放其能量，放活微观，而且也可以相对集中国家财政资金，重点、高效率地解决国民经济发展中的一些“瓶颈”问题，加强宏观调控的能力。

当时的问题是，在理论界有人错误地主张财政要全部退出社会再生产领域，使其成为“吃饭”财政，宏观调控的中心任务要由银行来承担。另外一些学者则仍然过分强调财政的宏观调控功能，主张继续发挥财政在宏观调控中的主导性作用。笔者认为这两种观点都是片面的。在笔者看来，无论财政还是银行，在我国当时有计划的商品经济中都具有举足轻重的地位，单纯强调其中一个方面而忽视另一个方面，其结果都不可能真正达到宏观调控的目标。如果没有国家财政在生产建设中的集中性投资，今后就难免令许多重点建设项目，尤其是那些大型、跨地区、周期长、风险大的建设项目所必需的资金得不到保证，而这样的建设项目，往往成为经济发展的“瓶颈”，是控制宏观平衡的关键因素。在银行方面，商品经济社会里流通的所有货币，无论是现金还是存款货币，都是通过银行信贷投放出去的。这样，银行信贷就成为控制和调节货币流通及包括财政资金在内的总闸门。各种形式的资金运动，无不受到银行信贷的影响和制约。而且，随着经济体制改革的深化，社会游资逐渐增多，这就给银行扩大信贷规模提供了前提条件。1979~1986，银行不仅统一向企业提供流动资金，在固定资产投资方面也呈现出明显的增长势头。所有这些都表明，银行在宏观调控方面具有不可忽视的重要作用。综观当今世界各国，无不把财政政策与金融政策同时视为两项最重要的政策，根据国民经济发展的涨落变化，经过灵活地协调，即松紧的不同搭配，来促进经济的平衡、稳定、高效率的发展。实践证明，这样的宏观调控政策是成功的。目前，我国在协调运用财政政策与金融政策方面还缺少经验，在宏观调控中出现失误是难以避免的，但我们不应就此否定这种协调本身的努力的正确性。

二、调控方式从直接管理转向直接管理与间接管理相结合

国民经济的宏观管理可以归纳为直接管理与间接管理两种不同的方式。所谓直接管理，是指国家采取行政的办法管理经济，它具体表现为在宏观经济运行中必须贯彻执行国家的指令性计划。所谓间接管理，是指国家采取经济的办法管理经济，在这里，宏观经济的运行不再是依靠指令性计划加以约束的，而是依靠指导性计划加以引导的。具体来说就是先由国家通过一定的经济政策手段调节市场，然后由市场去引导企业。在不同的经济模式下，直接管理与间接管理所处的地位是不同的。总的来看，在产品经济模式下，由于指令性计划贯穿国民经济的每个方面、每个环节，市场机制极其微弱，所以国家是以直接管理的方式实现宏观经济调控的。而在商品经济模式下，由于受商品经济发展本身的内在要求的影响，指令性计划继续作为唯一的计划形式，不利于发挥地方、部门与企业的积极性和创造性，计划的强制性与市场的灵活性会发生很大矛盾，所以要求国家改变指令性计划的单一形式，转向以指导性计划为主、指令性计划为辅的二元形式。这样，国家的宏观经济管理也应从直接管理向间接管理为主、直接管理为辅的形式转化。

财政是由国家掌握的参与一部分社会产品分配的形式，它在收入方面以具有强制性、无偿性、固定性特征的税收为主要内容，在支出方面长期以来是以无偿拨款为主要内容。尤其是财政作为国民经济计划的基本财力保证，无论其收入还是支出，历来都鲜明地体现着国家的意志。因此，在参与宏观经济管理的手段中，财政手段带有较强的直接调控性。既然如此，在国家管理宏观经济的方式需要适应经济模式的变化而变化的情况下（即从原来的直接调控向间接调控为主、直接调控为辅的形式转化），财政手段是否还有可能作为宏观调控的基本手段而存在呢？现实生活中的确有人曾对此提出疑问。笔者认为，回答上述问题只要说清以下两点即可：第一，财政手段虽具有较强的直接调控性，但财政手段不等于直接调控。事实上，在不同的经济模式下，财政的直接调控程度是不一样的。在产品经济模式下，收支高度统一集中，而且根本不允许市场机制发生作用，不考虑有关当事者的物质利益，一切听从国家安排，因此，财政对宏观经济的调控几乎完全表现为直接性。在商品经济模式下，财政收支都有了不小的分散，而这种分散正是以商品经济所要求的物质利益为基础的，有相当一批资金脱离开财政，由资金的持有者自主地按市场机制加以使用。无疑，这些分散资金的使用必然会对整个社会的总供给与总需求关系的形成、对生产力的布局、劳动力的就业、资源的

利用等，起到极大的调节作用。再从财政的收支内容来说，国家目前既可以充分发挥税收的奖限作用，调节商品的生产与流通，调节不同商品生产者的利益关系；又可以通过集中性的基建投资，改善生产环境，吸引社会投资的定向流动，实现生产布局的合理性；还可以通过信用手段筹集债务收入，为加快重点建设提供足够的资金，同时调节社会的货币流通；等等。笔者认为，以上所述都可以表明，在商品经济模式下，财政的间接调控能力正在加强。第二，我们的目标虽然是要塑造以间接调控为主的宏观管理体系，但直接调控仍然有存在的必要。我们为什么要在改革之初实行有计划的商品经济，而不是实行自由的或放任的商品经济，其原因就在于商品生产者往往只顾及本单位的局部利益，甚至在某一个地区范围内，为了本地的利益而采取肥水不得外流的政策，限制商品经济的正常发展。为了消除商品生产的自发性、盲目性及其利益狭隘性，就必须通过社会协调中心——国家，有意识地对商品生产者的行为加以引导和约束。事实表明，商品生产者的不正当行为，仅凭指导性计划诱导是不能彻底解决的，在许多问题上还必须通过行政的措施加以配合才能奏效。改革初期我国固定资产投资与消费基金双膨胀，总供给与总需求矛盾的加剧状况，就是一个很有代表性的例子。如果我们以为只要征了建筑税，固定资产的投资就可以压下来，而不在基建规模、方向上加以有效控制，那么，投资基金膨胀的问题是难以消除的。同样，如果我们以为征了奖金税、工资调节税，消费基金就不会再盲目增长，而不同时配合以必要的财政制度约束，消费基金膨胀的问题也不可能得到抑制。既然财政调节是一种直接调控与间接调控兼而有之的调节手段，而直接调控也并非是社会主义宏观经济控制中所不需要的东西，那么我们为什么要将财政调节手段硬挤到与其作用不相称的地位呢？

三、调控依据从随意性转向法律化

其实，无论什么方式的宏观经济调控都应该具有法律保证，如果完全丧失了法律性，其对经济的调控必然是无效的，那就无所谓什么调控不调控的问题了。但在过去的产品经济模式下，由于我们对物质利益关系的概念十分淡化，没有经济责任的制约机制，政府的职责权限也没有清楚的界定，结果就在高度计划经济的大旗之下，形成了长期的官僚主义经济。政府的各级领导人都直接握有决定一个地方、一个企业经济发展前途的大权。有些项目即使是客观需要的，也会因为其不为领导人所重视就无法列入经济计划；有些项目虽属长线，却因为领导人的喜欢而纳入计划；更有甚者，一些计划中没有的项目，也可以在领导人感兴趣的情况下挥笔而定。可想而知，本来是具有严肃的法律意义的文件——国民经济计划及其有关的资金、物资、劳动力等计划，又有什么实际价值呢？这样的所谓计划经济除了有一个堂而皇之的招牌外，剩下的只有杂乱无序的经济生活。以财政而论，国家预算年年做，但为了满足大规模的资金需求，又不愿意搞什么“赤字财政”，预算平衡只好搞“积极平衡”，支出留下的口子靠账面的虚假收入来保证。在预算执行过程中，只要领导人高兴，支出就可以乱开口子，从而导致财政赤字的增加。对于这样的赤字，现在大家几乎都认为其危害性要比预算之初留下来的赤字严重得多。它不仅无助于国民经济的比例关系实现均衡，反而会加剧国民经济的失衡。因此，当我们要从旧的经济模式向新的经济模式转变的时候，就很自然地提出经济调控的法律化要求。商品经济的发展有其内在规律性，它要求人们的行动只能遵守这些规律，利用这些规律，而不能只按主观意愿办事。特别是在我们这样一个官僚主义曾经相当严重的国家，许多领导者已经习惯了过去自己说了算的领导方式，权大于法的意识很不容易改变。为了真正做到按商品经济的客观规律要求建立一个社会主义商品经济的新秩序，我们有必要强化经济管理中的法律约束。20 世纪 80 年代后期以来，国家在这方面迈出了不小的步子。在财政方面，国家预算审批的形式化问题已经得到很大改善，人民代表对国家预算的审查正在步入实质性的阶段，对国家预算的执行也开始探索有效的监督途径。这是国家财政调控法律化的第一个标志。第二个标志是通过“利改税”的实施，以法律关系完善国家与企业之间的分配关系，陆续公布一大批现行税收的法律，给征纳双方确定严明的责任。第三个标志是明确了财政今后不准以透支形式向银行借款，从而为财政银行的分工合作确立了法律依据。以上这些只是财政调控法律化的主要变化，实际上有关变化还有很多，在此不一一说明。最后应该指出，我们在财政调控方面的法律化转变还只是初步的，今后的工作仍然十分艰巨。例如，近年来屡禁不止的越权减免税问题就是突出的例子。尽管中央三令五申，许多地方、部门的领导人还是不顾大局利益，把不该减免的税款私自另立章法给予减免。这不仅造成了税款的严重流失，也大大弱化了国家通过税收对经济发展的调控作用。因此，我们要认真总结经验，逐步把财政调控法律化纳入正常发展的轨道。

综上所述，在我国经济改革初期，渐进性改革客观上决定了财政在经济增长和社会发展中扮演着远比今天更加重要的角色。但是，改革已然启动，政府和财政的角色就必须做出改变。1988 年，笔者对财政角色转变的三点分析，比较客观地反映了当时财政的强势地位及政府在经济管理上对财政的依赖性。时至 2016 年，三大转变都有了新的进展，特别是政府依靠财政对企业生产经营的直接管理已经基本退出，财政政策成为政府实施经济宏观调控和间接管理的主要手段之一，财政管理的透明度也得到了强化，管理的科学化水平显著提高。但是，同时也应该承认，在三大转变中还可以清楚地看到财政科学化管理并非已经尽如人意。尤其在财政管理的法治化方面，从政府管理者到财政资金的使用者和受益者，信息公开化的程度还很不够，制度的科学性和约束力也都亟待提高。无疑，这需要我们结合社会主义市场经济和公共财政建设的进展，做出新的认识和阐述。

第三节　增强纳税意识是税制改革的重要基础

随着1984年“利改税”的完成及之后陆续增加的新税种的出现，我国企业和个人逐渐与税收发生了越来越多的接触，从陌生到接受，让纳税人对税收有了初步的认识。但是，这一时期收入分配格局的改变还相当有限，国营企业（与今天的国有企业不完全相同）仍然是国民经济的主体，民营企业实力比较弱小，个人收入在国民收入中所占比重较低。国家财政收入中来源于税收的比重在持续增长，但国营企业的利润上交仍然占据重要地位。特别是税收主要来源于对商品和劳务征收的产品税、增值税和营业税，这些税收虽然要有消费者承担基本的义务，但无需个人直接缴税，而是在商品销售环节征税。所有这些，导致企业和个人对于公民的纳税责任意识都比较缺乏。人们对偷逃税款的行为并不觉得可耻，税法的惩处措施收效不大。因此，研究提高我国公民纳税意识问题十分必要。

一、增强我国公民纳税意识的问题的提出

税收是国家凭借政治权力对社会财富的无偿征收，是社会财富的单方面转移。因此税收具有明显的强制性特征。任何国家征税都要以立法的形式予以保证。纳税人违反税收法律的规定，要受到应有的经济、行政制裁，直至追究刑事责任。然而，大量事实表明，只有法律的约束并不能保证国家征税任务的顺利完成，征税的过程中往往伴随有偷税、漏税、抗税、欠税的行为发生。《国务院关于严肃税收法纪加强税收工作的决定》指出：“最近一个时期，不少地区越权减免税收的口子不断扩大，偷税漏税现象相当普遍，拒不交纳税款、围攻税务机关、殴打税务干部的事件屡有发生，加之有的税务干部执法不严，这些都严重妨碍和削弱了税收工作，干扰了税法的贯彻执行，对国家财政收入影响很大。”这些问题的存在不能不引发人们的深入思考：为了圆满实施国家的税收政策，保证税收任务的顺利实现，在加强税收法制建设的同时，我们还需要研究什么问题，采取什么措施？

笔者认为，在诸种违反税法的现象中，有的属于国家各级政府、各级领导的责任，有的属于税务工作人员的责任，有的属于纳税人的责任。但除了越权减免税以外，其他现象，一般而言，主要是由纳税人一方引起的。那么，纳税人的违法行为又是怎样发生的呢？当然，有的是在无意识的情况下发生的。例如，纳税人的账目管理混乱，财会人员素质不过硬，等等，就不可避免地会在计缴税款时发生漏税问题。但是，从实际调查的结果来看，大多数则是在纳税人有意识的情况下发生的。例如，伪造假账、冒领发货票、向税务工作人员送礼行贿等，都是

故意逃避纳税的典型案例。因此，要从纳税人的角度防止违反税法行为的发生，必须采取不同的对策。对于无意识的行为主要是帮助他们提高财务管理水平，搞清国家税收制度的各项规定，对于有意识的行为，则应把重点放在解决他们的纳税意识方面上来，也就是要提高他们纳税的自觉性。

二、纳税人为何纳税意识不强

笔者认为，在我国尚处于有计划的商品经济时期，纳税人之所以纳税意识不强，主要有以下几个原因：

第一，社会主义社会还是一个存在物质利益差别的社会。当时我国的生产力水平低下，社会主义经济组织和居民个人都有自己相对的物质利益，自实行有计划的商品经济改革开始，其本质要求就是进行等价交换，进而实现每个商品生产者的物质利益。但是，税收作为社会财富的单方面转移，实际上形成了物质利益的得失问题。尽管社会主义税收具有与资本主义社会不同的性质——取之于民，用之于民，但税收毕竟是无偿的征收，它既不是国家与纳税人的等价交换，也不可能再直接返还给每一位纳税人，而是根据整个国家的需要，在全国范围内或在某一地区范围内，按全局利益的要求进行统一支配使用。因此，纳税人总是要过多地维护自己的利益，这是一种不可避免的客观存在。

第二，国家税收制度存在着某种缺陷。税收制度是实施征税的直接依据，一个好的税收制度应能鼓励纳税人积极向国家纳税，如果税收制度不适应纳税人的负担能力，不能给纳税人提供便利的条件，在征税过程中带有随意性，必然破坏纳税人的积极性，甚至造成整个社会的动荡。在社会主义条件下，生产资料实行公有制，国家代表人民行使管理社会的权利，国家与人民的根本利益是一致的。因此，国家税法的制定是能够考虑人民要求的。但这并不是说社会主义的税收制度就一定是非常合理的。这不仅是因为国家的整体利益与各经济组织及居民个人的局部利益存在矛盾的一面，还因为制定税收制度是主观的活动，它要受到决策人的认识能力的限制。不能否认，我国税收制度在某些方面还有不合理的因素，纳税人对此并非完全满意。例如，“鞭打快牛”“税负不平”等，就是我国改革开放初期税制的弊病。

国家税收制度存在某种缺陷对纳税人的违反税法行为有影响还存在另一层意思。如果税收制度不完善，本身有漏洞，就必然会使某些纳税人乘虚而入，逃避纳税。为此，时常引起税务机关与纳税人的争执。

第三，国家长期对税收的否定。在中国共产党领导人民反对帝国主义、封建主义和官僚资本主义的斗争中，始终把反对旧政权的苛捐杂税作为一项重要的工具来使用，无疑这是十分正确的。但是，在革命胜利，进入社会主义经济建设时期后，我们没有能够及时地认识到税收在社会主义经济中的地位、职能和作用，仍然对其采取否定的态度加以宣传。在实际工作中，对国营经济几乎完全取消税收，对非国营经济的税收也越来越简单，从而使人们对税收产生厌恶的心理，一提税收，就把它与旧社会联系起来。这是纳税人缺乏纳税意识的重要原因。

第四，资产阶级腐朽思想的侵蚀。随着我国商品经济的发展和对外开放，旧的商品经济意识在社会上有所滋生和蔓延。一些人经不起资产阶级思想的侵蚀，丧失了社会主义的理想，他们不是按照社会主义的道德标准获取自己应有的利益，而是损人利己，损公肥私，以种种不正当的手段，追求不正当的利益，包括千方百计逃避向国家纳税在内。

三、充分认识增强纳税人纳税意识的必要性

首先，增强纳税人的纳税意识有利于国家税收职能作用的正常发挥。国家税收目前是国家财政收入的基本来源，也是国家调节经济发展的重要杠杆。税收任务是否能够及时足够地组织上来，对于社会主义现代化建设具有举足轻重的影响。尤其税制改革最初几年来，国家财政一直比较紧张，不少必需的支出也被迫缩减，经济体制改革所需要的宽松的经济环境得不到保证，国家对宏观经济的调节显得力不从心。如果每个纳税人都有自觉纳税的意识，减少税款的流失，增加国家财政收入，必将使税收发挥更大作用。

其次，增强纳税人的纳税意识有利于推动社会主义经济改革纵深发展。随着商品经济代替自然经济成为社会经济的基本形式，对商品的课税也成为税收制度的重要内容。国家不仅可以征收普遍形式的税种（如营业税），以稳定国家财政收入，而且还可以选择某些类别的商品设置税种（如消费税），来调节不同产品的盈利水平，配合国家的价格政策，调节社会生产和消费。在我国，产品税、增值税和营业税都是国家实行新的经济模式的有效手段。如果纳税人不能积极履行自己的义务，势必打乱国家的政策意图，在一定程度上形成经济的盲目发展。

再次，增强纳税人的纳税意识有利于我国税制的进一步改革。第二步利改税调整了国家与企业之间的分配关系，改革了旧的工商税制，增设了资源税，充实和恢复了地方税，加上后来陆续出台的一些新税种，已经使我国从比较单一的税制初步转变成为多层次、多环节、多功能的复合税制。但随着经济状况的变化，税制还有待进一步深入改革。某些税种需要简并，某些税目、税率要调整，同时也需要继续出台一些新的税种，如社会保险税、遗产税等。这些需要出台的税种涉及的纳税人相当广泛，如何克服人们对税收的错误意识，关系到这些税种的前途，也关系到整个税制是否能够顺利改革。有些国家，如日本，于 1986 年 12 月曾提出改革直接税制的计划，险些导致政府危机，计划也因此流产。这是我们应

当引以为戒的。

最后，增强纳税人的纳税意识有利于加强人民的法律观念。税收是以法律来保证的，税法是国家法律体系的重要组成部分。多年来我国重人治而不重法治，使许多人成了法盲，以至于我们今天不得不花费很大精力进行补课教育。直到现在，社会上不少人并不把税法当成法，好像偷税漏税没什么大不了的。因此，笔者认为，如果纳税人的纳税意识不断提高，不但能使其对税法本身精通起来，而且还会推动人们对其他法律的学习。

四、增强纳税人纳税意识的几点对策

认识到纳税人纳税意识问题的重要性并不困难，但要真正达到增强纳税意识的目的，确实使每个纳税人都做到自觉履行自己的义务却不容易。纳税意识是纳税人对于交纳国家税收的观念反映，是人们的思想活动。把一种成形的意识转变成为一种新的意识，需要付出艰苦的努力。就如从产品经济向商品经济的转变一样，许多人已经习惯于那种缺乏活力的经营方式，很难接受商品经济的竞争、风险、效率、节约等基本要求的挑战。因此，我们必须看到，增强我国人民纳税意识工作的长期性，不能指望在很短的时间内就可以解决全部问题。

为此，笔者强调，做好以下工作具有重要意义。

一是要完善税收法律，尽量减少税负不公平的因素。我们必须花大力气进行调查研究，倾听纳税人的意见，找出影响纳税人纳税积极性的原因，实事求是地加以合理解决。例如，人们对国营企业的税收负担的认识分歧很大，有的认为它们的税负普遍过于沉重，有的却认为虽有负担过重的现象，但不是普遍的。由此，人们就对国营企业的活力问题提出了不同的看法，并成为当前经济体制改革深化过程中必须亟待弄清的重要问题之一。又如，在党的十一届三中全会以后，城乡的个体户、私营经济都大量涌现，出现了一批万元户、十万元户，甚至百万元户，人们的收入差距明显拉开。无疑，鼓励勤劳致富，允许一部分人先富起来是国家在一定时期内的既定政策，是更快地推进我国经济体制改革的必要条件。在社会主义初级阶段，搞平均分配，吃“大锅饭”是走不通的。但是，收入差距的过分拉大，尤其是在我国法律制度、经济制度、政治制度还都不健全的情况下，人们的收入并不一定都来自于正当的渠道，存在不少非正常的因素，这对于社会的发展和稳定是不利的。为此，党的十三大报告中指出：“我们的分配政策，既要有利于善于经营的企业和诚实劳动的个人先富起来，合理拉开收入差距，又要防止贫富悬殊，坚持共同富裕的方向，在促进效率提高的前提下体现社会公平。对过高的个人收入，要采取有效措施进行调节；对以非法手段牟取暴利的，要依法严厉制裁。”对此，我们必须从税收制度上给予落实。

要克服税负不公平的因素，完善税收法律，需要从我国的实际出发。既要考虑历史状况，又要考虑现实状况。但笔者认为有必要学习借鉴国外（包括社会主义国家和资本主义国家）在这方面的一些好的经验。特别需要指出的是，资产阶级国家实行的税收法律，固然是为本阶级的利益服务的，但是，我们不能由此就对他们的税法完全予以否定。笔者认为，今天的工人阶级力量更加壮大，他们有能力为争取自己的权益同资产阶级斗争。所以，认为资本主义国家税收所坚持的公平原则，完全是虚假的，甚至是越来越不公平的说法，值得商榷。

二是要加强有关纳税意识的理论研究。纳税意识作为纳税人的观念反映，无论是正确的意识，还是错误的意识，都有其形成的客观规律。多年来，我们的税收理论研究在这方面是一个比较薄弱的环节，现在应当引起我们的重视。只有在彻底搞清了纳税意识形成规律，搞清了加强税收法制建设与增强纳税意识之间辩证关系的基础上，才能有助于我们从理论和实践的结合上，提出解决我国人民当中存在的纳税意识不强、偷税漏税严重等问题的有效途径。

三是要对纳税人进行增强纳税意识的广泛的宣传教育。事实上，近年来我们在这方面一直进行着工作，广大税务干部为此也付出了很多心血，并取得了一定的成绩。但是，我们必须看到其不足的一面。税收宣传教育中的形式化和简单化是应当予以尽快改进的。同时还要指出，做好纳税意识宣传教育的工作绝不是税务部门一家的事情，理论工作者、各级宣传部门，有必要协同努力，通过多种形式和办法，把这项工作共同管好。

总之，纳税人的纳税意识是影响纳税行为和税收收入的重要因素。其作为一个论题，在 20 世纪 90 年代之前还鲜有学者关注，这与当时的税收制度所产生的分配效应并不直接涉及公民个人的利益有关。从今天来看，这个话题仍然有必要加以深刻探讨。原因在于，虽然税收信息化技术的发展为强化税收征管、减少税收流失提供了有力的支撑条件，客观上也促进了纳税人自觉履行纳税义务观念和行为的养成，但是，再严格的法律和征管技术在实践中也总会遇到难以完全解决好的问题，即使是一些全球性大公司为了自己的利益有时也会利用不当手段，逃避纳税义务，更不要说经营中经常会面临重重困难的中小企业了。特别是个人所得税和财产税已经越来越广泛地深入家庭，所涉及的纳税人情况非常复杂，税务机关要做到百分之百地严格计算征税是不可能的。因此，如何在建立更加有效的税收法律和科学严谨的税收征管方法，在提高税法对逃税行为的震慑力的基础上，深入研究提高纳税人自觉纳税的意识任重道远。

第四节 社会主义市场经济与完善税收调控功能

1992 年中国共产党第十四次全国代表大会确立了建立社会主义市场经济体制的改革目标。这意味着从改革开放初期构建的有计划的商品经济体制上又向前迈进了一大步，其最显著的变化是使市场机制在资源配置中的作用得到了显著的提升。“利改税”所构建的税收制度是以有计划的商品经济为依据的，无论是多税种并立的所得税还是功能交叉叠加的流转税，都与社会主义市场经济体制形成了不相容的问题。显然，要推进社会主义市场经济体制的建立，必须充分发挥和完善税收功能，建立起规范的社会收入和财富的分配制度，以促进经济和社会的健康发展。

一、面向市场经济强化税收调控功能的必要性

自我国实行改革开放政策以来，人们对税收的社会功能和经济功能的认识不断深化，税收发挥的作用日益广泛。特别是经过 1983 年和 1984 年两步利改税，在大面积的税制改革基础上，构建了一个多税种配合、多环节征收、多层次调节的复合税收体系，改变了过去长期实行的比较单一的税收体系格局。应当说，在当时的情况下，这一改革措施的确有其重要的意义。新的税收体系不仅保证了国家在体制转换时期的财政收入，为大规模的基础设施投资提供了必要的前提条件，而且在产业结构调整、鼓励多种经济形式开展竞争等方面发挥了有益的调节作用。我国 1984~1994 年以来能够有如此之快的经济增长速度，与税收政策及作为其载体的税收体系进行的调整是分不开的。但是，由于税收体制的改革是在整个经济体制改革的大框架内实施的，受到经济体制改革总体要求的制约，因此，它不可避免地要体现出前一阶段特定时期内建立起来的经济体制模式，即有计划的商品经济模式的特征。其突出的表现是，由于强调国家计划调节的主导作用，政企关系不清，国家财政仍然需要保持生产建设型。就是说，财政既要为履行国家的社会管理职能服务，又要为直接从事生产建设投资筹集足够的资金来源。为此，作为国家财政收入主要手段的税收也就必须把财政职能放到最重要的位置上，无论税种的设立，还是税率的确定，都要围绕这个中心任务加以考虑。例如，在流转税体系中，以流转全额为课征对象的产品税、营业税长期处于主体的位置，即使增值税不断扩大，但也只能实行以国民生产总值为口径的计税方法。在所得税体系中，为保住国家在国营企业纯收入分配中的大头，不仅对大中型企业的实现利润按 55%的比例征收所得税，而且对相当一部分企业的税后利润再征收一道调节税。在某些企业，这两种税的名义税率可达 80%以上。显而易见，尽管我们在税

制改革中力图强化税收的调节职能，但客观上是无法如愿的。众所周知，我国的经济体制改革是以搞活国营企业，特别是大中型企业为中心环节的，从一定的意义上说，为企业下放投资权是国营企业能否搞活的关键。因为只有在有投资能力的条件下，企业才有可能根据市场的需要，灵活地决定改变产品结构，扩大生产能力，提高投资效益，并在此基础上完善企业内部分配制度，调动企业职工的生产积极性。正是因为这一点，企业及其主管部门一直提出减税让利的要求。迫于财政的困难的压力，虽然在税收上采取了诸如税前还贷之类的缓解措施，但国营企业的总体负担仍然比较沉重，这使它们失去了与涉外企业、私营企业和个体企业竞争的条件。国营企业活力不足，有许多可以解释的原因，但缺乏投资权利和投资能力，税负过重（也有其他负担问题），恐怕是很重要的原因之一。因此，为了实现从有计划的商品经济向社会主义市场经济的转变，有必要对现行的税收体系和税收政策进行相应的改革与调整，以有效地增强税收对经济运行的宏观调控能力。

二、调整税收体系和税收政策的着力点

发展社会主义市场经济，其目标就是在遵循社会主义原则的前提下，大力培育和完善市场体系，使市场机制成为配置社会资源的基本手段，最大限度地提高经济效率，发展社会生产力。我国现行税收体系和税收政策的调整，必须紧密结合这一目标进行规划和实施。其要点应包括以下几个方面。

第一，牢固树立促产增收原则。马克思主义经济学的原理告诉我们，生产决定分配，分配又反作用于生产。税收作为一种分配手段，必须摆脱就分配论分配的狭隘意识，把税收收入的增长建立在生产和整个社会经济不断发展的基础之上。要充分认识到，没有发达的社会生产力，税收自身的丰富是根本不可能的。如果不顾现实的经济承受能力，单纯追求税收收入的数量，宁可损害生产，而决不减少税收收入，实行“竭泽而渔”的强行征收，到头来不仅会破坏和阻碍生产的进步，而且会破坏了税收赖以存在的物质基础，终将会使税收走进死胡同。当然，税收政策的调整应该适应国家财政收支平衡状况的要求，需要与一定时期的支出水平相协调，不能搞无原则的放权让利，对纳税人提出的一切减免税要求都给予绝对满足。在市场经济中，由于竞争的存在，企业受经营管理水平、产品开发能力等主观因素的影响，所表现出来的发展潜力是大不相同的。

税收政策应该允许基层税务部门掌握必要的灵活减免税的权力。对于那些虽有暂时困难，但发展潜力很大的企业，基层税务部门可以对其给予及时的和一定数量的税收减免，扶持它们尽快克服困难，增强竞争能力。对于某些产品老化、设备陈旧、经营管理混乱，且长期不能扭亏为盈的企业，税务部门则应严格限制

其减免税，以增加其扭亏为盈的压力，或者迫使其按照市场经济的规则，实行“关、停、并、转”。同时，我们还要看到，在减免税问题上保持严肃性与社会主义市场经济的要求也是一致的。这是因为，国家财政虽然要在一般性生产投资方面放权给企业，但对于基础设施和基础产业的发展仍然负有重要的责任。无论在哪个国家，都是如此。在现代市场经济中，社会化的联系性是一个极为突出的特点，任何生产者和经营者的经济活动要想取得较高的经济效益，都需要有发达的交通、能源、通信和其他各项公用事业作为先决条件。在这些生产经营者无力投资或投资风险大、无兴趣投资的行业或部门，财政投资就成为主要的投资主体。税收既然是国家财政收入的主要来源，在收入的组织上也就必须保证客观上所要求的这种投资能力。如果在减免税问题上丧失严肃性，造成收入的大量流失，财政支出能力下降，就会给整个国民经济的协调发展带来不利影响。

第二，改革流转税制度，扩大增值税的征收领域。1984 年利改税完成后，我国的流转税主要由产品税、增值税和营业税组成。在工业制造环节，产品税和增值税并存。1984 年第二步利改税方案实施后，产品税的征收范围占工业产品的绝大部分，增值税只占少部分。1987~1991 年，随着新的调整方案实施，增值税已取代了产品税的主要地位，成为流转税中最大的税种。营业税是对商业和服务业领域征收的税种，涉及商业批发、商业零售、金融保险、邮政电信、交通运输、公用事业等行业。从三种流转税课征对象来看，产品税和营业税均属全额税，增值税则是对流转额中的特定部分，即对法定增值额征税。这两类不同的流转税对生产和流通形成的影响存在很大差别。在产品税和营业税制度下，会引起重复征税的问题，使专业协作化产品的税收负担就重于全能企业产品的税收负担。因此，这种税有利于保证财政收入，却不利于市场经济中所要求的平等竞争，阻碍着专业分工的生产组织方式形成。在经济发达国家及大部分发展中国家，为了消除这类全额课税的弊病，自 20 世纪 50 年代中期开始，都逐步采取了取消全额税，代之以增值税的改革措施。实践表明，增值税制度设计合理，对推动专业协作化生产，促进经济的增长，具有良好的适应性。我国在 80 年代初也着手增值税制度的引进工作，并在 1984 年制定了《中华人民共和国增值税条例（草案）》。此后，征收范围有了迅速扩展。但正如前文所述，直到 1994 年增值税制度受到税收财政职能的强烈制约。其课征对象或计税依据并不是真正意义上的增值额，而是法定的扩大化的增值额。固定资产价值的耗费部分不准从流转额中予以扣除，仍然留在计税依据内，从而就决定了重复征税的因素未能得到彻底消除，企业之间的平等竞争无法保证。为了适应我国社会主义市场经济体制的改革要求，我们必须进一步改革流转税制度。这一时期总的方向是：在整个工业制造领域全部实行增值税制度，并积极准备向商业批发以至商业零售环节延伸。为调节少数产品和行业的供求关系及其利润水平，在增值税普遍调节的基础上，可以考虑取消原有的产品税和营业税，建立起新型的消费税。或者在保留产品税与营业税名称的前提下，考虑调整其征收的范围和税率，以便更有效地发挥流转税的双层调节作用。同时，要规范增值税的征收方法，实行收入型计税依据，做到彻底克服重复征税。

为了建立统一的社会主义市场经济，在流转税的改革中，还必须对当时涉外企业适用的工商统一税进行调整，使它向国内产品税、增值税、营业税靠拢，并积极研究统一内外资企业流转税制的可行性。

第三，改革所得税制度，理顺国家、企业和个人之间的分配关系。所得税历来被认为是实现公平分配的重要手段。西方经济学中，还把超额累进征收的所得税制度与经济的稳定发展联系起来，视这种所得税为“自动稳定器”。因为市场经济中客观上存在着发展的波动性，存在着经济的高速增长与低速增长、过度景气与萧条的交替变动，为了防止和延缓经济危机的发生，或重新启动已陷入危机的经济，政府可以通过改变企业和居民所支配收入数量影响它们的有支付能力的需求，进而达到经济稳定发展的目的。超额累进所得税制度随着经济的过度景气、企业和居民收入增高，能够自动提高征收的比例，又随着经济的危机与萧条、企业和居民收入下降，自动降低征收的比例。因此，这就决定了所得税在国民经济运行中的宏观调节作用非同一般。

根据社会主义市场经济发展的客观要求来分析我国1993年的所得税制度，主要存在两个问题：一是没有对各类纳税人统一适用的税制。企业和个人所得税都是按国内、国外纳税主体分别确定的。在国内企业所得税制度上，不同所有制的企业又有各自独立的税种。这种多种所得税并存的格局，事实上反映着国家对各类纳税人，特别是对不同类型的企业采取的税收政策有一定的差异，并最终表现为纳税人的税收负担不同。这与社会主义市场经济所要求的公平分配具有很大距离。因此，如果我们要按照社会主义市场经济的原则组织国民经济的运行，就必须重建所得税制度。依据国际惯例，总的方向就是要改多种所得税并存为规范化的企业（或公司）所得税和个人所得税两税并行的制度，并且要在税率的设计上选择超额累进制，以体现税收负担与负担能力相一致的要求。既保护企业和个人的合法所得，又防止税收负担的不公平，实现公平与效率的统一。从当时来看，由于原有的两种涉外企业所得税已经合并为外商投资企业和外国企业所得税，当务之急是要尽快统一国有企业所得税、集体企业所得税、私营企业所得税和个体工商业户所得税，建立起独立的内资企业所得税，以作为最终实现内外资企业所得税走向统一的过渡性措施。这里还需特别指出，在西方国家的税制结构中，个人所得税占有举足轻重的地位；而在我国，由于当时国内一般职工收入水平较为有限，对个人所得征税（个人收入调节税）的问题尚未得到足够的重视。但是，随着社会主义市场经济的发展，劳动用工制度和工资制度的改革，以按劳分配为主体的多种分配方式并存的格局不可避免。人们的收入水平将会显著提高，收入差距将会拉大。因此，需要我们抓紧研究制定合理的适应性强的个人所得税制度。这是关系到经济发展和社会稳定的一件大事。

二是在国有企业利润分配方面，尚未理顺国企关系。“利改税”之后，国家与国有企业的分配完全体现为税收关系。凡是实行利改税的大中型国有企业，不仅要缴纳 55%的所得税，税后利润较多的还要缴纳一道国有企业调节税。实行利改税的小型企业，则完全按所得税的形式履行缴纳义务。在这里，国家对企业所拥有的生产资料所有权未能从分配关系中得到体现。此后直至 1993 年仍在实行的企业承包经营责任制，事实上又把国家与企业的分配关系完全体现为利润上缴的关系，等于否定了国家对企业所拥有的社会管理权利。为推进市场经济的发展，必须在重建企业所得税制度的同时，积极推进国有企业税利分流的改革，即一方面国家依据其社会管理权从企业征收所得税，就如同对其他各类企业的征税一样，另一方面，国家又通过生产资料所有权分享税后利润。这一改革不仅能够充分体现出国家对国有企业所拥有的双重权利，明晰产权关系，而且将有效地割断政府对企业的行政隶属关系，保证企业享有完全的经营自主权，有利于把国有企业推向市场。税利分流的改革是一项难度很大的改革，特别是在具体操作上面临的情况相当复杂。但是，我们不能由此对其产生怀疑甚至否定的思想。应当看到税利分流的理论依据是科学的，只要我们积极探索，大胆实践，完善的改革方案就不会是可望不可即的。

第四，继续推进分税制的改革，稳定中央与地方的财政分配关系。分税制是一种国际上通行的、按税种划分中央和地方收入来源的财政管理体制。国外实行这种体制的实践表明，它是一种比较稳定、规范、科学的财政体制，在客观上有利于处理好中央与地方财力的分配关系，充分调动中央与地方政府的积极性。同时，由于分税制采取共享税源或共享主要税种收入的办法，可以弱化地方盲目发展和实施地方保护政策的利益驱动机制，从而有利于社会主义统一市场的发育和完善。根据经济体制改革深化的需要，1985 年我国提出了“划分税种、核定收支、分级包干”的财政体制改革方案，这可以说是分税制的雏形。但由于当时条件所限，未能得到全面贯彻。1992 年 6 月，财政部制定了《关于实行“分税制”财政体制试点办法》，从当年起在浙江等九个省、自治区、直辖市、计划单列城市开始实行分税制改革试点。它标志着我国财政管理工作在发展社会主义市场经济的轨道上，迈出了重要的一步。但试点办法是同一税种由中央与地方分成，即共享收入。它虽然简便易行，却不能支持各级政府建立独立的税收体系。这仍然不是彻底的分税制，对稳定中央与地方的财政分配关系及各级政府正确行使各自职能来说，还存在一定的制约因素。从社会主义市场经济的根本要求考虑，彻底的分税制应当成为财政管理体制改革的方向。

第五，进一步加强税收征管工作，把国家税收的调控政策落到实处。税收征管工作是实施税收宏观调控政策的关键环节。任何一项税收政策和制度，都需要借助于征收管理工作加以具体落实。忽视征收管理的规范性和严肃性，势必减弱税收政策的调控力度，甚至出现副作用。我国第一部统一的税收程序法，即《中华人民共和国税收征收管理法》于 1992 年 9 月 4 日第七届人大常委会上通过，从而为我国税收征管工作提供了重要的法律依据。而后我们的主要任务是对这部法律做好深入细致的宣传解释工作，使征纳双方都详细了解该法的精神和内容，明确各自承担的义务和责任，在征纳双方之间建立起一种相互监督制约的机制，防止擅自越权减免税、任意偷税漏税和权钱交易、征收人情税的违法现象发生，维护税收管理的正常秩序，保证社会主义市场经济的健康发展。

总而言之，面向社会主义市场经济体制进行的税收制度改革，是利改税之后启动新一轮税制全面改革前所阐述的改革理念和方向。前文所提出的坚持促产增收原则，核心是税制改革如何摆脱保守的组织收入功能色彩，构建积极的、主动适应新的经济体制要求的税制结构与管理体系。1994 年我国实施了新一轮税制改革。这场改革突出了增值税在整体税制中的地位，国内企业所得税制度和个人所得税制度也都进行了统一，为后面的规范税制建设确立了总体框架，是对利改税形成的税收制度所做的一次重大突破。文中阐述的总体改革思路，在实践中基本得到了印证。包括流转税和所得税在内的改革，以及税收征管体系的加强，都进一步提升了我国税制的现代化程度。尤其是增值税改革从生产型一步走向了消费型，跨过了收入型这个中间阶段，是一次很大的飞跃，也彰显了国家在利用增值税这一特殊类型的流转税变革税收制度功能方面的决心。

第五节　社会主义市场经济下的地方财政调控作用

一、提出地方财政调控作用问题的由来

从 1978 年实施经济改革，地方政府在领导经济发展的能力上不断增强。尤其是 1984~1993 年，在预算外资金不断扩大的背景下，地方政府普遍对地方经济的发展投入了空前的热情和财力。但与之相伴随的是由于财政管理严格的缺乏法律约束，地方政府对财政投入的决策表现出严重的随意性和盲目性。政府的资源配置能力在很多地方形成了经济结构的扭曲。社会主义市场经济体制的建立对地方政府组织领导辖区经济发展提出了新的要求，规范地方政府的职能，控制其投资的冲动性，促进经济的稳定发展，成为亟待研究的新课题。从财政的角度探讨解决好地方政府职能越位、错位问题，是该课题研究的重要出发点。这是由我国地方政府通过财政掌握强大的资源配置能力所决定的。

总的来说，地方政府与中央政府一样，它们对经济发展所应承担的职责，都

必须符合市场经济原则的要求，即社会经济资源的配置应以市场机制为基础，政府只能对市场机制的失灵或缺陷加以纠正和弥补，或者说，政府的职责就是实施经济调控。但是，我们必须看到，地方政府和中央政府在经济调控目标、调控手段、调控方式等方面都具有很大差异。要进一步丰富社会主义市场经济的宏观调控理论，提高政府宏观调控政策的效果，必须努力加强对地方政府宏观调控的特点及其与之相适应的操作方式的研究。

二、市场经济中财政成为地方政府实施调控政策主要的经济杠杆

政府所能实施的调控手段，从经济领域的角度看，也就是通常人们所说的经济杠杆。其中，财政、税收、金融则是最为常用的几种。但是，由于上述几种经济杠杆本身所具有的特点存在较大差别，从而决定了它们在被不同级别的政府使用中有不同的情况。

首先看金融杠杆。金融杠杆是通过资金供求关系的调整发挥作用的。在规范的市场经济中，金融体系由中央银行和商业银行及其他非银行金融机构所组成。商业银行的业务活动必须按照市场规则来进行，必须最大限度地实现自己的赢利目标。因此，商业银行的经营活动不能受到政府的直接干预。也就是说，商业银行不可能成为政府实施调控政策的直接途径。这一点，西方国家都有现实的经验，随着我国国有专业银行商业化改革的进行，也将更加清楚地反映出来。与商业银行的性质和职能不同，中央银行是银行的银行，与政府经济政策相协调，通过再贴现率、存款准备金率和公开市场业务等手段，可以有效地影响商业银行和企业对资金的需求，进而影响到经济发展中投资的扩张与收缩。这就是说，金融杠杆一般只能是由中央银行来行使的。而中央银行在国外往往是独立于政府（包括中央政府）之外的。在我国也已采取重大改革措施，使按行政区划设置的人民银行分支机构，改为按经济区划重新设置。改革的结果意味着，金融杠杆的运用权力将集中于中央政府，地方政府将失去以往赖以直接支配本地金融资金的权力基础。应该指出的是，借鉴国际经验，我国已经在商业银行以外独立设立了政策性银行，可以肯定地说，政策性银行的业务活动是与政府的经济政策直接关联在一起的。这种银行的设立无疑会对各级政府调控其经济发展提供直接的资金支持。但是，由于政策性银行一般不具备吸收民间资金的功能，而是依靠财政资金或发行债券来维持其业务活动，所以政府对政策性银行的调控并不是纯粹的金融问题。

其次看税收杠杆。税收是由政府对企业和个人的收入及其财产进行的强制性课征。税收作为一种经济杠杆，主要是通过税种的开征与停征、征收范围的扩大与缩小、税率的调高与降低、税收优惠的提供与取消等方式实现调节经济功能的。由于税收的分配和再分配功能很强，对纳税人的利益和整个国民经济的运行可以

发生强烈的影响，所以税收的分配十分强调公平性和法制性。为了保证这一点，国家采取统一立法的形式，在全国范围内实施主要由中央政府制定的税收政策。因此，税收杠杆对经济的调控功能也主要是由中央政府来把握的。当然，在分税制体制下，地方政府可以管理地方税，并且在某些税种方面有一定自主权，如税种的开征与停征、税率的确定、税收优惠的实施等。但是，在涉及税收总量的主要税种方面，地方政府没有任何能够自行变动法律条款的权力。如果说，在过去的税收管理中，地方政府往往对企业拥有较大的减免税权力，那么到1994年新税制实行之后，主要税种的减免税权力已经高度上收，地方政府一律不得私自越权减免。这样，地方政府运用税收杠杆调控经济发展的能力就被限制到了一个相当小的范围之内。

最后看财政杠杆。财政作为政府履行其职责的物质保障，在分税制体制下，是由中央财政和地方财政共同构建起来的一种分配体系。各级财政原则上均应在属于自行支配的收入范围内，按照相应的经济和社会发展的需要，有计划地安排资金的支出。应该说财政作为经济杠杆，其功能主要是借助于财政支出实现的。在我国当时的财政制度下，中央财政掌握着增值税、消费税及中央企业所得税等各种主要的收入来源，55%左右的全国财政收入是进入中央财政的。正是这些大规模的财政收入，得中央政府的宏观调控能力有了比较可靠的财力基础。同时，中央财政在收支失衡、出现财政赤字的情况下，可以通过发行债券筹集相应的资金，这种措施进一步增强了中央财政的宏观调控能力。相比较而言，地方财政直接控制的收入所占比重较小，并且法律不允许地方政府发行财政债券，因此，地方财政的调控能力相对较弱。但是，应该指出的是，由于中央财政支出中不但有一定数量的资金应用于地方转移支付，增大了地方政府可用资金的规模，而且中央财政的许多直接投资项目都是与地方经济发展密切相关的。地方财政借助于中央财政的支持，可以大大改善其调控能力。

综上所述，可以看出，随着我国社会主义市场经济体制的建立，财政在地方政府的调控体系中已经扮演了实实在在的主要角色。

三、地方财政调控存在的主要问题

笔者认为，在20世纪90年代初期的环境下，地方财政调控存在着以下三个方面的突出问题：

一是许多地方的财政调控能力极度弱化。财政要发挥好调控作用，其根本的前提条件在于可用财力的充裕。从我国现在的地方财政收支状况看，各地经济发展水平和财源结构存在很大差别，导致各地财政收入水平和规模很不相同。例如，1990~1994年全国财政收入占GDP（国内生产总值）的比重约为10%，有的省份却只有 4%左右。许多收入较低的市县级财政，仅仅能够勉强维持现有行政事业单位的公用经费及其人员的工资支出需要，说是“吃饭财政”毫不夸张。因此，要使财政在经济调控方面发挥作用是不现实的。

二是地方财政的调控职能缺乏规范性。作为市场经济体制中的财政，无论是中央财政还是地方财政，从大的原则上说都应朝着供应“公共产品”的方向规范其职能。但是，我们不少学者却认为地方财政要发挥调控经济的职能，就必须要财政拿钱支持企业发展。在实际工作中，财政不但有以提供资本金和亏损补贴方式直接向企业注资的问题，也有以返还税收方式间接向企业注资的问题。但是，由于财力紧张，许多应由政府出面解决的问题，如市政建设、环境保护、水电路的建设等，政府却无力顾及。这是对财政调控职能的一种严重扭曲。在这种思想认识的支配下，财政就不可能不在调控经济发展过程中，产生“缺位”和“越位”的不合理问题，从而削弱其调控能力。

三是资金使用效益不佳，损失浪费很大。地方财政资金的使用，虽然从总体上说有政府预算的制约，要受到人民代表大会的监督。但是，在投资项目的具体确定上，在投资额度的具体把握上，却往往是按“长官”意志行事，缺乏有效的民主论证和监督程序。加之有些地方政府的领导往往只顾及本人的业绩，只图眼前利益，只图轰动效应，而不顾长远利益和实际效果，这就不可能不出现盲目投资的问题，导致有限财政资金的巨大损失浪费。此外，财政部门在资金管理上也存在一定程度的随意性，这也是造成资金使用效益不佳、调控作用不到位的原因之一。

四、如何强化地方财政的调控作用

（一）必须明确界定市场经济条件下地方财政的调控职能

界定地方财政的调控职能，总的指导思想就是要以分税制财政管理体制为基础，根据中央政府与地方政府的职责权限和市场经济运行机制的客观要求，明确地方政府在所辖范围内应承担的发展经济的任务。笔者认为地方财政调控职能的发挥，就是要在向社会提供公共产品的过程中，通过财政资金的运用和地方税收优惠的实施，并配合政策性金融业务的开展，改善投资环境，引导企业、银行和个人资金的投资方向，使本地经济发展充分利用自身的优势，在全国整体经济中形成具有竞争力的区域特色经济格局。

应该说明的是，财政调控职能的发挥总是与资金的使用（包括财政支出和减免税金）分不开的。但是，我们绝不能把财政调控与政府作为经济投资主体混为一谈。财政调控只能是在企业作为投资主体的基础上进行的利益诱导。财政可以成为基础设施、基础产业的投资主体，而不能成为竞争性产业的投资主体。在竞争性产业的发展上，财政可以运用贴息、减免税、信用担保等方式加以诱导。

（二）必须努力增加收入

制约地方财政调控作用发挥的主要因素在于财政收入的不足。要摆脱 20 世纪 90 年代初期存在的许多地方的“吃饭财政”困境，增强财政调控能力，就必须采取积极措施，使财政收入有较大的增长。在这个问题上，笔者认为主要有五条出路：一是积极促进国有企业改革，通过资产重组和资本运营，提高国有资产存量的利用效率，在经济增长方式根本转变的基础上实现经济效益和财政收入的增长。二是结合国有企业改革，进行产业结构调整。财政应注重对高新技术产业、第三产业及与新产业成长相连接的社会化服务体系的发展，加大支持力度，这是建立和培育财源新增长点的重点所在。三是要解放思想，促进和保护非公有制经济的健康发展。有资料表明，经过改革开放 10 多年的发展，不少省级地区的非公有制经济对财政的贡献率已经达到 20%以上，不少市县地区已经达到 50%左右。因此，保护和促进非公有制经济发展正在成为振兴地方财政的重要途径。各级财税部门必须从“国民待遇”原则出发，给予非公有制经济和公有制经济相同的保护和支持政策。当然，也需要指出，各种非公有制经济相对于公有制经济而言，其偷税、骗税、避税问题是比较严重的，财税部门应对其纳税行为加强监督和管理，这与保护和支持政策并不矛盾。四是对整顿预算外资金和制度外收入要痛下决心，严格制止非财政部门利用职权参与分配，增强政府财政预算在分配中的权威。五是认真研究加强个人所得税征收管理的具体办法。个人所得税收入这几年增长很快，但从现在的税收征管环节看，漏洞很大，税收收入与居民的实际收入水平、应有的负担能力有较大的距离。从国际经验看，随着经济发展水平的提高，个人所得税在税收体系中的地位也会显著增强，具有很好的发展潜力。因此，重视作为地方税的个人所得税的建设和征管，对于改善地方财政收入状况有重要意义。

（三）必须调整支出结构

（1）在“吃饭财政”的压力下，财政支出结构中的行政管理费用支出占了相当大的比例。因此，要使财政支出有能力在经济调控中发挥作用，尽快改革行政机构，撤并一些重复、虚设的机构，削减冗员，节约不合理的支出，成为一条必由之路。要努力改变行政机关人员只进不出的现象，在行政机构中引入竞争机制，逐步推行和加大机关干部辞退制度、公务人员公开考试录用制度的实施力度。同时，要鼓励各地方财政实行零基预算，从预算编制上对行政管理费支出的随意性增长实施有效控制。

（2）要理顺调控性支出的关系。首先，由于农业生产的特殊地位，我国农业领域存在着亟须解决保护农业资源环境、提高土地使用效益，推进农业科技进步、提高农业规模效益，实行农产品深加工、提高农业产品附加值及兴办水利等问题。解决这些问题是本地区的农业稳定发展的必要条件，地方财政应通过引导和增大投入来推进农业生产稳步发展。其次，要确保满足科教发展的需要。增加科教发展支出，既是落实国家科教兴国战略重大举措的具体体现，也是实现经济长远发展目标的必然要求。同时，从目前经济改革的进程看，科教支出中的职工培训、再教育支出，也是推进改革顺利进行和社会稳定必不可少的重要条件。最后，要加强对基础产业、基础设施建设的投入。基础设施条件的改善，不但可以提高本地区资本的投资效率，而且有利于扩大吸引外地乃至国外资金的投入。

（四）寻求放大地方财政调控作用的有效途径。

在地方财政收入水平比较低的情况下，财政调控仅仅从财政自身的资金实力上做文章，是很难有大的作为的。财政部门必须解放思想、更新观念，努力寻求在新的条件下放大财政调控作用的有效途径。

首先，要以积极的态度对待民间资本参与地方公共产品的生产和供给。公共产品的性质存在着较大的差别。对那些与国家安全和社会秩序高度相关的纯公共产品，只能由政府投资和管理，如国防设施、政府管理设施等；对那些非纯粹的公共产品，如部分公共教育、科研和医疗设施；对那些具有较高的投资回报率，但投资期长、风险大的交通、能源、通信等基础设施、基础产业，则可在不影响社会公众利益的前提下，采取地方财政出资、私人经营（提供）、地方财政和私营企业共同投资并实行股份公司化经营、完全交与私人投资并独立经营管理等办法，广泛吸收民间资本投入公共产品的生产和供给领域。这样做不是解决财政资金困难的权宜之计，而是按市场经济要求放大财政调控作用的必由之路。

其次，要以积极态度对待财政投融资体制的建立和完善。建立地方财政投融资体制的必要性在于适应财政及其相关社会资金分配格局变化的要求，增强财政协调各种政策性资金、公益事业性资金、资本收益性资金的能力。同时，借助于有偿使用办法，可以硬化资金的使用约束机制，减少资金的损失浪费。在这方面日本许多有益经验，都值得我们认真学习借鉴。

再次，要以积极的态度对待财政资金支出的创新。在成熟的市场经济国家，政府为使宝贵的财政资金花得有效，对用于政府日常政务活动所需和用于政府投资所需的物品或劳务支出，都实行一套有高度透明性、公开性的政府采购制度。这种制度既是加强政府预算支出管理的一个重要手段，同时还可以与其他经济政策相协调，成为政府实施经济调控政策的有力工具之一。例如，美国政府为扶植飞机制造、电信、电子等行业的发展，除由政府提供优惠贷款外，还直接向这些行业大量采购。有统计资料表明，20 世纪 80 年代这些行业大公司一半以上的业务来自政府采购。这种有目的的、导向性的大规模政府采购，在一定程度上成为受益产业发展的指挥棒，大大增强了它们在国际竞争中的能力，提高了国内劳动者的就业水平。自 1996 年开始，我国一些地方（如石家庄、重庆、深圳、沈阳）也开始对政府采购进行探索，并且收到了较好的效果。但是，目前人们把对建立政府采购制度的着眼点，过多地放在了资金的节约方面，而对其在经济调控方面的功能有所忽略。因此，建议理论界和政府宏观经济管理部门从更深层次的意义上，研究建立政府采购制度的重要性和迫切性，以使这项先进制度尽早在各级政府的支出中得到推广。

最后，要以积极的态度完善分税制财政管理体制。分税制财政管理体制是市场经济条件下处理中央与地方财政分配关系的成功之路。但我国自 1994 年实行的分税制改革，由于受到各种主客观因素的影响，制度在运行中表现出一些不合理之处：一是在中央对地方的转移支付方面缺乏科学性。按照分税体制规定，转移支付办法基本上是以基数法为基础制定的，这实际上是对原有地区之间贫富差别给予认可，经济发展水平高的地区自然基数大，得到的实惠多，而经济落后的地区基数小，则难以得到较多税收返还。加之专项补助规模过小，且透明度不高，存在很大随意性，这就很难通过中央财政有效协调地区间财力分配不公和公共服务水平的差距。二是在税种的划分上也不尽合理，如企业所得税仍维持按行政隶属关系划分的做法，而赢利企业和税源多集中于中央企业。这不但难于使政企分开，也不利于调动地方政府的积极性。因此，如何适当加快规范化转移支付制度建设和税种划分格局的调整，是关系到地方财政能否放大宏观调控作用的重要一环。

上述特定背景下所进行的研究，针对当时地方政府在组织领导经济发展中的盲目性和随意性问题，从财政角度提出解决办法，是非常必要的。首先，笔者没有简单地否定地方政府组织领导地方经济发展的热情，因为在我国经济体制改革过程中，在市场主体还受到自身能力和市场准入等因素制约的情况下，要尽快推动经济增长，离开各级政府的组织和积极参与是行不通的。事实上，我国自改革开放以来的 30 多年里经济增长能够保持 9%以上的高速度，地方政府的作用功不可没。因此，在文中阐述了扩大政府调控宏观经济的作用，需要解决好中央与地方的财力分配问题，并通过提高经济增长质量、严格税收征管等措施，寻求增加财政收入的渠道。其次，上述观点也没有简单地肯定地方政府组织领导地方经济发展的热情，而是依据社会主义市场经济体制的要求，提出了需要对政府和市场配置资源的边界加以确定，这是解决政府行为越位和错位的重要前提。迄今为止，这个大的原则问题仍然在困扰着我们。我们经常会批评某些地方政府行为的失范性，实际上是在具体落实中难以到位的表现。“十三五”规划提出的负面清单使该问题的解决向前推进了一大步。最后，文章强调了要以积极的态度对待民间资本参与地方公共产品的生产和供给，这与目前国家提出的鼓励政企合作的 PPP（public-private partnership，即公私资本合作）模式方向是一致的。

第二章　公共经济视野与公共财政

第一节　怎样理解公共经济学

公共经济学引入我国 20 多年来，相关学者围绕它的形成、发展、背景及其学科定位等进行了较为深入的讨论。目前，不仅已经出版了数量可观的教材、著作，而且在一批大学的学科建设和课程建设中，公共经济学也受到重视。在财政学、经济学、MPA（master of public administration，即公共管理硕士）的研究生课程体系中，普遍引入了公共经济学，有的大学已经在经济学一级学科博士点下面设立了公共经济学二级学科。无疑，这些努力极大地推进了公共经济学在我国的传播。但是，据笔者近年来阅读的公共经济学研究成果来看，要真正把公共经济学推广开来，我们还有很多尚待深化认识的方面。其中，如何理解公共经济学的内涵或者其定性，就是一个急需要厘清的问题。在此，笔者提出以下三点看法。

一、公共经济学不能替代公共财政学

在我们见到的大部分公共经济学教材当中，作者一般都将公共经济学与公共财政学作为同一种或者同一类的学问。其中，蒋洪教授所撰写《公共经济学》最明确地表达了这一看法。他在内容摘要里开宗明义写道，“本书的书名《公共经济学（财政学）》多少会让一部分读者产生困惑：这究竟是一本公共经济学教材还是一本财政学教材？书名本身就是想在书的封面上给出我们对这个问题的回答：公共经济学就是财政学，财政学就是公共经济学，二者是一回事”（蒋洪，2011）。包括人民大学出版社等多家出版社出版的《公共经济学》教材，尽管没有直接使用替代的名称，但从教材体系到分析方法，基本上沿用了我国 2000 年以来的财政学教材模式，没有就公共经济学特殊的学科内涵进行阐述。

众所周知，公共经济学是以美国财政学家理查德·马斯格雷夫 20 世纪 50 年代出版的代表性著作《财政学原理：公共经济研究》为起点，正式进入经济学研究范畴的。马斯格雷夫在该书的一开始就指出：“的确，我一开始就不愿把本书看做是对财政理论的研究。从很大程度上说，问题不是财政问题，而是资源利用和收入分配问题。因此，最好把本书看成是对公共经济的考察。”（Musgrave，1959）马斯格雷夫认为，虽然政府的活动牵涉收入的来源和支出的流向，但它本身并非

一个资金问题。从这样的意义上讲，政府收支活动与资源配置、收入分配、充分就业及价格水平稳定和增长之间的关联程度，更胜于它与货币、资本市场之间的关系。所以，在他看来，公共经济理论的任务更多的是研究公共预算管理中出现的经济政策问题。公共经济学就是研究政府所从事的经济活动的主要后果及其与社会目标的关系。此后，许多著名财政学家，如费尔德斯坦、斯蒂格利茨、阿特金森、杰克逊等相继出版的著述都开始把财政学改称为"公共经济学"或"公共部门经济学"。翻开公共经济学代表作，我们很清楚地可以看到，它们基本上都是以公共财政学为基础进行的理论扩展与深化。无论是否在名称上做了某种改变，公共经济学的根基都没有超脱公共财政学的理论框架。

因此，作为一门年轻的学问，我国的公共经济学研究从一开始沿用国外学者使用体系和方法，也就没有什么不可以理解的。现在的问题是，我们有没有必要对很多人已经奉为圭臬的理论体系进行深入反思。在笔者看来，公共经济学虽然与公共财政学具有十分密切的联系，而且，公共经济学研究的起点是公共财政学，但是，如果仅仅把公共经济学视为公共财政学的扩展，这样的研究并没有必要。因为，公共财政学从来都不是对财政收支及其相关的税收制度、政府预算等进行的技术图解，这些分析从来都没有离开过对分配政策、经济效果和社会影响的研究。尤其在西方国家的财政研究中，财政学理论与政治学理论、公共管理学理论从来都没有被切割过。在财政学理论的核心思想中，公共产品、外部性、公共选择、政府分级管理等都是学习财政学的人们耳熟能详的理论。如果认为公共经济学之所以能够独立出来，就是因为它在公共财政学的基础上，更深入地分析了"公共预算管理中出现的经济政策问题，研究了政府所从事的经济活动的主要后果及其与社会目标的关系"的话，不能不说这是对长期以来财政学界所投入的研究精力及其所取得的成果的视而不见，是不公正的。

我们认为，正确处理公共经济学与财政学的关系，关键在于不能将公共经济的范围等同于公共财政的范围，不能将公共经济现象和本质的分析等同于公共财政的分析，两者应该是一个包含与被包含的关系。财政是实施公共经济活动的保障手段，财政资金分配本身也属于公共经济活动范畴，认识公共经济必须对财政有一个十分清楚的把握。政府财政作为经济体系中的重要组成部分，如何在社会财富总量中剥离出满足社会公共需要的部分，并依据社会赋予政府的公共职能，遵循公平效率原则，将已经取得的货币形态的公共财富投入社会公共部门及私人企业和家庭，是所有国家的财政所要承担的基本任务。这就是通常意义上所讲的财政分配。在此基础上，政府可以运用经济杠杆效应，借助财政的分配，实现其对社会分配关系、经济结构、宏观经济稳定等的调节和干预。公共财政学的内涵始终是围绕着上述货币财富（财力）的分配而展开的。其中，市场经济失灵与公共产品的提供、财政支出形式与结构、税收收入结构、政府间财政关系及宏观财政政策，构成了财政学的主体框架。

但是，如果仅仅从财政的角度认识公共经济，还远远不够。在现代社会条件下，公共经济的活动内容非常复杂。既包括政府部门从事的行政服务活动，也包括公立教育、公共卫生机构等所从事的特定社会服务活动；既有社会保障项目直接向家庭所提供的财力、物力援助，也有水利设施、交通通信设施建设项目间接带给社会公众的福利；既可以通过向弱势的农业产业提供扶持性补贴促进其发展，也可以由政府直接投资举办国有企业；既要负责自然环境保护，也要负责抢险救灾；等等。国家财政的责任在于，要为满足这些公共经济活动筹集必要的资金，并根据一定的原则和方法，将这些资金拨付到各个需求的领域和项目。通过税收征管和财政资金预算，监控公共经济的发展是否合理，保护社会公共利益不受侵犯。在市场经济的运行中，包括公共经济在内的所有经济活动时刻都脱离不了货币资金的支持，但是，货币资金的运行终究不是经济活动的运行。公共经济的存在不仅受制于资金条件，同时也受制于人力资源、物力资源的约束条件；公共经济活动的成效如何，需要从资金的层面进行科学筹划，防止资金的损失和滥用，同时也需要考虑经济活动组织方式的合理性，为社会经济的运行提供更加充分和可靠的公共环境和条件。由此可见，公共经济与公共财政之间，进而公共经济学与公共财政学之间的界限是比较清晰的。两者之间虽然密不可分，相互联系，但至少可以画出一条相对确定的边界。考虑到公共财政在公共经济活动中的重要地位，可以在公共经济研究中对其给予特别的关注。

二、公共经济学应该研究什么

公共经济学是研究公共经济活动规律的科学，其性质属于一般经济学的分支。因此，公共经济学的研究应该是在一般经济学的基础上，并运用相适应的研究方法，对具有特定含义的经济现象所做的分析。

我们知道，作为经济学，始终是在探索人类的经济行为如何能够将有限的经济资源转化为最大福利，并提升物质和精神生活水平的过程。在经济活动的总体范围内，市场经济将资源的占有及其带来的经济利益分割成私人和公共两个相互联系又彼此制约的组成部分。私人经济通常被称为市场经济的主体部分，它们存在于从生产、流通、分配到消费的所有经济环节，支配着社会绝大部分经济资源。企业、家庭和劳动者个人通过自己的投资和劳动创造并分享财富，推动着人类社会物质文明和精神文明的进步。与此同时，市场经济的另外一个方面，即公共经济也是不可忽视的重要内容。公共经济不仅为私人经济活动的顺利进行提供必要的外部基础环境，解决了由于外部性的存在而影响宏观经济效率的问题，同时，公共经济还突破了企业、家庭和个人经济利益的束缚，借助于法律手段，将社会财富配置到人们赖以发展的非经济领域，促进了经济文明和社会文明的共同进步，推动了人们社会福利的高级化。基于此，经济学研究就是在市场经济条件下，将私人经济与公共经济结合在一起，并以私人经济运行为主线，对经济运行的目标、运行的条件、运行的方式所做的规律性分析。

公共经济学的研究是在一般经济学研究的基础上进行的更为具体的研究。它把市场经济中的具有公共性的经济要素和经济现象单独分离出来，从中寻找符合公共经济自身要求的运行目标、运行条件、运行方式。其核心内容应该反映经济活动中围绕公共物品供求关系所形成的资源配置方式、生产组织方式、流通与分配方式、消费方式及其所产生的福利效应。公共物品的存在及其供求关系是公共经济存在的基础，也是公共经济学分析的灵魂。公共物品与私人物品尽管都是社会财富的存在形式，但是，两者的生成条件、生成方式、对社会福利的贡献途径和表现方式等，却有着十分显著的差别。作为社会财富的一般形式，我们的公共经济学需要像一般经济学一样研究公共物品的成本与收益，用较少的资源创造更多的公共福利。但是，作为社会财富的特殊形式，我们的公共经济学又需要专门研究公共物品究竟以何种方式获取和使用才能成本更低，收益更大。在这里，我们不仅需要研究公共物品的规模，还需要研究公共物品的结构；不仅需要研究是由私人部门生产，再由政府部门征税更加合理，还需要研究是否由政府或公共部门直接生产更为合理；不仅需要研究公共物品对公共需求的满足渠道，还需要研究公共物品的提供机制；不仅需要研究公共物品在经济领域的功能，还需要研究它的社会功能；不仅需要研究政府对公共物品和公共经济的管理责任，还需要研究社会其他主体参与公共物品提供和公共经济管理的机制；等等。

结合目前已有的研究成果，笔者对公共经济学的主体框架提出以下自己的思路：

（1）公共经济学基本概念与表现形式。作为一个知识体系，需要在一般经济概念的基础上，对公共经济及其相关联的公共福利、公共成本、公共效益等概念进行系统分析，探讨公共经济与私人经济之间的联系和区别，概括公共经济的特点。而公共经济的表现形式是对公共经济外延的把握。从人们在社会经济生活中接触的多种多样的公共经济现象入手，要详细解释判断公共经济的标准，从公共经济形态与社会经济生活的广泛联系上，确认公共经济活动、公共经济行为、公共经济资产等公共经济存在的方式，特别要对公共管理部门、公共服务、公共政策等非生产性经济行为的公共经济内涵，以及混合经济体中的公共经济成分做出深刻阐述。

（2）公共经济的理论依据与现实基础。市场经济失灵理论、边际效应理论、制度经济学理论、福利经济学理论为公共经济学提供了基本的理论依据，而现代各国的公共经济对经济和社会发展所做的贡献证明了其存在的重要价值。在这里的一个重要任务，是要对不同的国家发展模式、不同社会制度、不同文化背景、不同经济管理体制下的公共经济差异进行解释。

（3）公共物品的需求与供给。所有的公共经济问题都反映为解决公共物品需求与供给的经济行为。准确地阐述公共物品的需求原因、范围、类型、规模和结构，准确地阐述公共物品的供给主体、方式、机制和制约因素，是公共经济学最基本的任务。

（4）公共经济制度。公共经济不同于私人经济，它不是以经济利益最大化为目的的企业经济和家庭经济，而是以社会利益最大化为目的的公共主体（部门）经济。为此，为了保证公共经济正当履行自己的职能，为了防止公共利益受侵犯，所有公共经济活动都需要以制度为保障，这不仅包括国家的宪法，以及与政府治理、国有企业经营、公共设施管理、财政资金管理等相关的各种法律法规，还包括建立在上述法律法规基础之上的公共经济管理体制。公共经济制度建设的水平，反映了一个国家对公共经济的控制和管理能力。

（5）公共经济的职能。公共经济的存在和发展具有客观必然性，它的重要价值就在于能够为推动经济和社会发展承担自身固有的职能。我们认为，目前的公共经济学将公共经济的职能主要定位于经济发展领域是有缺陷的，事实上，公共经济在推动社会发展领域方面也具有非常现实而独特的功能。近年来学界和政府部门一直在研究的基本公共服务均等化问题，正是公共经济职能的重要体现。

（6）公共经济的实现。公共经济从概念变为现实，涉及诸多要素、诸多环节和诸多方式，需要从其本身特有的要求出发，进行决策和组织。它既涉及公共财力的筹集与分配，也涉及人力资源队伍的建设；既涉及公共物资的采购，也涉及公共工程的建设；既涉及公共物品的生产，也涉及公共物品的提供；既涉及对政府等公共服务部门的管理，也涉及对国有企业部门的管理；既涉及与市场主体的分工合作，也涉及借助于公共经济活动实施政府的调节政策；如此等等。在这样的背景下，公共经济的实现远比私人经济的实现更加复杂。

（7）公共经济的效果。公共经济活动耗费了社会经济资源，其效果如何理应给予严格的考核。特别是考虑到公共经济中产权主体与经营者和使用者之间的利益关系的相对分离，极易产生公共资源的低效率问题，产生公共经济中的腐败现象，加强公共经济效果的评价应该成为公共经济学不可忽视的重要内容。

三、影响中国公共经济学的特有因素

公共经济学发端于西方国家。在中国走向市场经济的大背景下，公共经济学在国外和国内有着很多相通之处，我们的公共经济学研究需要充分吸收借鉴国际上已有的研究成果，以减少不必要的时间浪费。

但是，我们的公共经济学生长在中国这块土地上，它要为中国的社会经济发展服务，要培养我们自己的学生到社会上去工作。因此，中国公共经济学的构建需要充分体现出自身的特色，融入中国自身的要素。

第一，社会主义市场经济对公共经济学的构建具有决定性影响。社会主义市场经济决定了中国经济发展进程中公有制地位和政府的权威性不可撼动。国家不仅掌控着土地、矿藏和自然资源的所有权，而且还拥有实力雄厚的国有企业，国有资产规模庞大，是其他任何国家都无法相比的。国有企业不仅存在于垄断领域，而且在一些重要的竞争性领域也占据有利地位。探讨公共经济的理论，不涉及国有企业，显然是一个漏洞。但很遗憾，在目前许多公共经济学教科书中，都没有阐述国有企业的功能，没有对其发展定位给予深入研究。我们需要国有企业，但是，从公共经济学的角度看，国有企业的价值是什么？国有企业的效率和成本究竟应该如何评价？国有企业的收益应该如何服务于公共利益？中国的公共经济学有必要对此给予重点研究。

第二，公共物品供给的历史欠账与目前快速增长的要求形成了巨大矛盾。公共经济不是市场经济独有的现象，它可以存在于各类经济形态。中国过去的计划经济可以说是公共经济最为庞大的历史时期。从教育到医疗，从住房到养老，从公交到能源供应，除了日常的吃穿消费，几乎所有的与家庭生活相关的个人需求，都被纳入公共经济体系当中，公共物品的范围十分宽广。但是，这种过于宽泛的公共物品定位，一是缺乏充分的经济基础，供给水平非常有限，与受益人的实际需求相去甚远；二是它建立在不公平的差别待遇上，特别是在城乡之间，完全割裂了城乡居民的利益关系。所谓公共物品的供给实际上是在城市人口范围内的供给，作为占据人口数量绝大部分的农村人口无法享受任何待遇。因此，当我们今天要研究公共经济学的问题时会发现，一方面，中国公共物品供给的历史欠账太大；而在另外一方面，改革开放的不断深化，不仅推动着中国经济发展水平的快速提升，也让所有城乡居民都对增加自身的经济福利充满期待。他们渴望社会公正，渴望获得有尊严的社会生活，渴望良好的自然环境和安全的社会秩序，渴望享受物质生活基础上的精神生活。所有这些就提出了大幅度增加公共物品供给的现实压力。如何解决这一巨大的公共物品供求矛盾，是中国公共经济学需要认真回答的问题。

第三，社会政治制度决定了公共经济的管理体制的形成，并进一步影响着公共经济的效果。中国的社会政治制度反映在各级政府的决策权力和决策能力之中，而他们的决策权力和决策能力又特别显著地反映在公共经济的管理体制上和公共经济的效果上。以 2008 年应对国际金融危机的宏观经济政策为例。当金融危机开始显现时，在中美两国反应速度都很快，但是，在效果上却出现了很大不同。当美国国会根据总统要求进行激烈的辩论时，中国的一揽子宏观经济政策通过党中央和国务院的部署，已经迅速进入实施阶段。从今天看，有力的积极财政政策和适度宽松的货币政策同时出台，对控制中国经济增长速度过快下滑发挥了很好的作用。中国经济在重大国际金融危机面前能够一枝独秀，保持8%左右的增长速度，并且借助这一套经济政策巩固了中国经济在世界上的优势地位，改善了民生，应该说，中国独有的社会政治制度起到了不可替代的关键作用。当然，这样的社会政治制度对公共经济和公共利益的影响在实践中是存在很大争议。仍以应对2008年的宏观经济政策为例。随着金融危机对经济增长和社会发展的影响进一步显露，一些学者对积极财政政策中推出的4万亿刺激计划留下的通货膨胀，甚至是滞胀问题的担忧在加重，也有人对刺激计划带动的地方财政公共投资风险发出警告，还有人对大规模的建设项目快速决策产生的腐败问题提出批评。这些担忧、警告和批评有一个共同的前提，就是这样的公共经济决策方式究竟是利大于弊还是弊大于利？在中国公共经济学的构建上，有待在这个方面做出有说服力的分析。

应该说，在社会主义市场经济不断发展的进程中，公共经济会越来越显示出其存在的重要价值。因为在这样的经济形态中，一方面要特别强调市场机制在资源配置中的决定性作用，以充分释放经济活力，提升经济效率。另一方面，对于解决市场机制所不能解决的问题，即市场失灵和失败的问题，也有了更高的要求。这就是公共经济所要担负的任务。像许多学科的产生和发展一样，由于历史的限制和对市场经济认识的有限性，我们对公共经济的研究不可避免地存在着非常明显的不同认识。但是，随着我国经济体制改革的深化，经济增长也正在面临着从超常增长向新常态增长新阶段的转变，经济和社会矛盾的集聚，给公共经济提出了前所未有的压力。如何从法律和制度上对公共经济的功能与边界做出合理定位，这关系到经济和社会发展的稳定与协调。当前，诸如在我国基础设施领域开展的PPP改革，如何对僵尸型企业进行处置，行政事业单位的社会保险制度改革，社会保险的公平与效率平衡关系等，都是与之相联系的学术和实际问题。因此，对于在学术界继续深化公共经济学的讨论，国家有必要给予特别的重视。

第二节　国家财政模式转型

社会主义市场经济体制的改革推动了国家公共财政的建设，这是我国财政现代化建设的一个重要里程碑。认识这一改革的必然逻辑，对于我们坚定推进公共财政模式的建设，具有重要的理论价值和实践意义。但是，在学术界，一开始围绕着公共财政的本质与体系建设所进行的讨论却相当激烈。有人认为，这只不过是一种国家财政的文字游戏而已，也有人认为这是对资本主义国家财政制度的盲目崇拜。显然，这样的认识都低估了公共财政在社会主义市场经济中应有的价值。

中国财政科学研究院叶振鹏教授、厦门大学张馨教授等深入剖析了计划经济下国家财政模式与社会主义市场经济的矛盾，率先在全国提出了建立公共财政的必然性，由此推动了关于公共财政问题的讨论。部分学者对公共财政的提法提出了鲜明的反对意见，部分学者则对此持有怀疑，因此，深入探讨公共财政形成的背景和特征，对于正确设计我国公共财政体制，实施有效的公共财政治理，是非常必要的。

一、计划经济条件下的国家财政

任何财政都是国家财政，准确地说是为实现国家职能服务的财政。由于经常性的管理责任主要在政府，所以财政又可以理解为政府的财务。从一定意义上看，财政就是国家和政府在经济上的体现。

在我国长期的计划经济中，社会资源由国家高度集中管理。财政作为一种分配手段，不仅参与再分配，而且直接借助于对国营企业的控制，参与初次分配。国营企业的收益上交国家财政，企业固定资产投资和生产经营流动资金的来源也依靠财政供给，因此，财政成为国营企业事实上的财务主管。同时，政府还通过行政管理方式直接支配企业的人力资源和产销过程。企业的工资总额和等级要由财政计划批准，企业产品的销售价格也要由财政控制。因此，这一时期的国家财政呈现出突出的生产性或生产经营性特征，而不仅仅是分配手段。与之相联系，国家为了高度集中管理社会资源，采取了生产资料公有制和集体所有制的产权控制方式，私人所有只限定在个人所获得的有限劳动所得范围内，并在城市和农村实行有重大差别的福利供给制度。城市居民除少数街道企业以集体经济形式经营外，其他绝大多数企业都被划入国营企业的范围。因此，财政的生产性实际上是反映了与国营企业之间的特殊关系，而与集体经济，尤其是与农村集体经济的联系，主要反映为通过农业税的征收和农产品的低价收购，利用工农产品价格剪刀差机制间接控制农民创造的一部分价值。但在公共产品的供给上，除了落后的义务教育外，几乎没有其他任何作为。此外，由于国家的财政分配关系到计划经济整体的运行状况，财政管理权也高度集中，中央政府无疑是财政分配决策权的主要行使者，不仅企业和社会公众无权参与相关的决策，就是地方政府也只能处于政策的执行者地位。

二、公共财政是一种新型的国家财政

社会主义市场经济的建立，从核心问题上改变了社会资源的配置方式，更进一步说，是改变了资源主要由国家高度集中控制的方式。资源的占有权和支配权向民间企业、个人家庭部门和不同级别的政府部门转移，以增强不同利益主体运用资源的责任和能力，提高社会整体的资源利用效率。反映到财政上来，一方面要求财政退出竞争性的生产经营领域，还财权于企业。按照政企分开的原则，政府不再直接插手企业的生产经营过程，让企业凭着自己的能力和供求关系掌握资源的决策权。政府对企业创造的价值不再直接以所有者的身份参与分配，而是以公共管理者的身份行使征税的权利，同时，政府也不再对企业的盈亏风险承担责任。政府所要承担的责任是企业有需求但没有能力，或者不愿涉足的公共产品与服务的供给。包括企业所需要基础设施、市场供求关系的稳定等，政府有责任为企业买单。1983 年、1984 年的利改税及 1994 年的新一轮财税体制改革，正是对政府与企业重新分工要求的响应。另一方面，政府在分权于国有企业的同时，实际上还伴随着国有资源的市场化改革。不仅外资企业在同一市场上获得了发展的空间，还有大量的国有企业通过产权改革进入了民营企业。为了促进经济的公平竞争，政府提供的公共产品与服务也覆盖到国有企业以外的所有企业，各类经济主体都可以在尽到自己纳税义务的基础上共享公共资源。可见，政府与市场、政府与企业关系的重新界定，使国家财政开始走上了公共财政的道路。财政不再单纯地服务于某一类企业，而是服务于所有经济主体的共同利益。

在解决了政府与企业的关系之后，政府的责任并未减轻，相反，其责任范围变得更大，形式更加复杂。原来的国家财政把过多的力量投放在生产建设领域，忽视了对一般性公共产品与服务的提供，导致了我国义务教育、公共卫生领域的落后，公共文化、环境保护等也欠账很大。城乡分治体制下形成的生产经营环境和生活水平差别，以及东部和西部地区发展的差别，已经引起了社会利益的严重分化，消除这些全国范围的利益失衡，任何单位和个人都无能为力，政府必须承担该使命。此外，市场经济体制建设过程中的社会保险则属于新生成的重大公共产品需求，也亟待加快建设步伐。所有这些表明，在迈向社会主义市场经济的过程中，政府需要重新定位财政的功能，即赋予财政公共责任。

三、把握公共财政的主要特征

国家财政模式的转变，不是简单地形式的变化，而是在其本质特征上要做出真正的改变。

首先，公共财政是提供公共产品和公共服务的财政。财政被赋予公共性，在本质上决定了其活动的内容需要以公共利益的需求为目标。实现其目标的载体是公共产品与公共服务。从实际生活观察，公共产品与公共服务会受到多种因素的影响，客观准确地把握提供公共产品与服务的标准具有很大挑战。公共财政理论把公共产品划分为纯公共产品和准公共产品两类，比较典型的纯公共产品包括行政管理、国防建设、义务教育、公共卫生、公共文化、基础性科学研究、公共基础设施、社会救助、公共资源和环境保护等，这些公共产品所产生的利益要由社会成员共享，不能为少数人所占有，否则就会损害大多数人的利益。准公共产品则包括高等教育、一般医疗健康服务、社会保险、应用性科学研究、高速公路、污水处理等，这些公共产品具有为社会成员所共享的性质，能够增进集体福利，同时又与个体利益有直接关系，一部分利益会由直接受益人独占，或者直接受益人会得到比间接受益人更大的利益。以高等教育为例，它能够成为一项公共产品，是因为教育成果会带来社会文明程度和人口素质的提高，从而为社会的和经济的发展产生良好的推动作用。但是，受教育者本人也能通过高等教育，获得他人所没有机会接受的高层次技术和科学知识，为自己在未来的社会就业中争取更好的工作岗位和更高水平的收入提供优势地位。因此，高等教育的发展除了部分机构会有私人完全投资并向学生收取高额学费以外，绝大部分会采取公立大学的办学模式。也就是大学的建设和运转主要通过公共财政的资金投入来保障，同时，也要求学生缴纳一定数额的学费，即由政府和社会共同承担办学成本。这样的财政支出责任在原来的国家财政模式下，显然是没有的。例如，我国过去的大学教育，所有学生都享受完全的免费教育，他们不仅不必支付任何学费，而且还享受定期的生活补助。随着社会主义市场经济体制的逐步建立，大学教育改革逐步深化，由政府财政公共财政和学生及其家庭共同分担教育成本的模式也逐步得到确立，并被社会接受。当然，公共产品的外部边界并非是固定的，尤其在改革前后这种变化是非常明显的。大学教育原来全部被划为公共产品，现在只能说其主体部分仍然带有公共产品的属性。而在城乡分割时期，农村居民没有任何养老保险、医疗保险［新型农村合作医疗（简称新农合）］等国家财政提供的公共福利，但目前所有农村居民都可以享受到一定水平的这两类公共福利。

其次，公共财政是分配公平的财政。公共财政的任何分配手段的使用，都会带来社会成员之间，包括地区之间、企业之间、家庭和个人之间利益关系的变化。有的社会成员会因此增加自身的利益，也有社会成员会因此减少自己的利益。分配的结果，不仅会影响到不同社会成员经济利益关系的重新组合，而且也会进一步影响到他们的经济行为，甚至影响到生产、消费、经济效率和经济增长。财政分配是否能够坚持公平，即体现出公正性、合理性，是一个重大的政策性问题，反映着一个国家、一个地方政府财政治理的能力。所谓公平分配，包含着两个基本的内容，即纵向公平和横向公平。纵向公平是指同一类社会成员保持同等的公共财政负担和公共福利待遇。例如，同样是生产经营性企业，他们都需要得到国家安全体系和司法制度的保护、需要消耗交通道路、供水和排水设施等，这些不同性质的社会资源都不是凭空形成的，而是在公共财政的投入的基础上发展起来的公共产品。所有企业都有权享用这些公共资源，以减少自身相应的成本支出。但同时所有企业都有义务为公共资源的使用买单，即交纳必要的税收。任何企业都没有逃避税收的特权。横向公平是指不同性质的社会成员享受社会公共资源和承担公共财政负担上应有相应的差别。仍以企业为例，企业可以按照很多标准进行分类。例如，由于规模不同而区分为大中小型企业，按资本来源不同可以区分为内资企业和外资企业，按照是否有竞争区分为垄断性企业和竞争性企业，按照生产经营内容区分为生产性企业和流通性企业、服务型企业，等等。个人及其家庭也是一样，按收入水平高低有高收入者和低收入者的区别，按收入性质不同有劳动报酬收入者、管理性收入者和资产性收入者的差异，按抚养负担不同可以区分为负担沉重家庭和负担轻微家庭等。对这些不同的企业、家庭和个人如果提供同样的公共福利或者承担同样多的公共财政负担，是不公平、不合理的。当然，有的从形式上看是比较公平的，而实际上确是不公平的。以流转税为例，对某种商品征收同样的税收，无论谁来消费都要承担同样的负担，形式上是公平合理的。其实，消费者的收入有差别，家庭负担也不一样，所有消费者按照同一个税率纳税的结果，就会形成对低收入者和负担沉重的家庭不利的分配效应。这就是税收理论中所讲的“累退税”现象。因此，流转税从分配的角度看，存在很大的缺陷。相比较而言，所得税的公平合理性则比较显著。因为所得是在总收入基础上扣除了合理的成本、费用以后的余额，所得税概念本身就意味着是对净收入的征税。再加之差别化的税率相辅助，就使所得税可以做到有所得征税，无所得不征税，所得多的多征，所得少的少征，这对于解决初次分配中差别过大的收入差距，具有重要作用。在实践中，完全做到纵向公平和横向公平都不容易实现，所谓公平只能是相对的。而且，对公平的具体标准如何确定，也有一定困难。因为不同的社会成员都会依据自身的感受理解公平问题，这导致公平不仅仅是一定的数量标准，而且还是一个心理标准。从公共财政来说，就是要综合考虑经济因素和社会因素的要求，尽量把握好公平分配的尺度。在一些重大的公共财政问题上通过广泛的社会讨论求得一个尽可能绝大部分人都能接受的分配方案，包括召开民意代表的听证会形式、专家专题调研形式等，就是尊重社会因素的表现。

再次，公共财政是公开透明的财政。承认财政的公共性，就是承认财政收入归社会公众所有，政府只是作为社会的公共管理者角色，为社会公众行使财务的管理权。因此，政府究竟为履行自己的职能需要多少财政收入，需要什么方式组织财政收入，这些公共收入具体要用于什么地方，受益者是谁，如何保证这些资金不被贪污挪用，社会公众有权知道这些基本的信息。让社会公众清晰地了解财政的运作过程，目的在于为他们主动关心财政分配的公平合理，监督政府管理人员和资金使用单位的行为，为公共财政规范化地组织收入和安排支出增加一道社会监督网和防火墙。这可以被理解为国家民主管理在财政上的实现形式。公共财政的公开透明，长期以来是一个颇具争议的问题。在政府层面，包括使用财政资金的行政事业单位和国有企业，往往对信息披露采取回避的态度，理由无非是政府和企事业单位信息的安全要求。在学术界和社会公众层面，则对财政信息公开有了日益强烈的呼声。在这一背景下，我国政府部门的“三公经费”公开已经起步，政府预算信息也逐渐被细化和公开化。这是我国公共财政体制建设进步的重要表现。

最后，公共财政是受法治约束的财政。公共财政要保证其公共性的实现，就不能建立在人治的基础上，而是要依靠法治保驾护航。任何财政上的决策和实施行为都需要有法可依，任何人都不得滥用政治权力，随意决定财政资金的用途和使用的规模，也无权提出对纳税人的减税和免税。对于滥用权利，造成公共利益损失的行为，必须给予法律惩处。这是确保政府科学理财、规范理财、有效理财的重要环节。同时，财政的法治化管理，也适于社会成员对财政的监督。社会成员监督政府的理财行为，不能无的放矢，也需要依法行事。否则就会变成对政府理财活动的干扰，不利于政府正常履行自己的职责。

综上所述，财政模式是指在一定的社会经济背景下，财政分配所要实现的目标及其相适应的分配规则、结构与政策的总称。它受到经济和社会发展模式的制约，或者说，财政模式要服从和服务于国家的经济和社会发展模式。在我国，社会主义经济发展模式经历了计划经济和市场经济两个重要阶段，政府在为社会提供公共产品的过程中也采取了两种不同的财政模式。两种模式虽然都体现了政府为实现其职能而分配社会财富的功能和使命，但从现在看来，从以巩固公有制需要为目标，主要服务国有经济建设的国家财政，到以社会共同需要为目标，公平服务于社会各个主体发展的公共财政，这是财政模式的一个重大转变。这场转变给财政的发展带来了一些全新的意义。在本书中，笔者所阐述的公共财政特征在实践中不断深化和拓展，使财政与社会各个主体的利益有了越来越清晰的、可触及的联系，而不再是束之高阁的、远离社会普通阶层的特权象征；使财政成为宏观经济运行的政策引导手段，而不再是替代经济活动主体潜心于微观经济过程的工具；使财政成为依法合规管理的对象，而不再是政府官员任意操作的权力砝码。

第三节　公共选择理论及其对我国财政发展的借鉴意义

提供公共产品与公共服务是市场经济条件下政府的基本职责。如何把纷繁复杂的公共产品与服务提供到不同利益主体的手中，使公共资源的配置既能保证公平，又能提高效率，在我国社会主义市场经济体制和公共财政建立过程中，这是一个具有挑战性的新课题。西方国家经济、管理和政治学界提出的公共选择理论，阐述了实现两者结合的理想模型。虽然我国的社会经济和政治发展与西方国家具有显著的差别，决定了公共选择理论在我国应用的限制性。但是，作为一种研究方法，对公共选择理论进行探讨，以发现其中让我国可以吸收借鉴的合理因素，是具有现实价值的。

一、公共选择学派与公共选择理论的基本内容

公共选择学派是美国一个带有强烈色彩的新自由主义学派，起始于 20 世纪 40 年代，发展于 50~70 年代，自 80 年代起成为经济学界一个具有重要影响的流派。其代表人物是布坎南。所谓公共选择就是通过集体行动和政治过程来决定资源在公共物品间的分配。按照西方经济学理论，从消费性质来划分，整个社会的产品有私人物品和公共物品两大类。凡是在消费时具有非排他性和非对抗性的那类产品和服务，都属于公共物品，只能由公共和集体进行消费，其余的产品和服务，则仅供个人消费，具有对抗性和排他性，因此，称为私人物品。典型的公共物品包括基础教育和部分高等教育、医疗设施、卫生防疫，甚至可以包括社会再生产赖以存在的基础设施，如铁路、公路、大型水利设施等。由于公共物品天然地具有非排他性和非对抗性，因此，以获取最大经济利益为目的的私人经济一般是不会为社会提供此服务的，这样，作为公共权力中心的国家（政府）就必须承担起提供公共物品的职责。但国家（政府）不是一个经济组织，为了实现提供公共物品的职责，它就需要向私人经济收税。所以，税收是人们为享用公共物品和服务而必须付出的代价。总之，公共物品的问题实际上可以归结为国家财政问题。公共选择理论研究的对象就是公共物品，即财政的决策。

要说清公共选择理论的性质，需要联系一般经济学理论，因为在市场经济中，它们同是研究如何配置资源到各种物品中去的学问。所不同的是，私人物品的资源配置由个人选择，通过市场过程完成，是一般经济学的研究对象；公共物品的资源配置则由公共选择，通过非市场过程完成，是公共选择的研究对象。个人选择与公共选择的区别在于：首先，个人选择是在市场交易过程中消费者根据自己的偏好和收入状况用货币选票决定自己所需的私人物品量；公共选择是在政治交易过程中消费者按政治程序投票决定公共物品量。例如，政府的规模应该多大，要不要向他人提供援助，教育应该达到怎样的水平，等等。其次，个人选择基本上遵从自愿交换原则，消费者所消费的量与其需要的量是一致的；公共选择却带有强制性，消费者或投票人无论是否愿意消费公共物品，都必须按投票表决规则，去参与消费，并支付税收。再次，在个人选择中，私人物品的产量决定于消费者的支出价格，生产费用也由该价格来弥补。每一商品的消费与支出都存在一一对应的关系，每一个人的选择都直接影响着个人的效用。在公共选择中，公共物品的产量决定于消费者的投票，生产费用由投票人纳税弥补，个人税收支付与单个公共物品的消费不存在一一对应的关系。个人选择不能直接影响个人效用和他人

效用，只有公共选择的结果才会影响总效用。最后，在个人选择中，居民为需方，厂商为供方，各经济单位之间存在竞争，竞争与市场机制促使厂商去满足消费者，实现社会利益，在公共选择中，需方为投票人，包括居民与厂商，供方则是政府。各方由竞争性的民主联系在一起，民主中的竞选促使政府努力服务于投票人。

由此可见，公共选择研究的是公共经济活动或财政活动中的政治过程。它把社会的经济事务区分为政治市场和经济市场两个领域，把这两个方面看成是相互渗透、相互影响的。并一改传统经济理论只着眼于经济市场的局限性，补充以经济方法分析政治过程，认为政治是经济事务的内生因素，而不像传统理论所坚持的外生因素。丹尼斯·穆勒在《公共选择》一书中说，公共选择学“是将经济学应用于政治科学，公共选择的主题就是政治科学的主题，即国家理论、投票规则、投票者行为、党派政治学、官方政治等”（穆勒，1993）。在半个世纪的发展和完善过程中，公共选择理论深入地研究了决定社会对公共物品需求的方式。民主体制有直接民主制和代议民主制的区别，因而决定社会对公共物品需求的方式也不同。在直接民主制的情况下，公共物品的需求量由投票人直接投票决定；在代议民主制的情况下，公共物品的需求量由投票人或选民先选举代表，然后由民选代表投票决定。由于直接民主制下的投票人太多，代议民主制下的决定方式就成为各国普遍使用的方式。无论是哪种决定方式，都采取多数票原则，即对同一公共物品需要的选择中，获得多数票的获胜。多数票原则可以包括全体一致原则、最优多数原则和过半数原则。因为前两种成本较高（主要是修改协议、调和冲突、讨价还价、解释议案的成本），所以过半数原则成为现实中通行的原则。按过半数原则，如果只有一项议案要决定取舍，就一定能得到一个确定结果，或者是通过或者是否决；如果在两项不同的议案中选一，也能决出结果，肯定会有一个议案因得到过半数票而被批准。

但如果是多项选一，即在各种数量的公共物品中或公共支出中决出一定数量作为全社会需求，结果就不一定是唯一的，而可能是多样的。这取决于全体成员的偏好是单峰值还是双峰值。所谓峰值是指在关于公共物品量或公共支出量的议案选择中，获得偏好程度较高的议案所处的状态。单峰偏好是指某一成员最偏好某一议案，并且离开该议案向任何其他议案变化时，偏好程度都将持续下降。双峰偏好则是指某一议案所享偏好程度较高，但在按顺序排列的议案中沿某一方向离开议案向其他议案变动时，偏好程度先下降，后转为上升。A. 唐斯在 1957 年出版的《民主的经济理论》中指出，如果在一个多数决策模型中，个人偏好都是单峰型的，则反映中间投票人意愿的那种政策会最终获胜，因为选择该政策不仅使中间投票人获益最大，也使其他人损失最小（Downs，1957）。这就是所谓中间投票人定理。这一定理在公共选择学派的政治行为理论中占有重要地位，任何一个政党或政治家，要想赢得极大量的选票，必须使自己的竞选方案与纲领符合中间投票人的意愿。唐斯说，政党所感兴趣的并不是社会资源的有效配置，他们追求的只是通过获得最多的选票从而当选执政。因此，如果说政府确有能力合理配置公共资源，实现社会经济的最佳效率，也只是各政党竞争的结果。

公共选择学派的产生和发展与国家干预政策的加强和失误有密切的关系。第二次世界大战后，受凯恩斯宏观经济理论的影响，资本主义发达国家为了纠正市场经济自发运行的缺陷，纷纷采取了强化国家干预经济的政策。但是，进入 20 世纪 70 年代之后，国家干预政策陷入了困境，资本主义经济形成了“滞胀”局面。正是在这样的背景下，西方经济学界出现了一股声势浩大的新自由主义复兴浪潮，主张反对国家干预，恢复自由放任。公共选择学派通过把政治活动过程引入经济分析的研究得出了如下的结论：资本主义经济问题的根源不在于经济领域，而在于政治过程。存在缺陷的现代民主制度与凯恩斯主义的国家干预结合在一起，导致了经济效率低下，政府规模过大，资源浪费，财政赤字和通货膨胀。例如，公共选择学家认为，公共机构的官僚们追求的不是利润，而是高薪、特权、权力、恩惠等，这些都是与财政预算的规模正相关的。由于政党、特殊利益集团的左右，中间投票人的意愿在实际生活中难以正确显示出来。因此，官僚们总会扩大预算规模，造成公共物品的生产过剩，而公共物品生产过剩就是国家机构太大的同义语。又如，公共选择学家们提出的商业循环政治理论认为，在选票最大化模型中，政治家、政党、官僚们的行为与投票人的效用偏好一起发生作用。因此，追求选票最大化的政府在商业循环中，就不再是一个被动的外生变量，而是一个内生变量，它的行为影响着价格、产量与就业量的周期性。一个追求选票极大化的政府，如果发现失业对公众的危害大于通货膨胀对公众的危害，那么，这个政府在选举以前，就会力求降低失业率，而放松对通货膨胀的控制，使通货膨胀率上升。于是，失业与通货膨胀将随着选举的定期举行而呈现出周期性。

针对现代民主政治与凯恩斯主义理论的缺陷，公共选择学派在经济政策方面也提出了自己的见解。但这些政策见解不是具体的政策措施，而是制定政策的过程和原则。这些见解集中体现在罗尔斯与布坎南对立宪的经济分析中。这种立宪经济学主要是从立宪的角度分析政策制定的规则和约束经济与政治活动者的规则或限制条件，是为讨论立宪变动的人提供一种指导或规范建议。他们就国家在立宪中应起的作用、财政立宪理论和货币政策等问题分别阐述了自己的观点。他们强烈反对周期平衡的凯恩斯主义政策，主张保持预算平衡，并且要以宪法的形式确保其实现。为了保证预算平衡的顺利实现，还必须设立一个具体细致的规则，使其具备一个特殊调节机制的作用，一旦支出和税收的变化超出了平衡的界限，这个机制就会自动地做出反应，促使失衡的预算恢复平衡。他们主张货币供给要按规则确定而不是随意决定，要相对稳定而不是随机变动；货币供给要按与实际产出增长率大致相等的速度增加，并且要广泛宣布和有法律保证。

二、公共选择理论对我国财政发展的借鉴意义

公共选择理论因布坎南获得1986年度诺贝尔经济学奖而蜚声经济学界，他们的经济政策见解也以20世纪80年代美国等西方发达国家通过减税和削减赤字为手段促进经济摆脱滞胀困境，实现平稳增长的经济改革为标志，其主张得到了政界的肯定。无疑，公共选择理论以其新颖的分析方法，开创了经济学研究的一片新天地，它的出现对经济学本身及对世界经济的发展，都具有重要意义。由于公共选择理论是以公共物品的选择或国家财政的决策作为研究的线索而形成的独特的理论体系，因此，在财政学的发展中该理论当然也会占有其应有的地位。作为一门学问，公共选择理论不可避免地存在有待人们进一步探讨争论的问题，但是，这并不影响我们从中得到有益的知识和启发。

（一）关于财政学研究与政治学的关系问题

我国财政学是以马克思的劳动价值论和国家理论为基础确立其研究对象和框架结构的。国家分配论作为主流派观点，强调财政与国家之间的本质联系。财政分配的主体是国家，财政分配的手段是国家政治权力，财政分配的目的是满足国家职能的需要，财政分配的对象是社会产品（主要是剩余产品）。显而易见，由于国家属于上层建筑，是政治实体，所以怎样看待作为经济范畴的财政与国家之间关系的性质，就必然成为财政学理论需要搞清楚的一个重要问题。过去，在一个较长时期内财政学界曾经热烈地讨论过财政是属于经济基础还是属于上层建筑的命题，并形成了只属于经济基础和既属于经济基础又属于上层建筑这两种不同的观点。但是，无论哪种观点，实际上都自觉不自觉地将财政学局限于纯经济学的范围之内，排斥对国家政治活动的分析。或者说是以国家对财政的决策已经既定为前提，来探讨财政分配活动的规律，以及解释国家财政政策和制度。笔者认为，当我们按照邓小平同志建设有中国特色的社会主义理论，当传统的计划经济转向建立社会主义市场经济体制的时机已经到来的时候，原有的财政学理论也必须要发展和完善，否则，就难以跟上时代前进的步伐。应该看到，随着改革的日益深入，不仅像国家预算这样基本的财政环节的政治化过程更加明显，而且像分税制、财政转移支付、税制改革、消除分配不公等问题，单纯地用财政观点去分析已经很难阐释清楚。我们要保持财政学的生命力，就不能再继续将政治过程的分析排除在财政研究的视野之外。当然，这是一项艰难复杂的工作，需要有一个渐进的过程。

（二）关于财政决策的民主性问题

任何财政都是国家财政。财政分配以国家为主体，财政分配的目的是实现国

家职能的需要。如果只就字面含义去理解，好似财政与国家独立的利益相联系。其实，国家只不过是社会公共权力的中心和代表，国家财政反映的只不过是社会公众的集体利益的需要。如果说，剥削阶级国家财政给人一种公共需要的假象，掩盖着少数人剥削大多数人的真实面目，那么，在我国社会主义制度下，国家财政取之于民，用之于民，则是不容置疑的。从这样的意义上讲，财政的收支决策必须反映人民的意愿。但是，不可回避的是，虽然我国每年也都要通过全国人民代表大会审议批准国家预算报告，以民主的方式来表达公民的赞成或反对意见，但行政部门的领导人在各级财政预算的形成过程中仍然处于绝对的支配地位。由于缺少公民及其代表的有效制约和监督，财政预算决策不当，造成财政资金损失浪费的现象并不少见。近年来，一些地方和部门领导人借用自己手中的权力，花公款修建高标准住房，出国旅游，购置豪华轿车，进出高档宾馆饭店，吃喝成风，等等，人们可以用很多原因去解释，但很少有人从民主理财的角度进行分析。我们常听到“吃公家”“花公家”之类的说法，严格地讲，这真是不应有的误解。这里所谓的“公”，实际上不是别人的，而是每一个纳税人的，是每一个劳动者的。因此，借鉴公共选择理论，深入研究我国的选举制度，人民代表大会制度，政权结构和权力的分配，以及我国政府领导人、财政工作人员和其他行政机构工作人员的行为，对我国财政工作形成何种影响并广泛持久地向群众开展包括预算法在内的法制教育，增强他们维护自身利益的强烈意识，将成为我国财政发展道路上的一项重要任务。

（三）关于市场经济条件下的国家宏观调控作用问题

公共选择理论从资本主义经济发展效率低下的现状出发，提出了反对国家干预、恢复自由放任的经济政策主张。而且，20 世纪 80 年代以来的西方国家经济改革也的确体现出这种政策倾斜。在克林顿到小布什政府的任期内，美国国会和总统虽然在预算问题上存在种种分歧看法，但有一点是共通的，即消除财政赤字，恢复预算平衡。这表明美国正从昔日的扩张性财政政策中摆脱出来。怎样评价美国财政政策的转变？难道美国真的要停止对经济发展的干预？笔者认为，美国的做法实际上是对其惯用的干预政策的一种修正，而不是已经放弃了干预政策。一方面，财政收支的规模可能缩小，但财政收支的调节作用仍在，调节的效果仍在。如果说 20 世纪 80 年代以来的经济改革促进了西方国家经济的复苏和增长，使其逐步走出了“滞胀”局面的困扰，就应该承认这本身已经反映了国家干预政策的成效。为什么一提到国家干预就一定是扩张政策呢？另一方面，国家干预政策的手段并非仅有财政政策一种。20 世纪 80 年代以来西方经济改革的过程在一定意义上可以说是国家干预经济政策手段的重心转移过程，即从以财政政策为重心转移到以货币政策为重心。这说明，公共选择理论的政策主张并不能导致国家干预政策的消失。

在我国，自提出建立社会主义市场经济体制的目标以来，许多学者不断强调指出，越是搞市场经济，越是要加强国家的宏观调控。笔者非常赞同这种意见。市场经济是竞争的经济，是追求经济效益最大化的经济，但是，它不能是自由放任的经济，它也不是万能的经济。市场机制存在着自身不可克服的天然缺陷。在没有经济效益而只有社会效益时，在成本效益关系不能对应时，市场机制的失灵不可避免。因此，市场经济要顺利运行，不能离开政府的宏观调控。但是，笔者想说的是，在强调宏观调控的必要性时，我们一定要注意掌握适当的分寸，不能用一种倾向代替另一种倾向。就国家财政调控而言，在财政赤字规模日益庞大，而收入不能有效增加的情况下，加大调控力度就等于进一步激化财政矛盾，对社会总供求的平衡产生不利影响，增加通货膨胀的压力。因此，必须全面考虑实施宏观调控的综合效果，全面考虑各种政策手段的相互配合，以免使市场机制和宏观调控机制双双受损。

从上面的分析可以看出，公共选择理论既是对公共权力规则所进行的论证，也是对民主理财技术方法所进行的研究。目前，在我国“公共管理学”、“公共经济学”和“公共财政学”等多个大学课程中都对公共选择理论给予了重视，并在一定程度上将其民主理财的思想性融入我国的理论体系。我国政府已经明确提出了实现国家治理体系与治理能力现代化的改革目标，从公共财政角度来看，科学制定国家预算，规范管理税收和预算资金，对于达到国家治理体系与治理能力现代化的目标，建成在世界上有影响力的现代国家，具有十分重要的意义。当然，从国家治理的角度看待公共财政分配决策及其科学管理问题并没有一个普适性的标准，这里面反映着政治、经济和社会多重因素的复杂问题，每个国家都必须从自身的实际出发，确立与之相适应的决策目标和科学化的途径，因此，公共选择理论的应用只能是借鉴其有益的设计理念，而不能囫囵吞枣。

我国建立公共财政体制已经有了二十多年的历史，在财政分配决策和管理科学化方面也有了明显的进步。在此期间，国家不仅于 1995 年建立了《中华人民共和国预算法》(简称《预算法》)，而且根据社会主义市场经济发展的要求，于 2014 年对该法进行了大幅度修订。这为国家财政分配决策和管理科学化的实现提供了重要保障。在新的《预算法》下，政府的全部收入和支出都应当纳入预算，即实行全口径预算，并将地方政府债务纳入预算管理，目的在于严控政府在财政资金分配中的随意性，使财政分配权受到了严格的监督。同时，要求强化预算约束，严格预算调整程序，建立预算公开制度。做到预算收入、预测数据和支出预算定额真实准确，预算编制程序和方法合理规范，预算资金安排和数字指标稳妥可靠。如果政府及有关部门、单位违反预算法规定，除责令政府及有关部门、单位改正，构成犯罪的，要依法追究刑事责任之外，新的预算法对负有直接责任的主管人员和其他直接责任人员还规定了具体的法律责任。由此可见，新《预算法》的颁布，对于规范与推进有关政府预算的运行过程及审查监督情况的公开，保障人民的知情权和监督权，促进我国预算管理民主化的进程加快，实现社会主义国家人民当家做主权利具有重要作用。

第三章　改革与完善我国财政体制机制

第一节　邓小平社会主义分配理论与我国财税政策

在我国改革开放的进程中，财政税收分配问题始终处于重要的核心位置。如何建立一套适合社会主义经济要求的财税分配政策，既影响到国家、企业和个人之间、企业和企业之间、个人和个人之间、国有企业和非国有企业之间及内资企业和外资企业之间的分配关系，也影响到地区与地区之间的分配关系。当然，这些关系的最终表现就是不同利益主体和不同地区之间对社会财富支配能力的差别及其在社会经济生活中地位的差别。在我国长期的计划经济下形成的平均分配制度已经严重地束缚了社会生产力的发展，使有限的经济资源被大量地低效率甚至无效率地浪费掉。因此，改变落后的分配方式刻不容缓。邓小平同志作为中国改革开放的总设计师，对于包括财政税收在内的分配问题也提出了一系列重要的指导方针，有力地推进了国营企业利改税、工商税制全面改革、分税制改革及允许一部分人先富起来的分配制度建设。本节通过总结邓小平同志有关分配思想，就财税分配政策的完善提出了自己的看法。

一、邓小平社会主义分配理论的基本点

邓小平同志在党的十一届三中全会之后，在领导全国人民进行改革开放的伟大实践中，敏锐地洞察到分配制度和政策的缺陷对经济发展造成的束缚，在总结新中国成立以来社会主义经济建设经验的基础上，发展了马克思主义关于社会主义分配原则，建立了有中国特色的社会主义分配理论。其基本点可以概括为以下三个方面。

1. 社会主义分配要遵循物质利益原则，实行按劳分配，允许有收入上的差别

按劳分配的理论是由马克思和恩格斯在创立社会主义政治经济学的过程中提出，并由列宁和斯大林在领导社会主义建设的实践中确立起来的。这一理论的具体要求可以概括为多劳多得，少劳少得，不劳不得。但是，在我国社会主义制度建立之后的几十年时间里，由于不适当地强调社会主义的优越性，片面理解人民当家做主的权利，在实践上缺乏领导组织大规模社会主义建设的经验，长期以来

坚持了一条平均主义的分配原则，党的十一届三中全会之后，以邓小平同志为代表的党中央彻底否定了平均主义的分配原则。他曾多次指出："要坚决打破'大锅饭'的政策，搞平均主义不行。"他认为，"不讲多劳多得，不重视物质利益，……那就是唯心论"。这必然极大地挫伤人们的积极性，破坏生产力的发展。平均主义分配方式的形成基础在于过高估计人民群众思想觉悟，他说："为国家创造财富多，个人的收入就应该多一些，集体的福利就应该搞得好一些。不讲多劳多得，不重视物质利益，对少数先进分子可以，对广大群众不行，一段时间可以，长期不行。"社会主义"必须实行按劳分配，必须把国家、集体和个人利益结合起来，才能调动积极性，才能发展社会主义生产"。针对有人对改革开放后社会主义制度的模糊认识，邓小平同志强调"我们一定要坚持按劳分配原则"，并把坚持按劳分配原则看做坚持社会主义道路的基本标志（邓小平，1993）。

按劳分配原则是对平均主义、"大锅饭"分配方式的否定。因此，按劳分配原则应有之义就包含着差别分配的合理性。1978年邓小平同志就提出了"让一部分地区、一部分企业、一部分工人农民由于辛勤努力成绩大而收入先多一些，生活先好起来"的主张。当然，收入的差别是合理的差别。就是说，收入的差别要与投入的劳动、资金等差别大体相当，要使多数人赞成和接受，要能调动人们的劳动积极性，促进生产力的发展。否认差别的存在就等于否认按劳分配原则，但差别过大也会影响广大低收入者的劳动积极性，甚至引发社会不稳定问题，并最终导致经济发展的困难。邓小平同志在1985年指出："对一部分先富裕起来的个人，也要有一些限制，例如征收所得税，还有，提倡有的人富裕起来以后，自愿拿出钱来办教育、修路。当然，决不能搞摊派。"同时，要解决好分配差别问题，还应对收入过低的地区和劳动群众给予必要的扶持和帮助。"那里的生产和群众生活还很困难，国家应从各方面给以帮助，特别是要在物质上给以有力的支持"（邓小平，1993）。

2. 实现共同富裕是发展社会主义经济的根本目的

实现共同富裕是社会文明进步的标志，也是共产党人毕生追求的理想。我们之所以要建立社会主义的市场经济，而不是走资本主义的道路，其根本目的就是要实现共同富裕。"社会主义与资本主义不同的地方就是共同富裕，而不是两极分化"（邓小平，1993）。当然，共同富裕不等于平均分配，不是不分先后的同步富裕。在我国这样一个人口众多、国力薄弱的环境中，要实现全体社会成员的共同富裕，必然是一个由部分到整体逐步推进的过程。邓小平同志明确地认识到这一点，并提出了先富后富到共同富裕的著名论断。他说："我们提倡一部分地区先富裕起来，是为了使先富起来的地区帮助落后的地区更好地发展起来，提倡人民中有一部分人先富裕起来，也是同样的道理，要一部分先富裕的人帮助没有富裕的

人，共同富裕，而不是两极分化。”（邓小平，1987）

3. 实现共同富裕必须依靠发展社会生产力

实现共同富裕的基础在于社会物质财富的丰富，而物质财富的增长只能依靠社会生产力的发展。因此，在邓小平同志建设有中国特色的社会主义经济理论中，始终贯穿着生产力标准的主线。他认为：“社会主义的本质，是解放生产力，发展生产力，消灭剥削，消除两极分化，最终达到共同富裕。”“社会主义的任务很多，但根本的一条就是发展生产力，为共产主义创造物质基础”（邓小平，1993）。由此，我们可以清楚地看到邓小平同志对待共同富裕的马克思主义唯物史观和立场。要发展生产力，就必须解放生产力，破除一切阻碍生产力发展的因素，使生产力获得充分自由的发展。根据我国社会主义社会生产力与生产关系的矛盾状态，邓小平同志认为，我们不仅要彻底转变思想观念，从以阶级斗争为纲转到以经济建设为中心的轨道上来，而且必须对旧的经济体制进行改革，“不改革就没有出路，旧的那一套经过几十年的实践证明是不成功的”。“革命是解放生产力，改革也是解放生产力。推翻帝国主义、封建主义、官僚资本主义的反动统治，使中国人民的生产力获得解放，这是革命。所以革命是解放生产力，社会主义基本制度确立以后，还要从根本上改革束缚生产力发展的经济体制，建立起充满生机和活力的社会主义经济体制，促进生产力的发展，这是改革，所以改革也是解放生产力。过去，只讲在社会主义条件下发展生产力，没有讲还要通过改革解放生产力，不完全”（邓小平，1993）。

综上所述，邓小平同志的社会主义分配理论由按劳分配（合理差别）、共同富裕和以生产力发展为基础三个相互联系的部分所组成。其中，共同富裕是该理论的核心内容，按劳分配和发展生产力则是实现共同富裕的手段和条件。按劳分配阐述了在分配领域内通过合理的差别分配调动人们生产积极性的必要性，发展生产力则更加深刻地阐述了整个国民经济状况对分配的制约和影响关系。三者之间构成了一个完整和严密的理论体系。

二、制定社会主义市场经济条件下财税政策需要处理好的两大关系

财政和税收是国家参与国民收入分配和再分配的重要手段。国家的财税分配政策和制度如何，不仅直接影响到国民收入分配格局是否合理，而且还十分广泛地影响到社会生产力的发展方向和速度，制约着作为分配对象的国民收入的增长规模。以邓小平同志的社会主义分配理论为指导，笔者认为，在社会主义市场经济条件下，制定我国的财税政策，必须注意把握好两个基本关系。

首先是经济发展与财税需要之间的关系。在经济发展与财税需要之间，既有

矛盾，又存在着一致性。说有矛盾是因为：①经济发展有赖于投资的有效积累与投入。在市场经济条件下，任何生产经营者都是自负盈亏的独立经营的法人，他们的投资积累能力不仅受到自身经济效益高低的影响，在很大程度上也决定于国家税收对其收益的分配比例。如果税率过高，企业留下的税后利润就有可能与投资增长的需要不相适应从而压抑企业投资的积极性，削弱其投资来源的基础。② 在社会主义市场经济条件下，国家（政府）在社会经济管理中的职能需要有一个根本性的转变，也就是要由直接参与社会生产经营活动和行使社会管理权力，转向主要集中精力履行一般社会管理者的职能。因此，国家通过税收组织的收入也将从既满足行政事业单位及国防、社会福利开支，又对生产领域直接提供投资支持的双重需要方向上，最大限度地退出社会生产领域。这种转变意味着税收的征收结果是把企业创造的利润由生产领域转入非生产领域。因此，从社会总体而言，资本性投入会有所减少。

说它们存在着一致性是因为：①社会再生产活动由生产、交换、分配和消费四个环节所组成，财政税收作为分配环节的重要组成部分，并未游离于国民经济以外。在社会主义市场经济条件下，没有分配环节顺利而有序地进行，生产流通与消费过程就会受阻。在这里最典型的例子就是通货膨胀对经济带来的破坏性影响。通货膨胀是货币供给量大于货币需求量的反映，能够引起货币供给量大于货币需求量的根本因素在于国民收入超分配，它表现为财政支出大于收入引发的赤字和贷款大于资金来源引发的信贷差额。通货膨胀刺激经济盲目过热，过度发展，使各种矛盾暂时潜伏下来，一旦失去足够的经济和社会公众心理上的支撑，政府就不得不被迫采取严厉的紧缩政策以控制社会需求的增长，其后果往往是不可避免的经济运行剧烈动荡，社会生产力要素面临着严重的损失浪费。②财税收入的运用方向和结构可以直接影响经济发展的规模与结构。在市场经济下，尽管随着政府职能的转变，财政不再直接向一般性生产领域注入资金，但这并不等于说，从此以后财政的投资性支出也就完全不存在了。在现代化的社会主义市场经济中，我们固然要依靠市场机制对社会资源的配置发挥基础性调节作用，以提高资源配置的效率。但市场机制并不是万能的，它也存在着某些缺陷或失灵的问题。例如，由于企业追求利润最大化，资金投向与宏观经济平衡的要求不可避免地会出现相背的情况。从宏观经济平衡的角度看，为了缩小东西部地区的差别，客观上要求资金更多地流向西部地区。但在市场机制的作用下，实际情况却是更多的资金流向东部地区，因为投资在东部地区远比西部地区有着更高的投资回报率。与此相类似的是产业结构问题，为了求得整个国民经济的最大效益，要求产业结构、产品结构都能维持平衡发展，但是，企业只顾追求短期效益，加上地方保护主义的存在，近年来我国企业资金和地方资金主要集中投向短平快的加工项目，基础设施项目投资形成严重的缺位，从而导致产业结构失衡，生产能力闲置浪费，整个社会的经济效益下降。市场机制在资源配置方面的缺陷或失灵靠市场机制本身无法得到解决，唯一有效的方法就是发挥政府的职能作用，通过政府投资或政策引导，对市场机制的缺陷给予弥补。③财政收支和国家税收都是政府调节经济发展的重要杠杆，它们具有鲜明的法律性和灵活性特征，并且集经济与行政干预于一身。针对国民经济总供求关系在总量和结构上的平衡要求，适时采取增税和减少支出或减税增加支出相配合的政策，或者单独采取改变税种、税率、税基及拨款、补贴等政策，可以直接而及时地传导宏观经济决策要求，修正经济运行的全局或局部的走向，促进经济增长。

根据经济发展与财税需要对立统一的相互关系，在制定国家财税政策的过程中，必须注意牢固树立固本开源的意识，把财税收入增长建立在经济增长的基础之上，同时，也必须反对将经济发展与财税需要截然对立起来的观点，不能脱离社会主义市场经济下国家履行职能的现实要求，一味缩减财政收支规模、降低财税收入在国民收入中的比重，以保证社会经济发展获得必要的财力支持。

其次是公平与效率之间的关系。财税政策在实现社会公平分配与促进经济效率两个方面都承担着重要的责任。但是，公平分配与经济效率往往存在着矛盾。这个千百年来困扰着人类社会的问题在市场经济条件下变得异常突出。市场经济是讲求效率的经济。在竞争机制的作用下，市场经济中各个生产经营的主体都必须充分发挥自身的一切潜能，通过加强经营管理，使自己所拥有的各种生产要素得到最有效的利用，以寻求利益的最大化。任何在经济利益上处于劣势的生产经营者，都将面临着被淘汰的危险。作为劳动者的个人，为了获得比他人更高的消费能力，也必须努力提高自身的素质，以寻求最佳的工作机会，增加个人可以支配的货币收入。竞争的结果必然是经济效率的提高，但是，由于企业和个人的主客观条件存在着差别，竞争在带来高效率的同时，也必然会引起分配上的差异。从按劳分配角度看，必要的分配差异是合理的，但从社会平等的角度看，过大的分配差异不仅对社会稳定，而且对经济效率的提高都会产生负面影响。因此，处理公平分配与经济效率之间的关系，极为关键的一点就是如何把握分配差异的程度，使之既能保证促进经济效率的提高，又不危及社会稳定。对此，笔者赞成这样的主张：在初次分配上，以企业和个人平等竞争为前提，按劳动的量和质分配，承认差别的合理性；在再分配时，则应以社会平等原则为前提，充分运用国家财政税收手段强化收入分配再调节，使之达到有差别而不过分悬殊的目标。

三、社会主义市场经济条件下的财税政策的几个重点

根据如上分析，在建立社会主义市场经济体制的过程中，以邓小平同志社会主义分配理论为依据，制定适合于新经济体制需要的财税政策，笔者认为应着力

把握以下几个重点。

（一）把促进生产力发展作为整个财税政策的基点

1. 搞活国有企业，提高企业经济效益

国有企业是我国经济的主导力量。国有企业经效益如何，理应成为判断社会生产力是否进步的重要标志。就总体而言，改革开放以来国有企业的力量也在发展壮大，不少企业以其雄厚的实力成为行业发展的龙头和骨干。但是，1/3 的国有企业亏损，1/3 的国有企业只有微利也是事实。有资料表明，到 1995 年，国有企业占用整个社会资金和投资的 70%，而在新增财富总量中国有企业只提供了不到 30%的份额。这种投入产出的巨大反差，反映出的问题就是生产要素配置不当，生产力损失浪费太大。因此，搞活国有企业，提高企业经济效益，是我国经济进一步增长面临的最为迫切的任务。关于造成国有企业活力不足的原因，从理论界到实际部门看法很不一致。笔者认为，根本问题只有一点，即国有企业缺乏独立的经济利益主体的地位。在国有关系下，企业长期未能摆脱政府的直接控制和照顾，盈利的企业可以增加职工福利，亏损的企业却不能相应地减少职工福利，相当一部分亏损企业已经到了资不抵债的程度，破产法规也已经出台，却很少有破产的企业。因此，笔者主张必须从根本上改革国有企业的管理体制，而不能仅在资金、技改、组织形式等问题上做文章。没有独立的经济利益和风险，其他各项改革都是没有意义的。从根本上改革国有企业管理体制，总的要求和原则就是按照党的十四届三中全会《关于建立社会主义市场经济体制若干问题的决定》提出的方向，在坚持公有制主体地位的基础上，在国有企业建立现代企业制度。也就是要使企业走上政企分开、产权分明、管理规范的道路，财政部门作为国家的理财者，与国有企业存在着千丝万缕的联系，应该从财税政策上为建立现代企业制度给予支持。首先，需要在清产核资的前提下，帮助国有企业实施公司化改造。要根据国家终极财产所有权和企业法人财产所有权的分离，制定税后分利的政策，以确保国有资产保值增值和企业依法享有支配处置财产的权利。通过产权制度及其相关分配政策的实施，将有利于我国巨额国有资产按照市场经济法则流动起来，从而达到最优配置状态。其次，要为企业自主经营创造平等竞争的客观环境。我国内资企业所得税在 1994 年的税制改革中已经实现了税率的统一，但涉外企业仍然是在单独实行优惠政策的独立税种。两套税种并行存在的结果，对内资企业和外资企业间的竞争造成了事实上的不平等，尤其是对国有企业。由于其税后利润国家有权分享，而其他所有制企业的税后利润完全归企业支配，因此，即使在所得税率及优惠政策相同的情况下，国有企业资金积累能力也仍然弱于其他所有制企业。最后，要强化适应现代社会保障制度的财税政策。这不仅是实现社会公平

分配的重要一环，也是以社会集中的专项财力保证企业“转机建制”顺利进行的需要。

2. 增加农业投入，稳定农业生产发展

农业是国民经济的基础，这一论断从我国改革开放后的经验教训中得到了充分的证实。尤其是1994~1995年剧烈的通货膨胀，使我们倍感农业生产不稳定对国民经济持续发展产生的制约作用。农产品供给的短缺，由多种原因导致。其中农业投入明显不足，导致农业增长过慢，则是一个不容忽视的基本原因。经过10多年的改革与发展，我国农业增长的方式和手段已经发生了变化。自1985年开始，经营制度变革和农产品价格调整等非常规方式对农业增长的作用逐渐减弱，资金投入的增加对农业增长的作用则不断加强。国务院研究室和农业部课题组的一份研究报告计算表明，1986~1990 年资本要素对农业综合生产能力的贡献率已处于首位。资金投入、劳动力投入与科技进步对农业产出的贡献率为35.8%、30.4%和30.7%。但是，1980~1990 的 10 年间，全社会农业投资却呈不断递减的趋势。以基建投资为例，“六五”时期农业基建投资 171.81 亿元，占全国基建投资的 5%，“七五”时期虽然投资的绝对规模增长到 245.5 亿，但相对规模却显著下降为3.3%，其比重之低为历史之最（国务院研究室，1993）。因此，采取切实可行的政策措施，增加农业资金的投入已刻不容缓。国家各级财政要确保预算内财政支农资金增长幅度高于经常性财政收入的增长幅度，用法律的形式规定农业所需资金的用途不得随意变更。同时，要建立与社会主义市场经济相适应的农业投资机制，形成多渠道投入体系。

3. 保护和促进非公有制经济发展

我国国有经济是社会主义市场经济下生产力发展的主要依托。但是，在现阶段生产力水平还比较低的情况下，坚持以公有制为主体、多种所有制并存的发展方针，应该成为我国推进生产力更快提高的重要指导思想。1985 年 10 月，邓小平同志在会见美国高级企业家代表团时指出：“我们吸收外资，允许个体经济的存在和发展，不会影响以公有制为主体这一基本点，相反地，吸收外资也好，允许个体经济的存在和发展也好，归根到底，是要更有力地发展生产力，加强公有制经济。”（邓小平，1993）事实证明，大力发展非公有制经济的结果，不仅使生产要素在非公有制经济内部得到了高效率的利用，使国民财富获得新的增长点，而且还促进了国有经济改革和国有经济与其他所有制经济之间的竞争。改革开放后的十几年里，国家在财税政策上对非公有制经济的发展采取了一系列优惠措施。例如，所得税率普遍低于国有企业（私营企业 35%，涉外企业 33%，国有大中型企业 55%），外资企业实行较宽松的减免税和再投资退税的优惠。这些政策为非公有制经济提供了一个优越的发展条件，使之能够在较短的时间内站稳脚跟，增长实力。有资料表明，在某些地区，仅乡镇企业创造的国民生产总值和为国家提供的财政收入就占到当地全部国民生产总值和全部财政收入的1/3或1/2左右，1994年财税体制推出的改革方案，统一了内资企业所得税的税率和优惠措施。这种改革就总体而言有利于刺激非公有制经济在平等条件下的竞争能力，符合市场经济公平竞争的原则。但在某些方面，也的确存在着不合理的待遇问题。例如，1994年改革之前征收的能源交通重点建设基金和预算调节基金（简称“两金”），1994年改革后国有企业已经取消，而非国有经济却仍然保留。据统计，1993年仅乡村两级企业上交的“两金”达28亿元，1994年实行分税制后，“两金”已经增至80亿元，为保护和发展非公有制经济，需要尽早取消它们的“两金”负担，此外、财税部门应配合其他有关部门，清理整顿非公有制经济在国家税收以外承受的乱收费、乱推派、乱集资负担，以增强其税后积累和发展能力。

4. 坚定不移地保证科技、教育等重点投入

科学技术是第一生产力的论断，是邓小平同志有中国特色社会主义理论的重要组成部分，充分反映了邓小平同志在科技进步条件下建设社会主义现代化国家的实事求是的唯物主义态度，是对马克思主义经济学的一大贡献。党和政府十分重视科技、教育事业的发展，其突出表现就是在国家预算支出的安排上，科教事业费成为重点倾斜对象。众所周知，1995年之前国家财政一直比较困难，收支缺口很大。仅在1994年，国家决算中的中央财政赤字就达到660多亿元。但即使如此，并未出现忽视科教投入的情况。1994年由于物价上涨等因素，经常性预算支出完成预算的107.5%，而文教科学卫生事业费支出完成预算的112.5%。1995年全国人大通过的国家预算决议案，由中央和地方预算安排的文教科学卫生事业费支出共计1 437亿元，比上年增长12.8%。其中，教育事业费安排867.64亿元，科学事业费安排99.67亿元，均比上年增长13%，高于财政收入9.9%的增长幅度，加上预算内其他科目中用于教育、科技的开支，1995年财政用于教育的投入为1 034.94亿元，用于科技的投入为277.44亿元。毋庸置疑，此后的财政政策，应该继续坚定不移地保证科技、教育等重点投入稳定增长，同时，还要注意协调利用社会资金，扩展资金投入渠道。要配合科技、教育体制改革，加强财务管理，提高资金使用效益，防止和纠正挪用、浪费科技教育资金的行为。

（二）强化和完善财政税收的宏观调控政策

社会主义市场经济体制的建立与运行是有效配置资源、公平有序竞争及经济稳定发展的客观要求，需要充分发挥国家财政金融政策的作用，建立起高效率的宏观调控系统，提高宏观经济管理水平，以寻求微观经济与宏观经济最佳结合点。

从分配的角度来考察财税宏观调控政策，其意义在于：借助税负变化和财政支出规模、结构及方式的调整，立足国民经济的整体利益，促进社会各个利益主体关系的协调，进而通过宏观经济效率的提高和国民财富的更快增长，实现不同地区、不同社会阶层在更高层次上的共同富裕。强化和完善财政税收宏观调控政策的重点在于以下方面：

1. 抑制财政赤字和通货膨胀

通货膨胀是货币供给量超过生产流通过程货币需求量的结果，其实质是国民收入的再分配问题。由于低收入者的消费弹性很小，当通货膨胀发生时，价格上涨首当其冲的往往是普通消费资料，因此，通货膨胀对低收入者的影响最大。无疑，通货膨胀加剧了社会分配不公，在我国经济体制转型时期，由于收入增长机制的不完善，通货膨胀的这种效应就显得更加突出。如果不能有效地抑制通货膨胀的蔓延，社会主义市场经济的公平分配原则必将名存实亡，而且还应看到的是，通货膨胀所导致的不公平分配完全是一种脱离政府控制的盲目行为，以致使政府、企业和个人在分配关系上普遍陷于十分混乱的境地。由此可见，要保证公平分配原则的实现，就必须坚决地治理通货膨胀。引起通货膨胀的原因很复杂，但财政赤字始终是一个基本原因。支出大于收入形成的赤字，无论是通过向中央银行透支（或借款）的方式，还是向社会发行债券的方式来弥补，都会全部或部分地造成中央银行货币发行量的增长，进而，货币供应量大于货币需求量的结果就不可避免。所以，要抑制通货膨胀必须抑制财政赤字。

2. 强化企业税收和个人所得税的征收管理

税收政策体现在税收制度之中。经过 1984 年和 1994 年两次大的税制改革，国家税收制度日臻完善。新的税收制度充分考虑了经济发展和公平分配的要求，只要我们能够切实加强现行税收的征收管理，就能够比较准确地执行税收政策。在税收领域里，征收管理是一个薄弱环节，据有关部门的调查，1989~1993 年全国国营企业和集体企业的偷税面约占 50%~60%，个体和私营企业的偷税面达 90% 以上，个人所得税实际征收的数字则不到应征数字的 20%。每年全国税收流失近千亿元之巨。偷税漏税现象如此严重，对国家税收分配政策造成了很大冲击，扭曲了企业与企业之间、个人与个人之间合理的分配关系，对经济发展也必然会产生消极作用，就企业之间的分配关系而言，如果让一部分企业偷税漏税行为存在下去，实际上等于使依法纳税的企业处于一种竞争的劣势地位，无法与偷税漏税的企业在投资能力上抗衡，其结果将打击守法经营企业的生产积极性。就个人之间的分配关系而言，如果高收入者脱逃税款，个人之间收入水平的差距就会越拉越大，就会引起低收入者的不满情绪，从而影响他们的劳动效率。要强化税收征管，首先需要加大税法宣传力度，增强全民纳税意识；其次要改进征管方法，优化征管技术手段；最后要提高税务人员素质，建设一支思想和业务过硬的征管队伍。

3. 改革和调整财政转移支出政策

财政转移支出既包括上级财政对下级财政的拨款补助，也包括财政对企业和社会公众的拨款补助与救济，充分运用好转移支出政策，是实现社会宏观经济效率与公平分配相结合的重要手段。当时条件下，财政转移支出的重点是：①适应分税制改革的要求，在中央财政收入增长的基础上，建立健全政府间的财政转移支付制度。市场经济国家长期的实践经验表明，合理的转移支付的制度和政策，对于促进一个统一的国家区域经济的稳定协调发展，缩小地区之间的经济和收入差距，促进财政资金和经济资源的合理流动，保证全国各地基本公共服务水平的均等化，并最终实现社会的公平与经济稳定，都具有积极作用。我国作为一个发展中国家，随着经济改革和对外开放政策的实施，地区之间发展不平衡性问题变得很尖锐。东部地区与中、西部地区在经济水平上的差异如果得不到合理解决，社会主义市场经济体制的建立也不可能顺利。因此，我们必须把建立财政转移支付制度和政策作为一项重要的宏观管理任务抓紧抓好。②进一步改革财政补贴政策，在建立现代企业制度的基础上，国有企业亏损补贴应予取消，对于居民个人的消费品物价补贴，则应实现两步改革。第一步仍然保留物价补贴制度，但应把面向一切消费者的普惠式补贴改变为面向低收入者的选择式补贴。第二步应该考虑随着社会保障制度的改革和个人收入增长机制的完善，最终取消物价补贴制度。财政补贴制度和政策的改革有利于体现社会公平原则。③配合社会保险制度的改革，统筹规划运用必须由国家财政提供的救济、福利资金规模和结构，这是社会主义市场经济下保证低收入者或贫困者基本生活水平的必要条件，也是社会公平分配和经济增长的内在要求。

改革开放以来，我国财税分配政策在理论质疑和实践探索中不断前行，在近40年的时间里，它已经成为在经济和社会发展中具有强大功能的支配性政策体系，在促进宏观经济稳定的同时，对社会收入分配结构的形成，进而对产业结构、地区结构的优化和社会生产力的发展都产生了重要影响。应该看到，邓小平同志关于社会主义分配的理论为我国财税分配政策的确立和关键性的政策突破，提供了强有力的指导作用。2013年国家发展和改革委员会（简称国家发改委）、财政部、人力资源和社会保障部共同制定了《关于深化收入分配制度改革的若干意见》，并经国务院同意在全国范围内正式贯彻实施。该意见指出，要全面贯彻落实党的十八大精神，以邓小平理论、“三个代表”重要思想、科学发展观为指导，立足基本国情，坚持以经济建设为中心，在发展中调整收入分配结构，着力创造公开公平公正的体制环境，坚持按劳分配为主体、多种分配方式并存，坚持初次分配和再分配调节并重，继续完善劳动、资本、技术、管理等要素按贡献参与分配的初次分配机制，加快健全以税收、社会保障、转移支付为主要手段的再分配调节机制，以增加城乡居民收入、缩小收入分配差距、规范收入分配秩序为重点，努力实现居民收入增长和经济发展同步，劳动报酬增长和劳动生产率提高同步，逐步形成合理有序的收入分配格局，促进经济持续健康发展及社会和谐稳定。可以看出，随着我国社会主义市场经济的日趋巩固和进一步发展，财税分配政策正在面临着更加复杂的环境，亟待在已有的政策基础上做出更加有力、有效的调整和创新。

第二节 再论强化财政监督职能

关于财政职能问题的分析一直是财政学理论体系的重要内容，并且对国家财政在实践中的运行提供了重要的支撑作用。1992~1995 年，在社会主义市场经济体制开始形成之际，我国财政学界围绕着社会主义市场经济体制下的财政职能问题再次展开了广泛深入的讨论，并且提出了许多新的见解和思路。无疑对我国财政科学的发展产生了重要的推动作用。但是，根据笔者的观察，在这一阶段的讨论中，也存在一种盲目照搬西方财政学说的倾向。一部分学者根据西方经济学中市场经济缺陷的原理，提出现代新财政的职能是资源配置职能、公平分配职能和经济稳定职能。应该说，这些新的财政职能理论都是符合社会主义市场经济客观要求的。然而，上述“新财政职能论”的一个明显特点是舍弃了原有一贯倡导的监督职能。笔者认为，这种做法既不符合财政分配的实际，也有违于财政分配的原理。为此，需要对财政监督职能给予重新认识。

一、为什么要重提强化财政监督职能

自改革开放政策实施以来，我国老一辈财政学家经过不断探索，提出了一个分配职能、调节职能和监督职能三位一体的财政职能学说体系。这一学说体系，无论是在丰富我国财政学理论方面，还是在指导财政工作的实践方面，都做了重要贡献。在社会主义市场经济体制开始形成之际，财政学界围绕着社会主义市场经济体制下的财政职能问题展开了广泛探入的讨论，并且提出了许多新的见解和思路。无疑对我国财政科学的发展产生了重要的推动作用。

我们认为，强调财政的资源配职能、公平分配职能和经济稳定职能，一般而言，是无可挑剔的。为了弥补市场机制的缺陷，运用国家财政配置资源以提高资源利用效率，通过财政的重新分配以纠正社会分配不公；借助于财政的干预调节

以促进经济的稳定和增长，都确属市场经济对财政提出的客观要求。然而，上述“新财政职能论”的一个明显特点是舍弃了原有一贯倡导的监督职能。我们认为，这种做法既不符合财政分配的实际，也有违财政分配的原理。

应当明确，市场经济绝非自由经济，而是有秩序的经济，法治的经济。无论任何法人和自然人，都必须遵守国家法律，照章办事，公平竞争，而不得损害他人利益，损害国家利益。尤其需要指出的是，我国的市场经济是以社会主义制度为前提的，与资本主义私有制基础上的市场经济有着根本的区别。社会主义国家有责任代表社会的整体利益，来行使监督管理各企事业单位和个人依法办事的权力。众所周知，财政收支是以国家为主导的社会财富分配问题，涉及一系列复杂的经济分配关系。如何把企业和个人创造或支配的社会财富通过税收的形式征收一部分为国家财政所有，如何把现有的财政资金花在最有用的地方，花得最有效益，防止被截留挪用，防止贪污浪费，不仅要求建立健全各项财政规章制度，使各企事业单位和个人有法可依，而且必须认真贯彻执行已经制定出来的规章制度，纠正任何违反财经纪律的行为，配合司法机关打击经济犯罪，做到有法必依。也就是说，必须实施财政监督。事实上，财政分配说到底是一种利益分配。而只要尚未进入共产主义社会，任何利益分配都总是包含着各种各样的矛盾。从财政分配而言，国家拿多少，企业与个人留多少，不同类型的企业、不同类型的社会阶层交多少，不同类型的地区、部门、单位以至于个人从国家财政得多少，等等矛盾现象，无论是在计划经济阶段还是社会主义市场经济阶段，都是不可避免的。所不同的只是在社会主义市场经济条件下，由于利益的独立性得到进一步强化，这些矛盾现象也就暴露得更加明显和充分。利改税完成后的 10 多年来，偷税漏税和任意减免税每年都给国家造成 1 000 多亿元的损失，国有资产流失高达 500 多亿元，经济犯罪的恶性案件时有发生。这就足以证明，如果我们认为在计划经济条件下财政监督职能的存在是没有疑问的，那么，在社会主义市场经济条件下，就更需强化财政的监督职能。

否认财政监督职能的人，往往从财政职能的客观性来论证财政监督不能称为职能。他们认为，财政职能是财政本身固有的属性和功能。无论是把财政职能归纳为分配职能和调节职能，还是把财政职能归纳为资源配置职能、公平分配职能和稳定经济职能，都是能够成立的，唯有把监督也视为财政职能之一是不能成立的。理由是监督已带有人的主观意志，是财政机关的工作内容，而非财政这种事物本身所具有的功能。我们对此持有异议。我们认为，这里的关键是要正确把握财政职能的主客观性质。其实，这不仅是财政职能自身的问题，就连财政这一总的现象也是如此。我们常讲，财政是一种客观的经济活动，是社会经济生活中的一种客观现象。对于怎样看待这种“客观经济现象”，我国财政学界有“国家分配论”和“公共经济论”两大流派。“国家分配论”认为，财政是随着国家的产生而产生，随着国家的发展而发展的。国家要维持其存在，只能凭借其自身拥有的政治权力，强制地、无偿地参与社会产品分配。这种分配即是财政分配。“公共经济论”是随着改革开放在引进西方财政理论的基础上发展起来的。这种理论认为，市场失效是市场经济的一个极为重要的特征，而私人经济或企业及个人是无力加以解决的。为了保持最佳经济效率，就需要有集体或公共的活动介入，以一种非市场价格机制的方式去解决市场失效问题。这样在私人经济存在的同时，也必然需要公共经济的存在，公共经济即为财政活动。根据以上两种理论，我们认为，财政作为一种客观经济现象，只是说明财政是适应社会经济发展的要求而必然出现的一种结果，是从原来一般的社会产品分配中独立出来的一种特殊分配形式。但是，这并不否认财政是国家或政府或某个集体为顺应社会经济发展的要求，自觉采取的有利于社会进步的主观行动。至于说到财政的职能，它们也只不过是人们为更好地发挥财政促进社会进步的作用，为达到一定的社会经济目标，而给财政事先设计出来的一定活动范围和能力。例如，所谓“公平分配职能”被解释为通过税收和转移支付等手段，干预市场机制作用下自动达成的个人收入分配状况，保证人们最低生活水平的实现。所谓“稳定经济职能”，被解释为通过制定财政政策，变化收支水平及收支结构对宏观经济施加影响，以求实现总供求的大体平衡和经济结构的大体协调，熨平经济的波动。显然，对财政职能的种种解释，都没有摆脱“干预”“制定政策”“施加影响”等术语的限制，这充分说明财政职能是与人们的自觉活动分不开的，是主观与客观相结合的产物。

既然如此，把财政的监督职能排斥在财政职能体系之外的做法，也就不足取了。财政监督与诸如资源配置、公平分配、稳定经济等职能相比较，不仅同样体现着人们自觉驾驭财政活动和规律，使其服从和服务于整个社会经济发展目标的能力，而且在其存在的时间上跨度更长，在覆盖范围上更加广。例如，据史学家考证，自奴隶社会开始，我国就有了专门的财政管理机构，其职责就是要掌管财政资金的来龙去脉，对出入库的资金进行账目登记和保管，从而可在一定程度上防止财政资金的滥用。应该说，这已经表明财政监督职能的存在了。但是，在这样的历史阶段中，我们不能期望人们会赋予财政资源配置职能、公平分配职能、稳定经济职能。又如，在我国原来的计划经济中，党和政府一贯强调在财政方面坚持节约、反对浪费的原则，并的确为坚持这一原则采取了不少有效的监督管理措施。但是，计划经济条件下的“吃大锅饭”体制，使平均主义思想盛行，企业之间缺乏独立的物质利益，个人之间的分配是全国范围内差别有限的低工资制。因而，我们就不可能要求财政承担公平分配的职能。

上述分析表明，财政监督职能不仅是客观存在的事实，而且是各种社会形态下财政职能体系中不可分割的组成部分。在我们发展社会主义市场经济的今天，完全应该更加充分地赋予财政以监督职能，并使之不断完善。这是新的历史条件下社会发展对财政提出的必然要求。

二、如何强化财政监督职能

第一，转变思想认识。需要看到，影响财政发挥监督职能作用的思想认识问题主要来自“监督有害论”。一部分学者把财政监督与改革开放对立起来，视财政监督为改革开放和发展社会主义市场经济的障碍。这种错误的认识错在不能正确理解财政监督职能的固有使命。不可否认，财政监督职能最终要落实到对被监督对象的检查、监测与制裁上。检查、监测才能判断是非功过，制裁方可使违纪者接受教训，树立财政的权威。但是，财政监督决不对被监督对象任加干涉，乱打棍子。相反，对于认真遵纪守法，正确核算成本费用，严格履行纳税义务的单位和个人，以及按照国家财政制度节约使用资金，提高资金使用效益的企业、行政事业单位，财政上不仅不能对其限制，而且还要予以鼓励和保护。这种奖优限劣、惩恶扬善的监督措施，难道不正是我们发展社会主义市场经济、建立合理经济秩序所必需的吗？试想，对偷税漏税者听之任之，对乱涨价、乱摊成本者漠视不管，对国家财政资金随意挥霍者不闻不问，国家的经济政策不能贯彻实施，企业之间的竞争不能保证公平公正，我们的改革开放还有什么前途？总之，我们必须理直气壮地坚持财政监督职能，维护改革开放政策，通过财政监督，为改革开放的顺利进行创造更加优良的环境。

第二，加强理论研究。随着公共财政体制改革的进展，财政理论研究日趋活跃，并且在许多方向取得了长足进展。但是，与这种学术局面不相称的是对有关财政监督的理论与方法的研究苍白无力。不仅科研成果数量甚少，而且视野狭小，就事论事，从而无法形成广泛的理论影响。这不能不说是财政理论研究中的一大缺憾。

第三，提高监督力度。一方面要强化依法监督。我国的税法（包括征收管理法）、企业法、预算法等已陆续出台，并日臻完善。我国对各种单项规章制度也进行了清理整顿，其合理性、透明度大大增强。这些法律法规应该成为我国各级财政履行监督职责的基本依据。必须做到有法必依，违法必究。无论任何单位和个人违反财经纪律，触犯国家刑律，都应当严肃处理，不能不了了之。很多事实表明，正是我们不能及时而严肃地处理各种违法违纪行为，才使违法违纪者胆大妄为，变本加厉。要改变这种监督不力的局面，除了需要在整个社会范围内为财政监督造就一个有利的大环境之外，还必须从财政部门自身做起。这也就是我们要讲的提高监督力度的另一方面措施，即增强财政监督能力。财政部门要监督别人，必须先严于律己。一定要对各级财政干部加强教育，在自己的工作中，同任何单位和个人打交道，都必须坚持原则，不得搞权权交易、权钱交易，不能让营私舞弊者留在财政干部队伍。少数财政机关和财政干部利用手中掌握的大权，借工作之便，千方百计为自己捞取好处，随意挥霍国家资金，在社会上造成很坏的影响。这种情况需要引起我们的高度重视。

第四，各方面的监督协调配合。财政监督的任务和对象涉及诸多复杂的问题，绝非是财政部门一家能完全独立承担的。我们要总结多年来国内的历史经验，吸收借鉴国外的一些有益做法，努力组织好各种监督力量，相互协调，积极配合，使之形成一种严密的监督网络，以求达到最有效的监督目的。财税部门作为专业监督力量，优势在于熟悉业务和政策，理应起主导作用。审计部门负有专职监督的责任，要充分协调好政府审计机关与社会上审计事务所、会计事务所的相互关系，使审计监督在财政监督方面成为骨干力量。此外，要特别注重群众监督和舆论监督的辅助作用。国内外大量事实表明，群众监督和舆论监督是其他监督不能替代的重要监督途径。当然，一个真正有效的财政监督网络，离不开司法、公安、纪检、行政等部门的大力配合。

在这里，笔者强调了财政监督职能存在的客观性和重要性，认为在社会主义市场经济中财政监督职能不仅不能弱化，而且需要进一步强化。近年来的财政分配和财政管理实践证明了这个观点具有重要的理论意义和现实价值。从不断曝光的政府和公共部门的财政、财务审计结果来看，我国政府官员和公共部门的管理者对财政资金的公共性和法制性意识还比较淡漠。这不仅表现为个别人无视财经纪律、滥用财政资金、恶意侵犯公共利益的行为，而且也表现为部门和单位集体性以权谋私或集体腐败的行为。早在李金华任审计署审计长时期，就多次披露了水利部等国家机关私自挪用财政专项投资资金建设楼堂馆所、截留国家财政资金私设小金库发放职工补贴、建设职工住宅等严重问题。甚至财政部也多地违规拨付财政资金，税务部门则频频发生越权减免税收问题，违规资金动辄达到几亿、几十亿元之多。在现任审计署审计长刘家义的年度报告中，情况虽然已经有所好转，但仍然可以发现不少单位的违规问题，2013 年有 8 个省的财政等部门挤占挪用或出借资金等 29 亿多元，用于楼堂馆所建设、发放补贴或招商引资奖励等。因此，在财政理论研究中，适应新的形势变化要求，对财政监督职能进行深入探索，构建严密的财政监督体系，看紧纳税人的钱袋子，是一项没有终点的课题。新《预算法》的颁布全面深化了我国财政监督职能的内涵，健全了财政监督机制，这与理论界多年来所做的贡献是分不开的。

第三节　从平衡财政到扩张性财政

以实施积极财政政策为标志，我国的宏观经济管理方式发生了颠覆性的变化。

积极财政政策的实质就是扩张性财政政策，即以主动性财政赤字和国债发行为依托扩大财政支出，发挥政府对经济稳定的干预功能。从原来的平衡财政发展到扩张性财政，这是我国改革开放30多年来财政政策理论与实践的重大突破。那么，这样的宏观财政政策是怎样形成的？它对我国政府传统的宏观经济管理有何新意？自1998年第一轮积极财政政策实施以来，人们对该话题的研究始终围绕着积极财政政策的内涵及其操作策略层面而展开，对宏观财政管理的意义罕有涉及。在经历了2008年新一轮积极财政政策之后，笔者认为，有必要从新的高度对其做出理论阐述。

一、排斥扩张主义的财政政策是我国财政领域长期奉行的原则

众所周知，扩张主义的财政政策来源于英国经济学家凯恩斯的宏观经济理论和财政理论。20世纪30年代，资本主义世界发生了历史上空前的经济大危机。面对经济严重衰退、失业人口剧增、社会秩序混乱的一系列问题，作为宏观经济理论的奠基人，凯恩斯详细地论证了有效需求不足的现象及其产生的深层次原因，进而提出政府应该立足于弥补市场机制失灵，通过扩张性的财政政策解决总供给大于总需求的问题。扩张性财政政策要求政府的财政必须在特定的环境下，突破收支平衡的束缚，用政府支出的扩大弥补企业投资和家庭消费的缺口。因此，扩张性的财政政策意味着财政支出必定大于财政收入，从而形成财政赤字。换句话说，依靠扩张性财政政策刺激社会有效需求进而拉动经济增长，靠的是牺牲财政平衡，靠的是财政赤字。

在我国计划经济时期乃至于改革开放后的一段时期内，财政学界不打赤字，反对赤字财政的声音一直占有强势地位。其理论依据是赤字财政只能属于资本主义国家的特有现象，因为资本主义生产目的在于追求利润最大化，是生产资料私有制与生产社会化的矛盾决定了生产相对过剩，形成生产与消费的矛盾，导致经常性的经济危机和大量失业。因此，赤字财政的政策虽然可以在短期刺激经济增长，缓和危机与失业，但从长期来看，它只能加深资本主义固有的矛盾，导致财政赤字、通货膨胀与物价上涨的恶性循环，动摇资本主义制度。而社会主义经济是公有制经济，其生产目的是不断提高人民的物质文化生活水平。同时，我国的生产力水平比较低，社会需求大大超过社会生产的供给能力，我们突出的矛盾不是生产过剩，而是供不应求。如果我国也实行赤字财政，由此引起的财政赤字就意味着当年的国民收入分配超过了当年创造的国民收入，造成国民收入超分配，其结果必然是形成没有物资保证的货币购买力，加剧物资的供应紧张和通货膨胀，降低人民生活水平。基于上述认识，在我国长期的计划经济中，财政工作的一个基本指导思想就是坚持收支平衡、略有结余、不打赤字。虽然事实上我们的财政

也常常会有显性的或隐性的赤字发生，但是，大家认为这是经济运行中的暂时现象，而不认为这是主观因素造成的结果。

二、需要正确认识扩张性财政政策的性质及其合理性

客观地讲，在计划经济条件下不实行赤字财政有其一定的合理性。在我国长期的计划经济中，由于生产力的发展受到严重压抑，供给短缺始终是计划经济的一个鲜明的特征。而且，这是在广大劳动者低收入、低储蓄的前提下存在的供给短缺。如果国家在国民收入集中度本来就很高的情况下，进一步采取依靠扩大财政赤字的方式进行国民收入的再分配，那么，由于企业和居民并不存在收入剩余可以被国家所利用，财政赤字的弥补只能借助于财政性的货币发行来解决国民收入的超分配，实际上就是进一步要压低人民群众的生活水平。

但是，把扩张性的财政政策与资本主义制度相联系的做法在理论上并不可取，否认这种政策对资本主义国家市场经济发展所起的积极作用，违背了客观事实。

（一）扩张性财政政策是市场经济条件下政府发挥宏观调控作用的必然产物

如前文所述，凯恩斯的扩张性财政政策形成于20世纪资本主义大危机时代，在此之前，资本主义国家遵循的政府管理理念是小政府大市场，政府对经济发展采取不干预主义。但是，大危机的爆发，打破了这种传统的自由资本主义理念，经济的发展只靠市场机制的调节已经失去了充分的动力，从而，客观上就把政府从经济发展的外部秩序维护者推入经济发展的内在参与者的行列之中。然而，政府虽然要成为市场经济发展的一个元素，但它不是经济活动的经营主体，而是被赋予了宏观调控的职能。政府的宏观调控除了法律手段和必要的行政手段之外，主要应该借助于财政政策和货币政策两大经济手段，对不平衡的总供求关系进行调节。就财政政策而言，政府需要根据一定时期的宏观经济状况采取扩张性的、紧缩性的或中性的政策形式加以应对。当总供给大于总需求，经济处于衰退阶段，失业人口增加，此时财政政策应当是扩张性的；当总供给小于总需求，经济处于过度景气阶段，通货膨胀严重，此时财政政策应当是紧缩性的。在经济平稳发展时期，财政政策应当是中性的，或者叫做稳健性的。可见，扩张性财政政策只是市场经济条件下，资本主义国家用来稳定经济发展的一种政策形式，是宏观财政政策体系的一个组成部分，而不是资本主义国家财政政策的唯一形式。如果把扩张性的财政政策简单地与资本主义制度联系起来，看做是剥夺劳动人民的一种手段，那么，紧缩性的政策和中性政策又怎样解释？

（二）扩张性财政政策的作用机理在于有效需求的替代

有效需求是指有货币支付能力的需求，货币支付能力是以货币收入的分配和

占有为前提的。由于市场经济强调的是以市场机制作为资源配置的基础性手段，所以在收入分配领域，必须将收入份额的大部分先用于满足企业和私人家庭的需要。企业拥有了收入就会形成投资需求，个人家庭拥有了收入就会形成消费需求。当然，从收入到需求的转化是一个很复杂的过程，其间会受到多种因素的影响。一是需求途径的多少。收入的占有只是形成投资需求和消费需求的基础，但如果企业没有新的投资项目，家庭没有更好的消费品选择，他们的收入就会形成剩余和储蓄。二是收入预期心理。收入预期好的时候，企业的投资和居民家庭的消费就会有更大的信心，反之，他们就不敢扩展投资和扩大消费。三是消费预期。如果消费者对消费前景感受到的压力增长，就会压缩自己的消费，如果消费者对消费感觉比较轻松，对消费的控制也就不那么严格。在缺乏社会保险制度的居民身上，这一点表现得比较明显。由于上述因素的影响，企业和个人家庭在某些情况下，收入的被动剩余将不可避免，所以从总供给与总需求平衡关系的原理出发，有必要将上述剩余转化为现实的需求。这个转化不能通过企业和个人家庭自身来完成，政府通过发行债券的方式将其转化为财政收入，再进一步转化为政府的投资或对私人经济主体的转移性支出，成为一条可行的途径。由此我们可以知道，市场经济中的扩张性财政政策原本是建立在私人需求和公共需求替代关系基础之上的，反映了经济自身的合理性要求。

（三）对扩张性财政政策的实践效果应做客观分析

扩张性财政政策最先在美国和欧洲国家得到正式接受和实施，并在此后几十年的时间内对增强这些国家的经济活力发挥了重要作用。长期以来，围绕美国经济大危机期间，罗斯福政府是否已经采用了凯恩斯主义的赤字财政政策主张，国内外都有很大的争论。因为罗斯福的财政政策在一开始并非是赤字政策，而是平衡政策，并且直到后面的赤字政策已经实施了，罗斯福也并不是很主动地采取了这种扩张性的政策。但是，毋庸置疑，包括罗斯福在内，此后多届美国总统在面对经济低迷形势时都选择了赤字财政政策，一次又一次地使美国经济摆脱萧条的阴影，走上新的发展之路。扩张性财政政策对推动美国经济所做出的贡献是不可磨灭的。2008 年，在世界金融中心华尔街爆发的金融危机以出乎人们意料的巨大能量释放出它的破坏力，美国、欧洲这些当今世界经济的中心遭受着前所未有的经济打击，各国政府再次举起了扩张性财政政策的大旗，试图用政府的财政力量来抵御金融危机的打击。对此，世界各国的人们都对其积极的效果充满了期待。当然，过分夸大扩张性财政政策的作用也是不科学的。从美国的实践看，由于实行赤字财政政策所积累的庞大赤字，以及为弥补赤字而积累的沉重的国家债务负担，美国经济经历了 20 世纪 70 年代长达 10 年左右的经济滞胀的痛苦时期，从而导致反凯恩斯主义的货币学派、供给学派等新自由主义经济学的产生，里根政府也明确地抛弃了以调节总需求为重点的财政政策，转向了以调节总供给为重点的货币政策，而且在克林顿政府的后期，甚至一度出现了多年未曾有过的预算平衡现象。美国政府的财政政策出现的摇摆，反映了不同党派和利益群体治理经济和社会的理念差别，这是很正常的一种情况。事实上任何政策都有它的正反两方面的功效，当一种政策实施成本高于它的收益时，就有必要对已经失效的政策做出新的调整。政策体系的多样化是现代国家的政府公共管理经验成熟的标志。

三、积极财政政策在促进中国经济稳定方面发挥了重要作用

我国首次明确采用扩张性财政政策是在1998年。这一年是改革开放进入到第20个年头。这意味着我国多年以来所秉持的财政平衡原则出现了重大变化，也是我国政府的财政管理在公共财政模式建设上的积极反应。当然，我们应该承认，事实上我国的扩张性财政政策在此之前已经有了一个逐渐积累发展的过程。新中国成立以来，我国曾出现过19年财政平衡，略有节余。但从1986~2008年，已连续23年出现财政赤字。也就是说，财政赤字已经伴随我国的改革开放成为一种常态。1998年之后，这种政策一改其多年隐性运行的惯例，以显性的政策形态出现在世人面前。这种变化不是偶然的，它反映了我国政府在财政管理上面对一系列复杂因素积极主动发挥财政政策对市场经济稳定作用的新思维。

是什么因素促使财政政策出现如此显著地变化？首先，1996年东南亚金融危机是我国实行经济改革以来遇到的第一次重大的外部冲击。虽然这是一次局部性危机，对世界经济影响力度相对有限，但东南亚是当时我国最大的出口地区之一，作为支撑经济增长的出口需求下降，让我们感受到了市场经济风险的压力。其次，东南亚金融危机发生的时机与我国正在开始深化的经济改革叠加在一起，放大了金融危机对经济和社会影响的效应。由于社会主义市场经济体制的发展，原来一系列作为公共产品供给的对象开始改变为私人产品或准公共产品，特别是在教育、卫生、养老、住房等大宗消费对象上，供给形式的转变导致居民有限的收入在消费开支上更加谨慎。与此同时，随着改革的深化，银行的贷款行为也从随意变成了惜贷。所有这些，最终积累为通货紧缩，物价水平持续负增长。最后，货币政策连续密集运用，但政策效果不够明显。在市场经济运行中，一旦遇到宏观经济出现剧烈波动，经济增长速度下滑严重的情况时，货币政策总会成为政府宏观调控的首选政策手段。因为货币政策的利率机制对流动性和社会需求的影响，更加贴近市场内在的要求，体现了贷款人对政府政策的自由选择权利。但是，由于货币政策作用的实现需要适宜的外部环境，不是在任何时候都能够奏效的。事实上，自1996年东南亚金融危机发生伊始，我国政府就采取了连续的降息政策，但并未产生人们所期望的扩大流动性结果。1997年经济增长率降低到8.8%的水平，1998

年上半年经济增长率进一步降为 7%，与全年 8%的增长目标形成明显差距。上述几方面的情况综合在一起，使决策层于 1998 年为力求实现 8%的增长目标而采取增加投资扩大内需的方针，以扩大国债发行为支撑的积极财政政策成为唯一的选择。从 1998 年起，我国开始实施积极财政政策的 6 年中，多增发长期建设国债 9 100 亿元，有力地拉动了内需，对经济增长做出直接贡献，每年拉动 GDP 增长近 1~2 百分点，也显著地缓解了就业的压力。随着民间投资能量的迅速提高和出口形势的好转，中央政府做出于 2005 年正式退出积极财政政策的决定，即将原来的积极财政政策转变为稳健的财政政策。积极财政政策在我国的成功实践表明，扩张性的财政政策并不属于资本主义国家政府干预经济的特有工具，社会主义市场经济不仅有利用好扩张性财政政策的必要，而且也有利用好扩张性财政政策的能力。

2008 年，鉴于世界金融危机对我国经济增长所带来的冲击，中央政府再次做出实施积极财政政策的重大决策。与前一轮积极财政政策相比，新的积极财政政策力度更大。2009~2010 年，中央政府将 4 万亿的公共资源投入保障性安居工程、农村基础设施、铁路公路和航空业基础设施，加快自主创新和结构调整及医疗卫生文化教育事业发展等领域的项目上，地方政府也有相应的配套措施出台。而且，值得注意的是，新的积极财政政策与货币政策的搭配形式发生了显著变化，即从原来的积极财政政策和稳健的货币政策相配合，改变为与适度宽松的货币政策相配合。一松一紧的政策搭配到双松的政策搭配，意味着政府为保经济增长所动用的经济政策已经全面转向了扩张，而不单单是依靠财政政策。这一方面表明我国经济增长目前遇到的困难远远超过 1998 年，另一方面也反映出政府对运用经济政策保经济增长具有坚定的决心，做了充分的准备。在市场经济体制建设进程中，政府的财政政策不再是保守的，而是学会了主动出击。我们有理由相信，有 1998 年的积极财政政策运用的经验，有国民经济基本面健康发展的基础，也有国外曾经发生的赤字财政政策教训，只要我们扎扎实实地落实每一个具体政策的项目，及时纠正政策实施中出现的问题，新一轮积极财政政策必定能够取得全面的成功。

新一轮积极财政政策自 2008 年实施以来，已经持续存在了 7 年多的时间，至今尚未得以退出。2016 年开年之际，习近平总书记和李克强总理在多次重要场合反复申明，将要继续实施积极财政政策。这意味着我国的赤字率会进一步提高，财政的收支压力会进一步加大。为什么要对积极财政政策的实施给予如此高的重视？继续实施积极财政政策会产生什么不良的后果吗？积极财政政策的风险可控吗？这是需要我们必须给予回答的问题。本书从社会主义市场经济供求关系的变化和政府宏观调控方式的变化的维度，解释了实施积极财政政策的积极意义，认为它所体现的是社会主义在市场经济体制建设进程中，政府的财政政策不再是保守的，而是学会了主动出击。这对于我国现有的政府管理方式是具有战略意义的重大转变。因此，积极财政政策不是偶发性的政策形式，而是在未来经济发展过程中会长期保留下来的择机选择的一种政策手段。但是，鉴于积极财政政策对宏观经济，以及社会发展所能产生的巨大影响力，需要认真总结已有的经验教训，研究在世界经济一体化不断加快和我国经济转型的背景下，如何避免政策实施中出现严重失误，建立有效的纠偏机制，防止短期政策的长期化带来的风险。

第四节　中国财政转移支付法律制度建设

财政转移支付制度是现代分税制财政体制的重要组成部分。财政转移支付的结果是将一部分通过税收集中起来的财政资金借助于上级政府的权威，无偿转移给下级政府，支持其预算平衡和满足特定公共支出项目的需要；也可以在同一级别政府之间为补偿相关地区的经济损失进行横向转移。在我国，中央政府在财政收入分配中占有了主要的部分，中央政府对地方政府的转移支付数量巨大，项目繁多，地方之间的横向转移也不断增加。但是，在相当长的时间内财政转移支付过程缺乏法律的严格制约和监督，致使财政转移支付实施的结果往往加剧不同地区之间的不公平现象。本节针对财政转移支付的法律保障薄弱问题进行简要分析，并给出相应的对策建议。

一、中国财政转移支付立法现状及存在的问题

（一）法律位阶较低

作为国家财政活动的一份重要组成部分，而且涉及国家或地区范围内不同主题利益相关人的收入分配及其相联系的福利水平，对财政转移支付进行立法，不仅是指导和约束上级政府严格操作转移支付过程，避免人为随意因素影响的必要，也是下级政府和不同区域内广大社会公众监督政府实施转移支付行为的依据。这样的法律需要有严格的内容，需要有必要的权威性。但是，我国财政转移支付制度的法律依据主要是财政部和地方政府制定的行政规章，立法层次较低，缺乏高度的统一性和权威性且稳定性较差，立法的民主性和科学性难以得到保证。而纵观发达国家的财政转移支付制度，其突出的共同点就是制定了较高层次的法律作为制度依据。

（二）实体性法律制度存在不足

首先，各级政府事权、财权划分不明确。财权与事权的不对称直接导致了财政转移支付的盲目性，资金拨付和使用的不规范、不透明，在实践中会带来“跑部钱进”的不正之风。其次，转移支付的形式不合理。一般性财政转移支付所占比重很小，而税收返还、专项补助等非均等财政转移支付所构成的资金所占比重

较大，从而难以达到通过转移支付缩小区域差距、实现各地提供公共产品和服务能力均等化的目标。最后，转移支付标准不科学。到 2013 年，我国仍然坚持“存量不动，增量调节”的支付原则，并在此基础上采取“基数法”而非国际通行的“因素法”计算财政转移支付的资金数额，这势必会引发财政转移支付的盲目性和随意性，进而影响转移支付的公正和效率。

（三）程序性法律制度缺失

由于没有进行统一立法，财政转移支付的各个环节，包括从决策、审批，到支付、监督程序，整个过程都缺乏公开性和透明度，其结果就容易滋生腐败现象。即使在党中央强化了干部工作纪律的严肃性，并且加大了反腐败力度的情况下，法律制度体系不严谨，司法救济程序不健全，也使财政转移支付领域的违法行为往往都“内部处理”了事，缺乏责任认同和处罚的明确依据。

二、中国财政转移支付法律制度的法理基础

（一）公平、正义、以人为本理念

公平、正义是法的基本价值取向，国家运用法律手段适度调节财政经济生活时应当遵循人文精神，坚持以人为本，以保护社会公共利益和公民合法权益为出发点和落脚点，最终实现机会公平。财政转移支付法律制度的建设就应当从社会公平、正义出发，通过政府财力转移，对经济落后区域进行扶持，提高这些地区的公共服务水平和自我发展能力，使不同地区的人都能享受到基本的均衡待遇，从而实现社会整体利益和公民个人利益的统一。

（二）平衡协调理念

经济法的宗旨是通过进行对经济运行的协调来不断地解决个体营利性和社会公益性的矛盾，兼顾效率与公平，从而促进经济的稳定增长，保障社会公共利益和基本人权，进而促进经济与社会的良性运行和协调发展。财政转移支付法律制度是基于经济法平衡协调的重要理念，通过建立法治化、规范化的财政转移支付方式和内容，实现中央与地方政府事权、财权纵向配置的平衡及地方政府之间横向财政能力的相对平衡，为各地区经济的协调发展创造物质条件和资金保障，从而逐步缩小区域经济差距，促进社会和谐发展和整体进步。

（三）宏观调控和适度干预理念

市场经济的良性运行，首先应当尊重价值规律的自发调节。但为了克服市场的盲目性，世界各国大多同时用“有形之手”进行宏观经济调控，我国也不例外。

中央政府可以根据社会经济发展需要，通过依法增加或减少财政转移支付，来影响某地区或产业的发展速度。科学规范的财政转移支付法律制度应体现国家的宏观调控意图，通过控制财政支出水平，影响社会供给和需求，进而引导社会经济的总体运行。

三、构建和完善中国财政转移支付法律制度的建议

（一）我国财政转移支付法律制度的基本原则

1. 公平优先、兼顾效率原则

我国幅员辽阔，自然条件和经济传统等因素使区域发展差距拉大，城乡之间的贫富悬殊，亟须对经济落后地区进行帮扶，提高其发展能力和生活水平。财政转移支付就是缩小地区差距、实现社会公平的有效措施。所以纵观世界各国会发现其在进行财政转移支付立法的过程中，都将实现公平价值——享有均等的公共产品和服务作为基本目标。

当然，注重公平并不是要搞平均主义，财政转移支付立法也应当兼顾效率。单纯考虑公平，过分剥夺经济发达地区的利益并转移给落后地区，一方面必定降低发达地区的扩大再生产的能力，使发展地区经济的积极性和创造性受挫，进而影响国民经济的整体发展速度；另一方面，可能造成落后地区依赖性增强，自身发展能力难以提高，缺乏竞争机制下提高经济效率的动力。因此，国家在制定财政转移支付法律制度的同时，应当处理好两者之间的关系，既要实现公平，也不能忽视效益。通过良性竞争，激发地方的积极性，发挥各自优势，为全国经济发展做出贡献。

2. 事权、财权统一原则

长期以来，我国存在地方政府事权与财权不对称的问题，即事权过多，而财权大部分由中央掌握。随着分税制改革的不断深入进行，地方掌握了一定的事权、财权和自主决策权，但地方政府作为一个经济主体，在社会主义市场经济条件下的行为动力仍是地方利益最大化，这种局部逐利行为极可能偏离中央的既定目标。再加上我国长期以来都把经济效益作为政府业绩考核的主要指标，这就使公共产品的外溢性作用难以充分发挥，地方各级政府只是尽量把公共资金用于改善本地投资环境，而不是立足改善居民生活质量和促进区域协调发展。因此，国家为实现协调地区经济均衡发展，提高社会公共服务水平，就必须运用法律手段进行宏观调控和适度干预，合理确定经济管理权限，使地方政府掌握与事权相对应的财权，实现事权与财权的统一协调。

3. 法定原则

政府干预依法进行是现代法治国家的基本命题。财政法定原则要求转移支付权力的分配和行使都必须以立法机关的专门授权为依据，避免人为因素的干扰和非制度化约束产生的随意性。财政转移支付法定原则的具体要求如下：第一，财政转移支付分配权法定；第二，财政转移支付的机构、条件、形式、标准、程序等均应由法律明确规定；第三，各级政府在执法过程中违反财政转移支付法律规定的，应当追究法律责任；第四，修改与财政转移支付法密切相关的配套法律、法规、规章和其他规范性文件，以实现财政转移支付法律体系的整体性、协调性和高效性。

4．公开原则

公开原则是对财政转移支付的程序要求。财政转移支付是关系全国人民利益的重大事项，通过社会公示，接受群众监督，才能及时发现问题、解决问题，使立法得到有效的执行。公开原则要求在实施财政转移支付时，无论是相关数据的采集，还是收入能力与支出需求的预测、核算，都应当遵循科学规范的公式，尽量排除人为因素的干扰，并通过社会公开自觉接受监督。

（二）完善我国财政转移支付法律制度的具体措施

1. 出台财政转移支付基本法，提高法律位阶

综观西方市场经济发达的国家，尽管各国的经济发展方式和财政管理体制存在一定差异，但政府间财政转移支付法制化程度较高是其共同的特点。由于我国过去的财政转移支付部门规章和地方政府规章法律位阶较低，实际运行效果欠佳。因此，我国在建立规范的财政转移支付制度的同时，应遵循法治原则，由全国人大常务委员会以基本法形式制定专门的“财政转移支付法”。这部法律作为财政转移支付的专门立法，应当充分考虑我国国情，尽可能满足纵向转移支付和横向转移支付的要求，做到目标明确、科学规范、适用性和可操作性强。具体内容应当包括立法宗旨、基本原则、适用范围、转移支付的主体及权限划分、转移支付的形式及程序、转移支付的规模及确定方式、转移支付的监督管理、法律责任及制裁措施等。

2. 制定财政转移支付专项法，建立城乡一体化的社会保障体系

财政转移支付的主要目的是贯彻落实国家经济政策、促进区域均衡发展、实现公共服务能力均等化。而社会公共服务涉及的领域十分广泛，在整体立法的基础上，还应当出台以实现重要领域特定管理目标为目的的专项立法，包括农业财

政转移支付法、义务教育财政转移支付法、环境资源财政转移支付法及社会保障财政转移支付法律制度等。

财政转移支付制度需要上升到法律的层面予以规范实施，这是强化国家财政治理的必然要求。公共财政的基本特征之一就在于它的法治性，对于动辄上千万元、上亿元的财政转移支付资金来说，如果只是反映某些领导的偏好，或者受制于受益地区的不平等博弈，实在是对公共财政本质要求的莫大讽刺。令人高兴的是，2015 年开始实施的新《预算法》，已经做出明确规定，中央预算和地方预算都要在一般公共预算中包括转移支付预算内容。要求财政转移支付应当规范、公平、公开，以推进地区间基本公共服务均等化为主要目标。按照法律、行政法规和国务院的规定可以设立专项转移支付，用于办理特定事项。建立健全专项转移支付定期评估和退出机制。市场竞争机制能够有效调节的事项不得设立专项转移支付。同时，规定了财政转移支付预算的操作规程。当然，新《预算法》对财政转移支付制度的落实效果，必然还要受到传统的管理习惯所制约，为此，需要对新《预算法》的落实结果进行有效监督，以促使财政转移支付过程走上正轨。

第四章　改革与完善我国税收制度

第一节　深化税收经济效率研究

税收经济效率反映的是税收对经济增长的影响问题，即任何税收形成的分配过程和结果都会反映到经济增长上来，所以税收政策和税收征收管理不能仅仅着眼于税收收入的保障，还要尽可能保障调动市场经济主体的投资、生产经营及劳动和消费的积极性，做到税收增长和经济增长的双赢，实现两者的良性互动。笔者注意到，在 20 世纪 80 年代后期，随着我国税制的改革和税收体系的不断丰富，我国税收理论界对税收经济效率的研究给予了很高的重视，并对税收运行的实践提供了有力的支持。本节内容作为已有研究成果的延伸，专门就此项研究的意义及其重点问题谈谈自己的看法。

一、深化税收经济效率研究的理论意义和现实意义

关于税收效率问题的研究，早在英国古典经济学家亚当·斯密时期就已经开始。他在《国民财富的性质与原因的研究》一书中提出了对后世产生深远影响的税收四原则，即平等、确定、便利和节省（斯密，1974）。这四项原则，实际上包含有两大内容，一是公平，二是征管效率。但是，斯密的研究并未涉及税收经济效率。因为在他看来，自由资本主义经济的发展无需外力的推动，只靠价值规律这一看不见的手发挥协调作用就足够了。税收的课征只能损害经济的发展，而没有什么积极作用可谈，因此，必须把税收严格限制在最小的范围之内，即以保证充当“夜警察”的政府开支需要为限。19 世纪后期，欧洲大陆学者开始注意到经济制度的两重性质，也就是公共经济与私人经济并存的特性，因而他们着力研究如何使公共部分的运转有助于而不是有碍于市场机制的发展。这些研究结果反映在税收领域，集中体现为德国新历史学派阿道夫·瓦格纳所倡导的税制优化原则（邓子基，1987）。瓦格纳的税收原则也包括四个大项，但与斯密的税收四原则相比较，已有很大改进。这些原则是财政政策原则、国民经济原则、社会主义原则和税务行政原则。在这里，除了继续坚持斯密的公平（即社会主义原则）和征管效率（即税务行政原则）原则外，瓦格纳还突出了财政政策原则和国民经济原则。而国民经济原则强调的主要是在课税目标的选择上，尽量避免使市场机制的效率

遭受损失。要尽量避免对资本和财产征税，以免阻碍经济的发展。在这一期间，英国新古典学派的代表人物阿·马歇尔也对税收经济效率进行了重点研究。他在1890年出版的《经济学原理》一书中，运用近代效用理论、消费者盈余理论和供需弹性等基本概念，详细研究了税收可能带来的效率损失，提出了税收“超额负担”（excess burden）的概念。他认为，对货物征销售税有扰乱价格平衡的作用，消费者将被迫减少对已税商品的购买，转而购买非税商品。由此，将导致消费者处于较低的效用享受水平上。这样消费者便承受了“超额负担”（马歇尔，1965）。在此以后，其他经济学家指出，不仅间接税而且直接税也会干扰市场机制，会对纳税人的投资、工作选择产生某种影响。正是以上述研究为前提，至19世纪末，西方财税学界已经普遍接受了最优税制的三个基本原则，即效率、公平和管理原则。但需要指出，19世纪末的资本主义经济发展尚未受到经济危机的严重干扰，新古典学派等依然相信市场自身的调节力量。在这种历史背景下，税收调节与稳定经济的作用尚未得到充分重视，真正承认并力图运用税制积极干预经济的原则，是20世纪30年代以后垄断资本主义为特征的现代市场经济形成基础上的产物。30年代发生的资本主义经济危机，使经济学家们和政府的决策者们不得不直面市场失效问题。包括不完全竞争、公共产品、外溢性、市场不完备性和信息失灵等市场失效的存在，决定了公共部门必须而且有可能在整个经济运行中执行资源配置职能，以保持宏观经济的效率。经过凯恩斯主义者、供给学派、货币主义者的长期争论，于70年代中后期，终于形成了效率、公平、经济稳定与增长、稳定收入、易管理五大公认税收原则。当然，由于不同经济学派考察问题的方法和角度不同，他们对于如何实现这些原则及对各原则侧重点与权衡有着不同的理解。

综上所述，我们可以看出，关于税收经济效率问题的研究之所以能够不断深化，并不是偶然的，它反映了市场经济条件下推崇效率优先原则的客观要求。税收作为整个国民经济中的一个重要组成部分是不可或缺的。它不但具有分配功能，改变国家和纳税人之间及各类不同纳税人之间的分配关系，而且必然会随着经济利益的调整，影响纳税人的经济行为。既然如此，我们就有理由对税收影响经济的过程和结果给予充分认识，以有效地运用税收政策和制度，最大限度地克服税收对经济效率的消极影响，强化其促进经济效率提高的功能。

笔者认为，深化税收经济效率问题的研究，从我国税收实行运行来看，具有重要的理论意义和现实意义。首先，它将有助于丰富和完善我国的税收理论体系。在我国现有的税收学术著作和教科书中，虽然也已经注意到了税收经济效率问题，但研究的广度和深度与西方税收学界的研究相比显然还相距很远。除了在税收原则和税收职能研究方面涉及税收经济效率的研究外，还未见到任何专题研究成果。这不能不说是一个缺憾。应该肯定的是，改革开放以来，我国税收理论体系的建立获得了长足发展，在诸如税收起源理论、税收职能理论、税收负担理论和税收体制理论研究方面都已达到较高水平。但不能否认的是，我们的研究总体上还未摆脱一般说教式的特征，空洞无物的现象并不少见。而税收经济效率研究必须对抽象的理论进行十分具体的描述。它可以在各种相关因素的数理统计分析中，勾勒出税收与经济发展之间相互制约的变动轨迹，从而大大增强税收理论在实践我国社会主义市场经济体制下的税收政策的作用。如前文所述，市场经济是推崇效率优先的经济。我国构建的社会主义市场经济转变的过程中，社会主义市场经济也必须坚持效率优先原则，这是党的十四大已经明确的重要经济发展方针。当时摆在我们面前的事实是，国营企业作为我国国民经济的主导力量，有 1/3 的企业亏损，1/3 的企业微利，1/3 的企业盈利。其经济效率之低可见一斑。因此，要推动我国经济快速持续发展，有必要加快扭转国营企业效率低下的局面。但是，由于国营企业在社会主义经济中的特殊性质，加之非国营企业与国营企业并存竞争的局面，改革国有企业的难度很大。在这种情况下，国家税收作为影响企业生产经营的一个重要外部条件，如何制定出一套切实可行的政策措施，以适应国营企业改革深化的要求，就成为税务工作者的一项重要职责。1994 年新推出的税制改革在理顺分配关系、实行公平税负、提高经济效率的道路上已经迈出了一大步。但是，毋庸讳言，国有企业的经济效率问题仍然不容乐观，人们对新的税收政策也褒贬不一。那么，如何评价税收政策的优劣？如何进一步协调税收与经济发展的关系？看起来争论还要持续下去。笔者认为，西方市场经济国家的理论与实践虽然不能完全适合于我国的情况，但在很多方面是有借鉴价值的。这应当引起我们的注意。

二、深化税收经济效率研究的重点

深化税收经济效率的研究，必须抓住影响制约税收经济效率的因素进行重点分析。这些因素可以分为内部因素和外部因素两类。

所谓内部因素是指税收本身的问题。主要包括：第一，宏观税负水平是否适当。宏观税负水平反映一定时期内税收收入总额与国民收入额或社会国民生产总值的比例关系。这实际上是个税收总规模大小问题，进一步说是国家与企业和个人利益关系的问题。宏观税负水平对经济效率的影响表现在以下方面：①在国民收入总额一定的前提下，税收规模越大，企业和个人留下的就越少。在社会主义市场经济条件下，企业作为一个经济实体，需要做到自主经营，自负盈亏，自我积累，自谋发展。税收规模过大，企业税负加重。其结果必将降低企业投资、发展生产的热情和能力。特别是一些生产经营好、效益高的企业有可能成为“鞭打快牛”的对象。劳动者个人的收入也将被限制在一个较低的水平上，使他们投入更多劳动的积极性受到打击。从这个意义上讲，税收规模宜保持在较低的水平上，尤其在经济转轨时期，大部分企业对社会主义市场经济适应性还很差。就像刚断奶的孩子，需要补充高营养的食品，如果营养不足，孩子的健康成长是很困难的。②考察宏观税负水平对经济效率的影响，还应注意将税收与财政联系起来一并考虑。因为财政支出有生产性和非生产性之分，它们虽然都是必要的，但对经济发展的影响却很不相同。如果税收规模过大，且税款的使用主要是非生产性的，那就意味着相当一部分资金从生产领域转到消费领域，缩小整个社会应有的资本规模，因此，结果将对经济效率的提高有害。反之，尽管税收规模过大，但税款的使用更多地放在生产领域内，而不是转化为消费，其结果虽然也会对经济效率产生不利影响，但其影响的力度已大大降低。在某些情况下，甚至可能出现宏观经济效率提高带来的好处超过微观效率降低带来的损失的结果。

第二，税制结构是否合理。不同的税种具有不同的作用。一个合理的税制结构，不仅自身会具有刺激经济效率提高的功能，而且有助于缓解税收规模过大对经济效率提高带来的副作用。为此，需要我们重点研究的问题，一是中性税制的实施范围，二是所得税制的进一步完善。中性税制一向被很多人认为是不干扰市场机制运行的，不会给纳税人造成超额负担，因而是符合税收经济效率要求的良性税制。随着新的税收制度改革不断推进，在我国经济学界倡导建立以中性税制为主体税制结构的人已不少见，1994 年推出的增值税制度也的确朝着这个方向前进了一步。但是，似乎仍有必要对中性税制的内涵及其特征进行深入探讨，同时也应对我国增值税的中性税制的程度做出进一步判断。否则，将很难使增值税制度走上规范化运行的轨道。至于所得税制的完善问题，最关键的是要尽快稳妥归并内资企业所得税和外商投资企业与外国企业所得税，建立统一适用的企业或法人所得税。这个问题在社会主义市场经济体制的逐步形成和我国加入世界贸易组织（World Trade Organization，WTO）的背景下，显得极为紧迫。因为只有税制的统一，才能够保证内资企业与涉外企业的平等竞争，才能够激发广大内资企业的经济活力，同时又不损害外商的正当利益，鼓励其继续在我国开展投资活动。

第三，税收征管制度是否严密。制定旨在提高经济效率的政策和制度是很重要的基础工作，但实践表明，要使提高经济效率的政策和制度收到实效，还必须强化征管制度，防止执行过程中的随意化，导致原有的政策意图大打折扣。有权威资料显示，1984 年利改税完成后的 10 多年来，税收流失极为严重，私营、个体企业偷漏税面可达 80%以上，甚至国有企业也有 50%以上存在偷税漏税现象。1995 年财税大检查已查出 100 多亿元的偷漏税额。欠税的情况就更为突出，到 1997 年，全国欠税总额已突破 1 000 亿元。此外，骗取出口退税、滥用增值税专用发票等违法犯罪行为也屡有发生。针对上述情况，我们必须深入研究税收领域违法犯罪和各种违纪行为的特点和规律，不断完善税收征管制度，加强税收人员队伍建设，提高干部思想和业务素质，加快采用以电子计算机网络技术为主要内容的先进征管手段，改进落后的集征管查于一身的征管体制。同时，笔者认为很重要的一条是必须严肃税法，加大对违法者的打击力度。无论任何人，不管其地位多高，名声多大，只要违反税法，就要一视同仁，坚决惩处。

所谓外部因素，是指影响税收经济效率的环境和条件。主要有：第一，经济体制。在计划经济中，更多地强调计划统一管理，否定微观经济主体的切身利益。实际上是平均主义至上而不顾经济效率的管理体制。显然，处于这种环境中的税收充其量只是取得财政收入的一种手段，根本谈不上与经济效率的联系。而市场经济是效率经济，市场经济中的任何因素都应服从于提高经济效率的目标。税收当然也不能例外。但是，我国的市场经济是社会主义市场经济，而且目前仅仅是处在转轨的过程中，经济活动的规则远未建立健全，税收要发挥其提高经济效率的作用就不可能不带有其独有的特征。我们必须对此进行透彻的分析。第二，经济发展模式。经济发展是粗放型的还是集约型的，是追求高产值还是追求高效益，对税收经济效率有不同影响。例如，1984 年改革税制时，产品税被作为第一大税种。它以全额为计税依据，征收范围也相当广泛。这一种税，对于保证国家财政收入和缓解价格不合理导致的企业利润不均衡现象都起到了重要作用。但 1994 年的税制改革中，产品税被取消了，取而代之的是增值税大范围推广。其原因就在于，产品税是与粗放经营的经济发展模式连在一起的，它的全额课税，造成产品在流转过程中重复征税，税收负担失去平衡。它有利于保护“全能化”生产经营者的利益，而不利于增加分工协作的厂商利益，客观上阻碍分工协作的专业化生产对提高经济效率的作用。因此，从发展集约化经营的经济模式角度出发，产品税被增值税所取代势在难免。第三，财政运行状况。税收是财政收入的基本来源。为了保证财政支出的需要，国家税收必须千方百计地增加收入，解决财政的困难。因而，当财政运行中收支矛盾较大时，有可能迫使税收政策单独向财政职能倾斜，忽视或放弃调节经济的职能，从而使税收经济效率下降。所以，加强税收政策与财政政策的相互协调非常必要。

应该指出，研究税收经济效率的目的在于更好地提高税收经济效率。我们主张把影响制约税收经济效率的主要因素作为研究问题的重点，无非是想更好地探寻提高税收经济效率的途径。税收是一个国家实现公共利益的基本手段，但是，税收的分配结果如何，会影响到纳税人的投资、消费，进而影响到微观经济和宏观经济的运行效率。检验一个国家税收制度和税收分配好坏的标准，必须是税收与经济的双赢。只有税收收入的增长，而不顾经济增长的要求，税收就会走进死胡同。处理税收与经济增长的关系，在经济上升时期一般比较游刃有余，这一点从我国过去 30 多年经济和税收双双快速增长的情况可以得到清楚的印证。事实上，在这一时期内，税收往往会有更高的增长率，但是，经济内在的发展动力抵消了税收超高速增长带来的压力。而在经济增长速度低迷时期，税收负担带给纳税人的压力就会充分暴露出来。进入2014年以来，税收增长速度虽然已经趋缓，甚至慢于经济增长速度，但经济增长仍然陷于被动的低迷状态。为了保持必要的经济增长速度和就业率，中央政府已经多次采取了减税措施，包括服务业实行全面营改增，小微企业减免流转税和所得税。无疑，税收收入的减免措施将会带给财政收支平衡更大的压力，但这彰显了税收为提升经济效率所做的必要牺牲。

第二节 税收管理科学化的标志

一、税收管理科学化的内涵

税收管理是实现税收法律法规、组织税收收入入库的主要环节。由于税收管理建立在税务机关和税务干部对税法、税收制度的理解基础上，建立在他们对纳税人和课税对象的理解基础上，所以税收管理就是人的认知和行为作用于税源的过程。两者结合得好，税收征收管理就顺利，税源建设就会不断加强，纳税人就愿意主动配合税务机关的工作；两者结合得不好，收税征收管理就会发生混乱，税源就会流失，导致征纳双方的矛盾和对立。本节对税收管理科学化论题的阐述，目的就在于对税收管理确定客观的制度标准，规范税收管理过程，帮助税收管理从传统的人治方法迈向法治道路。

税收管理科学化的含义是什么？如何判断一个地区乃至整个国家的税收管理是否符合科学化的要求？笔者认为，要给税收管理科学化确定标志，首先应该对税收管理科学化概念本身有一个比较明确的认识。这里主要说明两点：一是税收管理与税收征收管理不同。税收管理既包括宏观管理，也包括微观管理，而税收征管一般是微观管理。所以，税收管理科学化是指一个国家或一个地区整个税收运行的管理是否符合科学化的要求，是宏观管理科学化和微观管理科学化的统一体。二是税收管理科学化具有一定的时代特征，是个相对的概念。奴隶社会和封建社会的税收管理是否科学，不能与资本主义社会的税收管理同日而语。同样，我国计划经济体制下的税收管理是否科学，也不能与社会主义市场经济体制下的税收管理进行类比。换句话说，每个历史阶段税收管理的科学化标志，只能按照与其相适应的社会经济发展水平来衡量。

二、税收管理科学化的标志

那么，在我国社会主义市场经济体制下，税收管理科学与否的标志是什么呢？笔者对它们做出如下归纳：

（1）应该有一套科学的税收管理理论。税收管理是一门科学，其研究对象十分复杂。它不仅涉及国家与纳税人之间的关系，而且涉及纳税人相互之间的关系，以及各级政府相互之间的关系；不仅涉及税收政策、税收制度内部的相互协调配套，而且涉及税收政策、税收制度与整个社会经济政策的相互协调配套；不仅涉及宏观管理体制，而且涉及微观管理方法和措施；不仅涉及经济问题，而且涉及社会问题。与管理理论已经相当成熟的企业管理相比较，税收管理的确要复杂得多。因此，如果缺乏科学的税收管理理论来指导税收管理工作，很难实现税收的科学化管理。事实上，我国的税收管理理论长期处于被忽视冷落的状态，尽管税制改革不断推进，但有关方面仍然缺乏系统性研究。这与不断发展变化的税收实践形成了鲜明的反差。我国税收管理要迈上一个新的台阶，抓紧税收管理理论的研究，实属必要而又紧迫的问题。众所周知，伴随着西方发达国家科学技术水平的提高，其管理科学亦获得长足进步。很多人都承认，正是新技术的应用和管理水平的提高相互结合，才推动着资本主义国家经济不断增长。

在财税管理方面，从宏观的“自动稳定器”理论，到“税式支出”理论和“分税制”理论，无不为资本主义国家的财税管理带来巨大效益。这些国家的经验说明，理论指导对于科学的税收管理绝不是可有可无的。令人高兴的是，现代西方税收管理理论正在不断地被介绍到我国，并且有些已在实践中开始应用。但是，我们必须注意从中国社会主义市场经济体制的客观要求出发，创造性地吸收国外经验为我国所用，以形成一套适合我国具体国情的税收管理理论体系。生搬硬套的结果，只能使原本科学的理论失去其科学的价值。

（2）应该有一套科学的税收管理机制。税收管理机制是实施税收管理的各种因素及其相互联系。其中，主要包括三个因素，即方法、手段和机构。笔者认为，要使这三个因素符合科学化的要求，应该做到方法的规范化、系统化，手段的法制化、现代化，机构设置的合理化。

所谓方法的规范化、系统化，是指税收管理不能带有随意性，不能带有偶然性，而应当是经常性的、连续性的。这是因为税收作为一种国家依靠政治权力参与社会产品分配的形式，无论对于国家财政及时足额地取得其收入资金来讲，还是对于纳税人在充分理解国家税收政策的基础上合理安排其生产经营活动来讲，都具有直接的影响作用。如果在管理方法上不能保持规范化、系统化，就容易使本来相当严肃的分配方式，变得让人捉摸不定，使纳税人无所适从。例如，减免税管理，把权限主要放到基层，虽然能够发挥其灵活性的优势，但也正是在灵活性当中，不可避免地要导致各个地方执行国家政策的偏差，容易使减免税受地方政府的局部利益左右，因此，纳税人同类生产经营行为就有可能在非规范化的减免税管理过程中失去同等待遇，从而对纳税人生产经营方向的选择和生产经营活动的稳定形成障碍。又如，税务检查，大规模集中性的税务大检查是完全必要的，这对震慑税收违法违纪行为，维护国家税收权益，具有重要意义。但是，把打击税收违法违纪行为的重点放到一年一度的税务大检查上，客观上会对经常性的税收监控产生淡化作用，使违法违纪者形成一定程度上的侥幸心理。从而就总体来说，有可能加大税收管理成本，降低管理效益。

所谓手段的法制化、现代化，是指税收管理必须以法律为基础，强化依法治税，必须尽最大努力采用现代科学技术，保证税收管理的及时性和准确性。要强化依法治税，也就意味着克服人治因素对税收管理的不良影响。固然，税收管理需要通过税务工作者来进行，是人的一种能动行为。但是，管理需要人与需要人治因素是完全不同的两码事。科学的税收管理要求管理者严格依法办事，管理者的行为必须限定在法律许可的范围内。非科学的税收管理则缺乏法律约束，管理者的主观意识表现突出，或者在其他外界力量的干预下，管理者的行为发生扭曲，如任意减免税、越权减免税、权税交易等，都是这方面的典型现象。我们之所以把管理手段的法制化作为税收管理科学化的一个标志，是因为国家的税法是民主的产物，经过民主程序的立法，代表着大多数人的意见，反映着国家的最大利益，也充分考虑到了纳税人要求。因此，只有严格依法治税，才能够发挥税收的积极作用，避免其消极作用。至于税收管理手段的现代化，这一点对税收管理科学化的影响也是十分明显的。税收管理科学化，一要做到时间上的及时，二要做到资料来源的准确，只有这样，才有可能提出有效的管理方案，收到最佳效果。而随着我国经济改革的深入和社会主义市场经济体制的建立，纳税人不仅数量迅速增多，而且其生产经营方式和收入来源等都日益变得复杂。面对这种情况，如果不抓紧时间解决管理手段的现代化问题，势必造成税收管理工作严重落后于税收发展现状的后果，带来税收收入的大量损失。

所谓机构设置的合理化，包括两层次内容：一是指按照整个国家的税收管理体制，在各级政府建立起相应的税务机构，以满足各级政府履行其职责的需要；二是指在各级税务机构内，按照税收管理客观规律的要求，形成分工合理、各负其责、互相制约的组织系统，增强管理能力，提高管理水平。从第一层次来看，我国的税收管理机构，正在1994年税制改革确定的分税制总体框架内，从中央到地方稳步进行分设国税局和地方税务局的工作。这一改革的完成，将对新的税收管理体制顺利运行产生十分积极的作用，是朝着税收管理科学化方向迈出的重要一步。从第二层次来看，能否建立一个分工合理、各负其责、互相制约的组织系统，直接关系到税收征管工作的质量好坏，因而，也是衡量税收管理科学化的重要标志。近年来，我们从大量的实践中，深刻地认识到集征、管、查于一体的旧的组织系统模式不可克服的弊端，为此，广泛地进行了征、管、查相分离的改革探索，无论在具体形式上是征、管、查三分离，还是征管、查两分离，都已经显示出改革的成效。其状况的关键在于，在一个税务机构内，按照征、管、查的各自特征设立分支机构，不仅可以根据税务人员的不同素质调配人力，实行优化组合，充分发挥每个人的特长，提高业务水平，而且在一定的职责目标约束下，各分支机构客观上具备了相互监督、彼此制约的功能。因此，如果说政府间税务机构的分设是税收管理科学化在宏观运行机制上的积极探索，那么，在一个税务机构内部相互制衡分支机构的设立，则是税收管理科学化在微观运行机制上的重要开端。

（3）应该有一套科学的税收管理目标。税收管理要实现科学化，不仅要有理论上的指导，要有运行机制上的保证，而且还要确立起一定的目标，以作为检验税收管理是否科学化的依据。同时，实现税收管理科学化的目标应当注意以下几个问题。

第一，与国家宏观经济政策保持协调。国家的宏观经济政策对于国民经济发展的全局具有纲领性指导意义。税收工作则是整个国民经济中最重要的组成部分之一。因此，税收管理过程是否能够按照宏观经济政策的意图来把握，不仅涉及税收工作本身的好坏，还会直接影响到经济发展的整体状况。这就要求税务部门确切理解宏观经济政策的各项内容，主动采取一切必要措施，从税收政策管理、制度管理到征收管理的每一个阶段，全面落实宏观政策的要求，防止“撞车”现象的发生。当然，对于宏观经济政策中的问题，也应具有积极灵敏的反映，而不能消极应付。否则，就谈不上相互协调了。

第二，提高税收效率。首先，科学的税收管理要做到税收收入的稳定增长，把损失降低到最小。在国家分配政策既定的前提下，随着国民经济的不断增长，保持税收收入的稳定增长，是税收发展规律的客观要求。为此，税收管理需要在两方面做出自己的努力：一是要注重税收对经济的反作用，广辟税源，妥善处理眼前利益与长远利益的关系，正确实施促产增收政策。二是要坚决堵塞税收不合理流失的漏洞，制止乱施“仁政”和“藏富于民”，同时，要努力提高税务人员思想和业务素质，改进工作作风，提高管理水平，减少税款计征错漏率。其次，税收的科学化管理还要充分发挥税收的经济杠杆作用。通过贯彻差别税收政策，调节产业结构、产品结构，调节生产与消费的关系，以及调节差别过大的个人分配结构。通过贯彻统一税收政策，为各种不同性质的生产经营者创造公平竞争的环境，最大限度地调动他们的生产积极性。在此基础上，就可以有效地促进国民经济的繁荣和发展。这也是税收效率的一种表现形式。

第三，建立协调的征纳关系。税收参与社会产品分配的过程，始终是以国家为一方、以纳税人为另一方的税款征收缴纳过程，征纳双方的相互关系是一种客观存在。由于市场经济下各个行为主体总要追求自身的经济利益，而税收的分配又直接表现为经济利益的单方面转移，所以征纳双方不可避免地会存在一定的矛盾。如何解决这个矛盾，这不仅是征税的方法问题，而且也是社会问题。我国是社会主义国家，国家征税的根本目的是为人民谋福利。从这个意义上讲，我们没有任何理由激化征纳双方的矛盾。但是，这个矛盾也不会自动地消除，税务部门有责任通过不断的努力，采取科学的管理方法和管理艺术，来化解矛盾，转化矛盾，使征纳双方的关系达到和谐状态。这样，才能使税收工作健康发展。

三、科学的税收管理永远在路上

税收管理科学化的论题包含着一系列复杂的内容，它需要与一定的税收征收环境和条件相适应。但是，总的来看，从维护国家税法严肃性和纳税人切身利益的角度出发，建立一套低成本、便缴纳、严监管、无流失的税收征管机制，应该成为税收管理科学化永远的追求。随着税制改革的不断深化，我国的税收管理科学化已经有了长足的进步。在税收法律法规不断完善、税务干部专业化水平不断提高、信息化技术应用不断普及的条件下，税收征管机制也在不断改革创新，这对税收收入快速增长发挥了重要作用。中国共产党第十八次全国代表大会召开以来，税收管理面临着国家治理现代化提出的新要求，尽快提升税收征管体系现代化水平成为税收管理科学化的重要方向。为此，要考虑以税源分级分类管理为基础，突出以税收风险管理为导向；以构建和谐征纳关系为目标，强化纳税服务职责，优化纳税服务，解决税收执法和纳税服务界定不清晰，执法和服务相互交织的矛盾。同时，构建国、地税长效合作机制，最大限度地方便纳税人办税；以信息化管理为支撑，进一步理顺税源征管机制和管理流程，优化重组税源管理机构，整合征管资源，实施有针对性、差异化、个性化的管理，强化事中、事后风险监管，降低税收流失率，提高税法遵从度。

第三节　关于逐步提高直接税比重的思考

根据发达国家的经验，当经济发展到一定高度之后，从以间接税为主向以直接税为主转变，构建国家税收体系具有重要的意义。直接税主要是指个人所得税、财产税及企业所得税和财产税等不易转嫁的税收。改革开放初期，我国的税收体系经过利改税及1994年的全面税制改革，一直实行增值税、消费税（此前为产品税）、营业税三大流转税为主的税制结构。这种税制结构无疑对保证国家的财政收入稳定发挥了重要作用。但是，由于其不能对国民收入差别实行有效调节，反而加剧了居民家庭收入的矛盾，所以显得过于落后。中国共产党十八届三中全会对逐步提高直接税比重做出专门的决定，意味着新一轮的税制改革正在拉开大幕。这可以看做是发出了建立实现我国现代化税收体系的一个重大信号。本节内容对比分析了直接税与间接税的优缺点，结合经济和社会发展形式的变化，阐述了实现间接税为主向直接税为主的税制结构转变的必然性，以及实现这一转变需要进行的准备工作。

一、直接税与间接税构成的税制结构

直接税与间接税是税制结构的一种基本形态。直接税是指对纳税人创造的财富或取得的收入直接由税务机关征收的税收，而间接税对商品和劳务价格征收的流转税，是借助于交易过程间接对消费者的征税。

一般认为，直接税主要包括对企业和个人征收的所得税和财产税。在一些人的分析中，为社会保险征收的社会保险税或社会保险费也具有与所得税相同的性质，因此，其也可归入直接税的范畴。事实上，社会保险税或社会保险费与所得税是有明显差别的。这是一种具有专款专用性质的税费，原则上说，这些税费要归还于税费的缴纳者，政府只是借助于征缴税费的形式帮助劳动者有计划地安排劳动收入在不同时期的使用开支，以确保其在丧失劳动能力或遇到生病的情况时，基本生活水平不受到大的影响。在这样的制度规范下，直接税就不能像所得税一样成为一般性的公共收入和支出。基于本书的讨论目的，在此不对社会保险税费进行更多阐述。

由于世界各国对直接税和间接税设置的不同，它们对保障政府取得财政收入的能力形成了较大差别。由此，我们把税制结构概括为三种：以间接税为主体，以直接税（主要是所得税）和其他税为辅助的税制结构；以直接税为主体，以间接税和其他税为辅助的税制结构；以间接税和直接税为双重主体，以其他税收为辅助的税制结构。根据国际货币基金组织等权威机构的统计资料，2014 年在大部分发达国家都已经形成了直接税为主体的税制结构，其中以美国为最，其所得税和财产税可以占到税收收入总额的近 80%，澳大利亚达到 72%以上，法国、瑞典等也都超过 60%。这些国家的平均值大概在 70%（刘尚希，2012）。泰国、俄罗斯等新兴经济体也达到 40%以上。相比之下，发展中国家都实行间接税为主体的税制结构，间接税在国家税收总收入中占 60%左右（国务税务总局税收科学研究所，2012）。

在我国，自新中国成立以来，间接税始终占据主体地位。我国经历了一个长时期的计划经济时期，对税收在经济社会发展中作用的分析，真正有意义的研究是在改革开放之后。现行的税制结构实际上是经过 1983 年、1984 年的利改税和 1994 年新一轮的税制全面改革之后形成的架构。在此过程中，间接税和直接税的形式及其功能不断发生变化。总的格局是直接税的比重在提升，间接税的比重在下降。按照国家税务总局的相关信息，2011 年全部税收完成收入 95 729 亿元，其中国内增值税、国内消费税、营业税和关税收入共计 60 605 亿元，占收入总额的 63.3%，而个人所得税、企业所得税收入为 27 519.5 亿元，占收入总额的 28.7%，另外，还有资源税、土地增值税等占收入总额的 8%左右。

二、直接税制与间接税制的利与弊

税收的存在依据是经济和社会发展的需求。从总体上说，税收首要的功能是为政府实施社会管理、提供公共产品和服务筹集财政收入，所以，任何税收制度的建立都必须考虑到这一点。但是，由于税收具有分配功能，它在给财政带来收入的同时，也伴随着对纳税人利益关系的调整，并进一步对纳税人的经济行为，如投资方向、经营方式、企业组织结构、消费能力等，都会形成必然的影响。在此基础上，税收就派生出了调节收入分配关系和促进经济稳定的功能。这些功能的有效运用，为税收在社会经济生活中作用的拓展开辟了更为广阔的空间。

但是，税收三大功能的存在是与一定的税收结构相联系的，或者说，要让税收在社会经济生活中扮演不同的角色，需要通过税收结构的完善创造先决条件。尽管所有税收的存在都可以产生财政收入，但其内部构造的差别性，使不同的税收在三大功能的显示度上也有很大差异。

对商品和劳务征收的流转税，即间接税，对保证财政收入的稳定具有很强的优势。因为这类税收与商品和劳务的价格相联系，只要有交易过程，就会产生税源。它不受商品生产经营劳动生产率和成本变化的影响，这给经济发展水平低、投入产出效益低的经济体获取稳定财政收入提供了强力支持。这就是发展中国家会广泛采用间接税制作为税制主体的基本原因。但是，间接税对价格的形成具有一定程度上的扭曲效果，它反映的是政府强加在商品与劳务价格之中的因素，而不是厂商生产经营本身的结果。同时，这类税收从理论上说，虽然由厂商纳税，但它可以借助于价格的形成转嫁到买方，并经过商品链条的持续转移，最终由消费者承受。在同类商品价格大体一致的情况下，不同收入人群负担的税收呈现倒挂现象，其结果是高收入者比低收入者所负担的税收更低，即所谓税负的累退性。显然，间接税不具备调节收入分配的能力。再从宏观经济稳定功能分析，间接税负担的调整，无疑会增加或减少企业和消费者的投资及消费能力，并对总供求关系产生影响。但是，间接税直接与价格相联系的设计原理，实际上制约了它的负担率进行较大弹性化的改变。也就是说，如果为了宏观经济稳定，通过间接税来改变价格进而改变需求的政策操作方式，必将导致价格关系的混乱。这与市场经济发展主要依靠市场机制进行资源配置的基本原则是相悖的。当然，为了理顺税制，在间接税制度上通过重大改革进而产生增税或减税效果的情况，也是可以接受的一种选择。近年来，我国政府实施的营业税改增值税的改革措施，就属于在间接税领域进行的减税措施。但是，这样的改革在稳定下来之后，通常需要保持一个较长时间的稳定性。

对工资薪金、企业利润和财产征收的所得税、财产税，即直接税，与上述间接税的功能存在很大区别。其中，所得税的课征对象是生产经营之后，经过分配，归不同要素主体支配的收入份额，企业因为投资获得利润，劳动者因为提供劳动获得工资薪金，股票投资者获得红利，借贷者获得利息，出租者获得租金，等等。财产税的课征对象主要是财产所有人的房地产，这些财产是纳税人缴纳所得税之后的收入，并支付了生活中的消费之后的累积财富。所得额和财产价值的多少，与纳税人的自身努力有关，但是，所得额和财产价值之间的差别，也反映了纳税人之间负税能力的差别。本着社会公平的原则，负税能力高的人理应承担更多的社会责任。因此，直接税在取得财政收入的同时，显示了对收入分配调节的客观能力。而且，在政府调控经济发展的宏观政策体系中，这类税收在税收优惠制度的处理上，具有显著的灵活性。并且它主要是影响纳税人需求能力的变化，并不影响市场机制的作用。在各国政府调控经济运行的历史上，所得税一直扮演着最重要的角色，充分说明了直接税在稳定经济方面的功能。

上述分析表明，就税制对经济和社会发展的影响效果看，直接税要优于间接税。为此，让直接税成为一个国家有影响力的税制，甚至是主导性的税制，具有十分积极的意义。

三、直接税成为主体税的必要条件

尽管直接税与间接税相比，存在着更加适应市场经济要求的特质，但是，其优势的发挥也需要有一定的条件支撑。

首先，直接税需要建立在社会经济发展水平不断提高的基础上。无论是企业利润、劳动者工资薪金还是房地产等财产的增长，都是经济增长规模扩大和经济增长质量提高的结果。发展中国家之所以要实行间接税为主体的税制选择，与其说是为适应经济发展的现实环境对税制模式的选择，倒不如说是在现有的经济条件下做出的一种无奈之举。如果在这样的背景下，过早地建立起以直接税为主体的税制，势必将国家财政置于没有根基的风险之中。

其次，直接税需要建立在规范合理的收入分配关系基础上。分配关系的规范合理，是在一定的国家法律保障和市场经济要素公平参与分配的条件下实现的。这种规范合理，必须是合法的、公允的、透明的、收入信息可查的。如果不具备这样的条件，而采取扩大直接税比重的制度，即使经济发展确实带来了收入和财富的巨大增长，但税收的应有功能也未必能够得到实现。这一点，在我国的现实格局中，最能够加以印证。我国改革开放以来的经济增长速度年均超过 9%，无论是经济总量还是人民整体生活水平，都得到了长足的进步。但是，我国的个人所得税制度至今尚不成熟。虽然，其税收收入在逐渐提高，但是，应该承认这距离规范有效的所得税制度要求，还相差太远。这与我国的分配制度混乱有直接关系。人们都在批评目前的个人所得税是以工薪阶层为主要纳税人的税收，这种批评有一定的道理。因为工薪阶层的收入都在雇主单位的财务控制之下，实行单位代扣代缴的征收管理制度，任何人的收入都可以清楚地反映到税务部门的稽查范围内，很难有逃税问题的发生。相比之下，那些高收入群体的收入，或者存在个人及其家庭的福利、消费性因素对税源的侵蚀，或者存在着无从可查的太多的灰色收入，甚至是黑色收入。其结果是大量的高收入者游离于个人所得税的控制之外，而仅靠普通的工薪阶层纳税，在工资增长幅度赶不上 GDP 增长幅度，更赶不上 CPI（consumer price index，即居民消费价格指数）增长幅度的情况下，要想实现个人所得税的快速增长是不可能的。根据人力资源和社会保障部劳动工资研究所（2012）《2011 中国薪酬报告》提供的数据，2011 年，我国城镇居民人均可支配收入比上年名义增长 14.1%，扣除价格因素，实际增长 8.4%，低于 GDP 增长率 0.8 百分点。

最后，直接税需要建立在国民收入分配大幅度向个人和家庭倾斜的基础上。这意味着，劳动要素在经济增长中的贡献率得到充分体现，劳动报酬的含量不仅仅是基本的生活消费，它还要包括劳动者及其家庭在幸福指数提高方面的要求。由于人工成本的提高，工资薪金在整体的分配中将占据更大的份额。这一变化的结果，使更多的普通劳动者工资薪金水平会有显著增长。而收入分配结构的变化，在给个人劳动价值重新定位的同时，也赋予了普通劳动者更多的社会责任。也就是说，原来因为受水平低未曾纳税的人可能会成为实际的纳税人，原来纳税少的人可能会缴纳更多的税收。这样的变化，将会促使直接税从处于次要地位逐渐转向主要地位。

四、为什么要“逐步提高”直接税的比重

提高直接税在税收结构中的比重，是现代经济和社会发展的必然要求。单纯强调税制转型的困难，强调财政收入的需求，是消极税收理念的表现。我们的目标应该是将税制建设成为充分兼顾三种功能的现代税制，而不能让税制成为阻碍社会主义市场经济顺利发展、制约收入公平分配和建设和谐社会的绊脚石。当然，我们的目标未必是要模仿或者照搬某个外国的税制结构模式，因为任何税制结构模式终将是与本国的国情相联系的，不同的国家，包括各个发达的市场经济国家，其税制结构模式也不是完全一致的。

在我国现有的国情下，提高直接税的比重之所以不能一蹴而就，笔者认为主要有以下几个原因：

第一，我国的经济结构调整和社会转型还需要较长的时间。在经过了一个长达 30 年的经济增长期之后，刺激经济增长的改革因素已经被充分释放，我们不可能设想经济增长会永远动力无穷。而事实上，长期依靠高投入、高耗能、高污染、

粗放型经济增长的模式，已经积累了太多的经济失衡问题，经济和社会之间的矛盾，经济和资源、环境之间的矛盾，产业结构之间的矛盾，都逐渐显现出对经济可持续增长的消极作用。我国还是一个人口大国，就业压力始终是政府要考虑的头等大事。如何化解这些矛盾？党的十八届三中全会给出的答案是要在增强市场对资源配置起决定性作用的基础上，通过新型城镇化道路和技术创新，加快产业结构转型，让更多的农业人口进入城镇，推动服务业的快速成长，摆脱经济发展过度依赖传统产业的束缚，让人力资本释放更大的促进财富增长的活力。毫无疑问，在一个 13 亿多人口的大国，进行经济结构的深度调整和社会转型，令我国未来经济增长充满了挑战。我们既需要对降低经济增长速度做好充分的思想准备，又需要为经济结构调整和社会转型提供更多的公共财力支持。这样的一种税收环境，还迫使我们必须对税收收入的稳定给予特别的重视。间接税大幅度的减税还不具备条件。

第二，税制的转型需要有一个被纳税人接受的适宜环境。从间接税为主到直接税为主的转变，不是一个简单的税收形式的变化。这种变化是收入分配关系的重要调整，客观上需要纳税人纳税理念和纳税行为的相互配合。间接税之所以相对容易，是因为它的随价纳税，普通的消费者一般很少关注它的影响。这一点与国外有显著的不同。日本在提高消费税率的问题上，代表普通消费者利益的政党的强烈反对，曾经不止一次地导致政府内阁的下台。在我国，基于目前的政治制度，我们在对待税收引起的收入分配是否公平问题上，很少有人会站出来提出不同的意见，这使我国的间接税制度执行起来阻力很小。直接税客观上是有利于普通社会公众利益的制度，但是，在征收的技术上，它要求纳税人直接纳税。如果普通的社会公众从不纳税群体进入纳税的群体，他们会有什么反应？我国在进行税制转型问题上，采取逐步扩大纳税人范围的方式，就可以让纳税人在税收负担的改变上形成一个渐次接受的过程。高收入人群和以中产阶级为主体的纳税人群，对于理解税收负担与公共利益的关系上，更加理性。

第三，社会主义市场经济运行中的一系列规则需要通过深化改革加以理顺。这些规则对提高直接税比重具有重要的影响，其影响具体表现在以下方面：一是政府与市场的职能及其相互关系的确立。如果政府在经济中仍然扮演重要的替代或排挤市场机制的角色，间接税占比更大的问题就不可能得到真正的解决。如果让市场机制扮演决定性的角色，间接税为主体的税制结构就没有理由不做出改变。二是收入分配制度的确立。收入分配包括初次分配和再分配。初次分配属于市场机制所应作用的领域。劳资关系在分配问题上理应坚持公平交易的原则，各得其所。但是，在我国劳动力资源过多的情况下，实际上存在着突出的资方强势和劳方弱势的不平等现象，财富的分配企业利润挤占了工资份额，致使工资增长落后于 GDP 的增长，产业工人收入水平过低，消费能力严重不足。因此，客观上要求政府采取有效措施保护职工的切身利益。不仅要严格实施最低工资制度和工资的正常增长制度，还需要建立保护职工利益的工会制度。三是建立严谨的收入信息查询制度。要让人们的一切收入最大化地进入统一的查询系统，使各种黑色收入、灰色收入无处藏身，堵塞逃避税收的渠道，为实施严格的自行申报纳税制度奠定良好的基础。

在此，笔者想进一步指出的是，将间接税为主的税收体系转变为直接税为主的税收体系，并非是要刻意模仿发达国家的税制模式，而是反映了一个国家经济发展走向现代化的进程中，税制建设与经济发展相互适应的内在联系。但是，必须注意到这一改革的艰巨性，它不仅仅是税制本身的改革，更是广泛涉及供求关系、收入分配、财政收支等多个层面、多重要素的综合性改革。积极创造税制转型的必要条件是一篇大文章。

第四节　完善企业年金税收优惠政策

企业年金作为社会养老保险的一种补充形式，可以看做在有条件的单位为鼓励自己的员工对单位增强认同感所提供的一种社会养老保险附加。因此，企业年金巩固了社会养老保险的保障能力。基于企业年金的准公共产品性质，对其实行所得税的优惠待遇，已经成为社会养老保险制度健全国家的普遍做法。但是，所得税优惠意味着税收收入的减少，对企业年金给予过多的优惠就会对国家财政带来一定的冲击。同时，企业年金不可能扩展到每一个劳动者所在的企业和单位，对企业年金给予所得税优惠也意味着对未建立企业年金企业和单位的员工不公平。正因为如此，我国对企业年金的所得税优惠一直采取有限的、渐进的措施。本节讨论了企业年金征税及对其实行税收优惠的机理，并结合国际一般制度，探讨了我国 2013 年之前企业年金税收优惠的制度发展过程，并对建立与国际税收优惠制度相衔接的新型制度问题进行了探讨。

企业年金是以政府的法律法规为依据，由企业及其员工共同自愿出资建立的企业福利。作为现代社会养老保险制度的一种重要补充形式，自 20 世纪 80 年代初就已经引入我国。经过近 30 年的发展，我国企业年金初具规模。截至 2012 年年底，我国共有 5.47 万家企业设立了企业年金，年金资产规模达到 4 821 亿元，惠及职工 1 847 多万人。企业年金的发展有其内在动力，同时也与国家税收制度有着直接的联系。

一、企业年金的征税与税收优惠机理

从基本性质看，企业年金是一个私人产品。因为企业年金的形成与运营是一

个依托于工资分配而存在的福利项目，其直接的受益者是企业的员工。员工乐于参加企业年金的原因，就在于用较少的投入，损失短期的消费利益，而获取长远的更高收入和福利水平。企业年金的形成首先来自于员工一部分工资使用权的让渡，企业则按照规定的比例为员工的年金份额进行配比投入。因此，从一开始，员工的收益就得到追加。不仅如此，企业年金形成的基金在向员工支付前，可以按照规定进入资本市场进行投资，以实现保值和增值。虽然增值的程度要决定于企业年金的管理能力和其他外部因素，存在一定的风险性和不确定性，但在正常情况下，企业年金投资应该能够为参与员工带来一个正的收益。就企业来讲，它们乐于构建企业年金平台。从形式上看，它会影响企业的经营成本和利润，是一种额外的利益损失；但是，从本质上看，企业年金给企业带来的也是正的收益。这表现为，一方面，企业为员工的长期福利进行投入，将提升员工对企业的忠诚度，最大限度地调动员工为自身的利益，同时也是为了企业的利益增长而释放劳动、技能和创新动力的积极性。这是任何企业兴旺发达赖以存在的一个基本条件。另一方面，企业年金的管理，可以委托第三方法人机构，也可以建立企业自身的管理机构。这些基金可以根据企业自身的经营需要，参与企业生产经营的资金周转，为企业获得贷款以外的资金支持。鉴于企业年金的私人产品性质，对企业年金征税便成为各国税收体系的组成部分之一。

但是，企业年金同时又具有减轻政府社会保险金支出压力，促进社会养老保险体系稳固的功能，是一个具有正外部性的准公共产品。在现代社会养老保险制度下，政府承担着十分重要的责任。它不仅是制度实施的组织者，也是制度运行风险的承受者。在我国，人口规模庞大，社会养老保险制度远未完善。随着老年化社会的到来，社会养老保险的蓄水池正在面临严峻的考验，这使政府在应对经济改革和经济增长任务的同时，必须为社会养老保险制度的稳固采取更积极的措施。但是，政府对社会养老保险的支持需要建立在足够的财政收入基础上，如果依靠借债的方式为社会养老保险体系注资，势必会给财政埋下巨大的风险。欧洲主权债务危机的爆发，以及为克服危机所采取的措施，都给我们敲响了警钟。因此，社会养老保险的稳固不能寄希望于政府无限制的输血，必须尽可能调动市场主体的力量，共同承担起这份艰巨的责任。企业年金的发展，为市场主体的参与途径提供了可能。虽然企业年金不是一种强制性的、具有普遍意义的补充性养老保险的手段，但是，它的发展壮大，对社会养老保险制度作用的延伸，仍然显示出独有的积极功能。在这个意义上说，为了扶持企业年金的发展，政府有责任提供必要的制度和管理方面的宽松环境。其中，在建立了企业年金制度的国家，在已经建立的企业年金税收体系中实施税收优惠政策，就是反映政府意图的重要措施。这相当于通过政府的财力补贴为企业年金的运营降低成本，也给参与的员工增加了一份新的收益。

二、企业年金的征税环节与优惠模式

对企业年金征税是指与所得额相关的所得税。企业年金所涉及的课税对象存在于企业年金运行的不同环节，一个完整的企业年金运行环节基本上有三个阶段构成。

第一阶段是企业年金的形成阶段。也就是以制度为依据，确定员工个人和企业按照工资相应的比例，向年金基金缴费。其中，作为个人的缴费，对本期工资是一种减少，也会影响员工及其家庭当前的消费能力。但是，如果考虑其对基金的所有权不变，这种减少实际上是一种工资的延期发放。对企业而言，为员工年金交费，就意味着企业人力资本成本水平的提高，是一种员工的补贴收入。

第二阶段是企业年金基金投资运营阶段。企业年金的投资可以有多种方式，包括在银行的存款、购买政府和企业债券及参与股票交易等。无论哪一种投资，其结果都可以为年金带来价值的增长，形成所得收入。

第三阶段是年金基金向参与的员工提供退休时应该享有的收益。年金的最终归途是用于退休后职工的生活开支，员工个人总是要通过某种确定的方式领取属于自己的年金份额。这种收入虽然不是本期的劳动所得，但它是实实在在的个人收入。

依据所得税制度，上述三个环节的所得收入都可以成为征收所得税的课税对象。但是，考虑到三个环节所得额之间具有同一所得在不同环节之间的内在联系，考虑到企业年金的社会效益，对它们的征税可以采取不同环节上的不同组合形式，即征税环节可以是单一的，也可以是复合的；某些环节要征税，另一些环节可以免税。同时，即使是征税的环节，也可以根据其所得额的大小，对其实行有差别的税负待遇。这些征税方式的组合，就体现了税收制度对企业年金提供的优惠政策倾向。目前，在世界上存在企业年金的国家中，大部分都选择了末端征税制的模式，即对基金形成和基金投资两个环节都放弃征税，只在受益人领取年金收益时征税，称为 EET（exemption，exemption，tax）模式。当然，由于各国的国情存在差别，具体运用 EET 模式的方案也有自己的特点。例如，美国税法规定，参与人在计划中的年度缴费额不得超过年度工资的 25%。年度工资超过 17 万美元的参加者在进行减税限制的计算时，只能以 17 万美元作为其年度工资予以计算；在日本，允许在所得税前抵扣的年金缴费额度累计不得超过 816 000 日元。

选择 EET 征税模式，对参与年金的员工产生的利益优惠在于，当期应税所得额的减少，不仅直接降低了所得税负担，而且如果考虑个人所得税的累进税率制度，还可能因为适用税率的下降进一步使他们受益。当员工领取基金收益时，会把前面的优惠税额合并补缴，如果不计算税率引起的税负变化，作为纳税人的员工并不会增加自己总的税负。这个过程是一个纳税义务向后延展的过程。在此期间内，员工和企业都因延迟纳税获得了本不属于自己的利益。其结果可以看做政府对参与企业年金活动的一种奖赏。

三、我国企业年金税收优惠政策的完善目标与条件

从社会保险制度在我国建立以来，相关的税收制度和优惠政策变相伴出台。对于作为补充性养老保险的企业年金而言，政府也陆续出台了一些相关税收优惠政策。

2000 年，国务院《关于印发完善城镇社会保障体系试点方案的通知》(国发〔2000〕42 号）首次明确规定，企业年金基金实行完全积累，采用个人账户方式进行管理，费用由企业和职工个人缴纳，企业缴费在工资总额 4%以内的部分，可从成本中列支；2007 年,《中华人民共和国企业所得税法实施条例》(国务院令第 512 号）规定，企业为投资者或职工支付的补充养老保险费、补充医疗保险费，在国务院财政、税务主管部门规定的范围和标准内，准予扣除。上述法规主要涉及企业所得税的计算征缴。

2009 年，我国财政部、国家税务总局下发《关于补充养老保险费补充医疗保险费有关企业所得税政策问题的通知》(财税〔2009〕27 号)，自 2008 年 1 月 1 日起，企业根据国家有关政策规定，为在本企业任职或者受雇的全体员工支付的补充养老保险费、补充医疗保险费,分别在不超过职工工资总额 5%标准内的部分，在计算应纳税所得额时准予扣除；超过的部分，不予扣除。此后，国家税务总局 2009 年发布的《关于企业年金个人所得税征收管理有关问题的通知》(国税函〔2009〕694 号）规定，企业年金的个人缴费部分，不得在个人当月工资、薪金计算个人所得税时扣除。企业年金的企业缴费计入个人账户的部分，按照“工资、薪金所得”项目计算当期应纳个人所得税款，并由企业在缴费时代扣代缴。2011 年,《国家税务总局关于企业年金个人所得税有关问题补充规定的公告》(国家税务总局公告 2011 年第 9 号)指出,企业年金的企业缴费部分计入职工个人账户时，当月个人工资薪金所得与计入个人年金账户的企业缴费之和未超过个人所得税费用扣除标准的，不征收个人所得税。

根据如上税收优惠政策内容可以看出，我国企业年金采取的税收优惠方式不同于其他国家。在企业年金运营的三个主要环节当中，我国仅明确在年金基金缴费时征税，投资和年金领取环节两个环节不征税。允许企业为员工的基金缴费进行所得税前扣除，旨在鼓励企业设立企业年金的行为。而在个人所得税方面，除了国家税务总局 2011 年的补充规定设置了很有限的优惠政策外，基本上没有优惠政策的运用。甚至要求企业为员工的缴费部分也要视同员工的实际工资所得，并单独按照一个月的工资代扣个人所得税。按照国际上通用的企业年金税收优惠政策模式分类，我国采取的优惠政策可以定位于部分 TEE（taxation, exemption,

exemption）模式。

为什么会采取这样的征税模式和税收优惠政策？笔者认为，这与我国个人所得税税收征管环境和技术水平的制约有着很重要的联系。到目前为止，我国的个人所得税仍然采取分类征收制，工资薪金是最主要的税源。税法规定工资薪金按月征税，每月工资薪金收入有 3 500 元的免征额，同时允许扣除社会保险金的缴费。分析我国个人所得税纳税人的构成，绝大部分普通工薪阶层的工资水平因为低于月收入 3 500 元的水平，所以虽有个人所得，但却不能成为实际的纳税人。而月收入达到 3 500 元的群体，主要集中于具有垄断性质的大公司、银行、保险和艺术、文化、医疗、教育、行政机关等部门。大公司及金融部门由于经济条件好，具备在社会保险之外为其员工交纳企业年金的能力，也是为员工提供福利的一个途径。而绝大部分其他行业的企业和几乎所有中小企业，则因为经营环境和经营成本的压力，无力在社会保险之外为员工另行构建企业年金平台。很显然，如果允许企业年金在交费环节不征收个人所得税，那么不仅会导致本来税基就很窄的个人所得税大幅度缩水，也必然造成收入分配差别的扩大化，使高收入群体名义上纳税而实际上不纳税或少纳税，打乱分配关系调整的政策。那么，能不能设想像国际上通用的 EET 模式征税，在年金领取的环节把交费环节未予征收的税收一并征收上来呢？应该说，在现代税收技术手段逐步提高、税收征管不断严密化的条件下，这个设想是可以实现的。但是，它的实现需要以个人所得税制度的重大改革为基础，也就是实现个人所得税制度从分类征收制到综合征收制的转变。因为在年金领取环节的收入已经不是工资薪金，它还包含了年金投资中的收益，至少包含了年金交费应该获得的利息。鉴于此，我国企业年金税收优惠政策的国际接轨尚需时日。

需要指出的是，财政部、人力资源和社会保障部、国家税务总局于 2013 年 12 月 6 日联合发布了《关于企业年金职业年金个人所得税有关问题的通知》（财税〔2013〕103 号），确立了我国企业年金税收政策的 EET 模式。文件指出对于符合规定的年金在年金缴费环节和年金基金投资收益环节暂不征收个人所得税，将纳税义务递延到个人实际领取年金的环节。这与笔者的思路是一致的。但是，新的制度实施后，对企业年金的增长并没有产生明显的吸引力。最大的问题在于现行个人所得税制度对于个人递延纳税的企业年金在退休后一次性领取时会没有实际的税收优惠，或者说，这部分年金的领取人只是在名义上享受了税收优惠的好处，实际却没有利益所得。因此，需要在尽快改革个人所得税制度，将分类税制改变为分类与综合相结合的制度。

第五节　“营改增”对地方财政的影响

我国的营业税制度早于增值税制度。从 20 世纪 80 年代开始到目前为止的 30 多年时间里，这两种流转税制度一直实行板块式征收的方式，即增值税最早是对工业品征税，营业税对商业和服务业征税。1994 年税制进一步改革后，增值税扩大到工业和商业领域，营业税缩减至服务业领域。2011 年，经国务院批准，财政部、国家税务总局联合下发《营业税改征增值税试点方案》。从 2012 年 1 月 1 日起，在上海交通运输业和部分现代服务业开展营业税改征增值税试点。就“营改增”的设计方案看，起初是比较乐观的，但在实践中，此项改革遇到了诸多难题，改革的推进工作有一定阻碍。因此，为搞清楚“营改增”的实际效果，需要在调查研究的基础上，做出客观的评价。基于这样的考虑，笔者结合对部分地方财政部门和企业的调查研究，提出了自己的看法和建议。

一、“营改增”为什么影响地方财政收入？

从 1984 年开始，增值税与营业税并行征收的流转税制度在我国已经实行了 30 多年。随着我国市场化改革的深入与第三产业的发展，营业税与增值税并行的税制弊端逐渐凸显出来。为此，我国“十二五”规划中明确提出“扩大增值税征收范围，相应调减营业税等税收”的税改方向。自 2012 年 1 月，上海市在交通运输业和部分现代服务业开始“营改增”试点起，到 2012 年 8 月，北京、广东等十省市跟进推行“营改增”试点以来，根据财政部、国家税务总局数据，2012 年，试点地区共为企业直接减税 426.3 亿元，整体减税面超过 90%，减税效果明显。2013 年 8 月 1 日，交通运输业与部分现代服务业的“营改增”试点已在全国范围内推行。铁路运输与邮电通信行业纳入“营改增”试点的方案也提上议程。改革进度明显加快。

然而，在看到“营改增”加速展开对有关企业减负的同时，也应考虑到改革对地方财政收入的影响。我国《营业税改征增值税试点方案》中规定：“试点期间保持现行财政体制基本稳定，原归属试点地区的营业税收入，改征增值税后收入仍归属试点地区，税款分别入库。因试点产生的财政减收，按现行财政体制由中央和地方分别负担。”这意味着暂时搁置了地方因改革带来的财政收入减少的问题，但是，这并非长久之策，随着“营改增”范围的扩大，继续按上述规定划分营业税收入，一方面将增加营业税收在转移过程中的成本；另一方面，从税收征管的角度讲，随着我国社会主义市场经济的日益发达与信息技术的不断发展，商品和服务的销售行为逐渐呈现复杂化、多样化特征。这就造成国家难以清晰界定这种销售行为到底应该缴纳何种税收。营业税征管权属于国家税务部门，收入却归地方税务部门所有，从国地税部门各自利益最大化的角度来讲，这势必引起国地税在税收归属上的矛盾，给国家造成不必要的麻烦甚至损失。

保持既有分配结构乃是权宜之计，营业税最终被增值税所取代的改革方向不会改变，这就决定作为当前地方主体税种的营业税收入绝大部分将被中央拿走，这对本就财政拮据的地方政府来说无疑是雪上加霜。增值税“扩围”改革的成败与地方政府对改革的态度有着不可回避的关系，而如何保证地方政府的财政收入是取得地方政府支持与否的关键。施文泼和贾康（2010）在借鉴几个典型国家增值税改革的经验与教训的基础上，提出增值税的税权归中央，增值税收入根据一套综合地方人口数量、财政收入能力、基本公共服务的明确公式划分中央与地方间分享比例，弥补地方财政损失。杨名和李大庆（2012）指出，应以增值税“扩围”改革为契机，建立、健全地方税收体系，尽快确立地方主体税种；完善转移支付制度，从源头上缓解地方财政拮据的困境。高凤和宋良荣（2013）通过测算增值税“扩围”后中央与地方分享比例的变化得出结论，为保证地方财政收入维持原有水平，增值税分享比例应在46.7%~62.48%，并根据不同年份的经济运行情况与国家财政需求以 46.7%为标准进行调整。张斌（2011）指出要从短期与长期两个方面来应对“营改增”所产生的负面影响。短期来看，要加大中央对地方的转移支付力度，适当提高地方政府共享税的分成比例。长期策略是发展地方经济，保持地方经济健康快速发展。胡怡建（2011）认为营业税改征增值税之后，要坚持保障地方财政利益的改革原则和思想。根据不挤不让原则，确定地方政府增值税分享比例应上调到50%以上。上述观点基本涵盖了主流学者对“营改增”后解决地方财政困境问题的看法。

笔者认为，“营改增”对地方财政收入的影响不仅仅局限于营业税与增值税本身，还影响着企业所得税的计算。作为价内核算与征收的营业税，企业在计算交纳企业所得税时是准予作为“税金”扣除的；反观采纳价外核算与征收方法的增值税，却不影响企业所得税的计算。综合起来看，企业所得税将会随着营业税的减少而增加，所以增值税“扩围”后，地方财政减少的是营业税税收，增加的却是包括增值税和企业所得税地方分享比例部分。本书基于2001~2011年我国营业税、企业所得税、增值税收入等历史数据，以中央与地方共享税分享比例为测算依据，具体分析增值税“扩围”后对当年地方财力的影响。

二、“营改增”前后地方政府财力分析

（一）当前地方政府财政现状分析

2005年，我国地方财政支出超出地方本级收入10 000亿元，2012年更是达

到 47 883.47 亿元，占当年地方财政收入的 78.4%（图 4-1），这造成地方政府严重依赖中央对地方的转移支付和税收返还。转移支付和税收返还可以占到地方本级财政收入的 70%以上。而在我国转移支付制度中，虽然国家一直努力加大一般性转移支付，减少和归并专项转移支付，改变专项转移支付对地方财力转移占比过高的问题。但资料显示，近年来专项转移支付占比仍在 50%徘徊（图 4-2）。专项转移支付是中央为了实现特定的宏观目的，附带条件地对地方政府给予财政转移，往往要求地方政府提供与之相配套的财政支出。从某种程度来讲，专项转移支付不仅不能缓解地方财政收支不平衡带来的压力，反而会使地方财政拮据问题严重化。

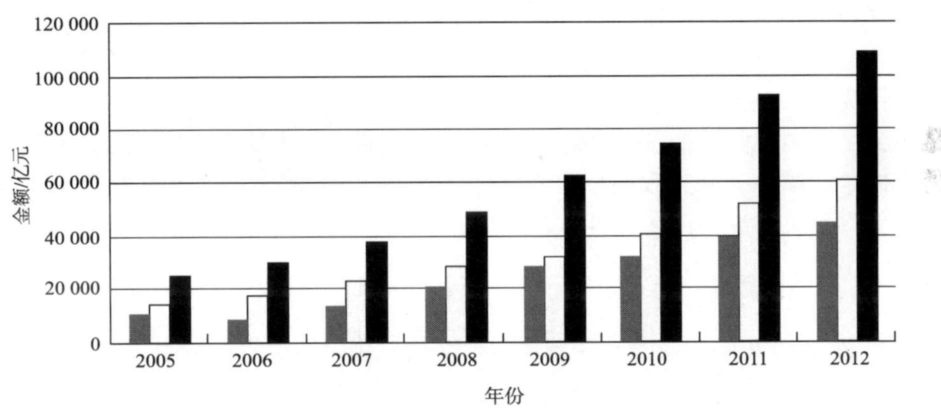

图 4-1　中央对地方转移支付与地方政府本级财政收入与支出

资料来源：《中国财政年鉴》

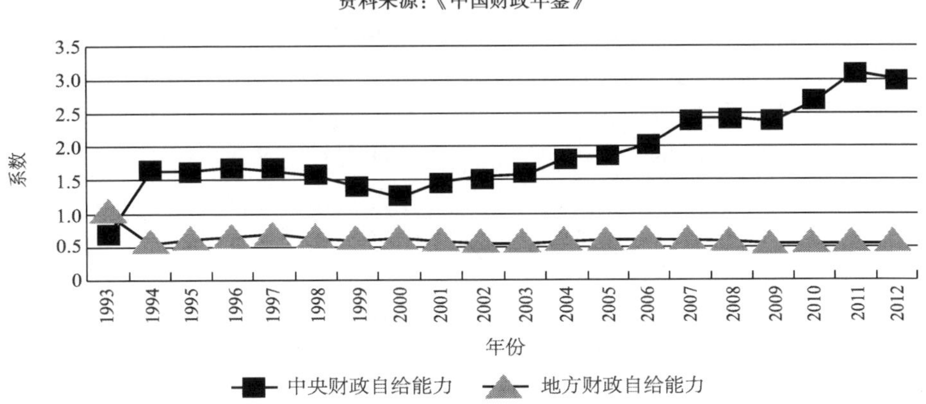

图 4-2　中央与地方财政自给能力系数

财政自给能力系数=财政本级收入/财政本级支出

资料来源：据《中国财政年鉴》整理计算得到

从图 4-2 可以看出，1993 年中央政府和地方政府的财政自给能力①还分别在 1.0 上下，呈中央低、地方高的格局。但自 1994 年我国分税制改革以后，中央财政自给能力则逐渐上升到 1.7 左右，并有进一步上升趋势。地方财政自给能力则陡然下降到 0.5 左右，减少到分税制改革前的二分之一。这严重影响了地方政府经济、社会职能的发挥。

从我国目前的经济水平与政治制度来看，财权集中在中央有利于国家对经济进行宏观调控，防止地区间经济发展水平差距过大。但相比于中央政府，地方政府更加了解辖区居民偏好和公共物品需求，能够更好地满足本地公共服务需要。我国目前地方政府的财政自给能力较差的现实情况，很大程度上制约着地方政府为辖区居民提供优质的服务及其偏好的公共产品的能力。以 2011 年为例，地方政府用在与人民群众生活直接相关的教育、医疗卫生、社会保障与就业等方面的民生支出为 28 248.09 亿元，而当期地方政府本级财政收入为 52 434 亿元，民生支出占到了其财政收入的 53.87%。考虑到地方政府的基本建设支出与行政管理支出短期内难以减少，地方政府想要为辖区居民提供偏好性更强、更优质的公共服务只能依靠中央对地方的一般性转移支出。

（二）“营改增”后地方财力损失分析

根据 2015 年的税收统计资料，在我国地方政府的财力构成中，营业税算是地方税收收入中的主体税种，占到地方税收收入的 40%左右，占比是排名第二的增值税分享收入的近两倍。但由于我国分税制改革“先天”条件的影响，地方政府财政收入自 1995 年以后一直处于拮据状态。营业税并没能成为地方财政收入的“顶梁柱”。近年来，随着房地产市场的兴起，土地出让收入逐渐成为弥补地方财政收入缺口的“救命草”，形成我国特有的“土地财政”现象。值得注意的是，土地出让收入具有极大的不确定性，如 2010 年，我国的土地出让收入达到 2.7 万亿元，占到当年地方财政收入的 67%。而 2012 年，土地出让收入为 2.69 万亿元，仅占当年地方财政收入的 31%。土地出让收入的大幅波动，决定了“土地财政”并非解决地方财政困境的长久之策。反观营业税，其占地方财政收入比重一直稳定在 15%左右。这种状况一方面反映出营业税符合 Ter-Minassia（1997）提出的划分给地方政府税种应满足的“税收收入相对稳定”标准，另一方面，作为地方财政主要收入来源之一，营业税仍然是地方政府履行其职能的重要财力支撑（表4-1）。

① 财政自给能力是指一级政府不依靠上级政府或同级政府援助独立筹措资金的能力，一般用财政自给能力系数来表示一级政府财政自给能力的强弱，系数越大，代表财政自给能力越强。

表 4-1　我国营业税收入情况

年份	地方营业税收入/亿元	地方税收收入/亿元	地方营业税占地方税收收入比重/%	地方财政收入/亿元	地方营业税占地方财政收入比重/%
2001	1 849.10	4 716.30	39.21	13 134.60	14.08
2002	2 295.00	5 308.70	43.23	15 281.50	15.02
2003	2 767.60	6 303.60	43.90	17 229.90	16.06
2004	3 471.00	7 863.70	44.14	20 592.80	16.86
2005	4 102.80	9 531.30	43.05	25 154.30	16.31
2006	4 968.20	11 448.30	43.40	30 431.30	16.33
2007	6 379.50	15 026.70	42.45	38 339.30	16.64
2008	7 394.30	28 649.79	25.81	49 248.50	15.01
2009	8 864.90	26 157.44	33.89	61 044.10	14.52
2010	11 004.60	32 701.49	33.65	73 884.40	14.89
2011	13 504.40	41 106.74	32.85	92 733.70	14.56
平均值	6 054.67	17 164.91	38.69	39 734.04	15.48

资料来源：国家统计局

按照我国中央与地方税收现行划分原则，除铁道部、各银行总行、各保险总公司集中交纳的部分归中央政府外，其余部分一律归地方所有。增值税收入的 75%归中央所有，25%归地方所有。企业所得税方面，铁道部、各银行总行及海洋石油企业交纳的部分归中央政府，其余部分 60%归中央所有，40%归地方所有。改革须以保证地方财政利益为前提和原则，才能保证“扩围”在地方层面的顺利推进。所以，在增值税“扩围”全面实施之前，测算出增值税“扩围”对地方财力的影响则是推进营改增的重要根基。

我们以 2001~2011 年数据为基础，并考虑到 2001~2011 年增值税“扩围”方案的进展，按照现行中央与地方共享税划分比例，对地方政府的财力损失情况做了具体测算。

首先，我们采用以下方法计算了地方财政收入绝对额的减少额：

$$\text{地方财政收入减少额}=\text{地方营业税收入}-\text{地方增值税收入增加额}-\text{地方企业所得税收入增加额}$$

其中，

$$\text{地方增值税收入增加额}=\text{地方营业税收入}\times 25\%$$

$$\text{地方企业所得税收入增加额}=\text{地方增值税收入增加额}\times 40\%$$

然后，以绝对额的减少数据为基础，计算营改增对地方财税收入相对规模的影响，即

$$\text{减少额占地方税收收入比重}=\text{地方财政收入减少额}\div\text{地方税收收入}$$

减少额占地方财政收入比重=地方财政收入减少额÷地方财政收入

通过计算，由表 4-2 可知，增值税“扩围”后，地方财政收入减少额可占到地方原营业税收入的 65%。平均来看，可占地方原税收收入的 25.15%，可占地方财政收入的 10.06%。考虑我国产业结构调整方向，服务业的发展速度明显会快于工业的发展速度，换言之，营业税的税收收入增长速度要快于增值税的增长速度。相比以历史数据测算出的结果，“营改增”对未来地方财政造成的损失将更大。

表 4-2 “营改增”后地方财力损失测算

年份	原地方营业税收入/亿元	地方增值税收入增加额/亿元	地方企业所得税收入增加额/亿元	地方财政收入减少额/亿元	减少额占地方税收收入比重/%	减少额占地方财政收入比重/%
2001	1 849.10	462.30	184.90	1 201.90	25.48	9.15
2002	2 295.00	573.80	229.50	1 491.80	28.10	9.76
2003	2 767.60	691.90	276.80	1 798.90	28.54	10.44
2004	3 471.00	867.70	347.10	2 256.10	28.69	10.96
2005	4 102.80	1 025.70	410.30	2 666.80	27.98	10.60
2006	4 968.20	1 242.00	496.80	3 229.30	28.21	10.61
2007	6 379.50	1 594.90	638.00	4 146.70	27.60	10.82
2008	7 394.30	1 848.60	739.40	4 806.30	16.78	9.76
2009	8 864.90	2 216.20	886.50	5 762.20	22.03	9.44
2010	11 004.60	2 751.10	1 100.50	7 153.00	21.87	9.68
2011	13 504.40	3 376.10	1 350.40	8 777.90	21.35	9.47
平均值	6 054.67	1 513.67	605.47	3 935.53	25.15	10.06

资料来源：国家统计局

需要指出的是，上述分析是将地方财政作为一个整体来看待的，并未考虑不同地方政府之间的差异化。事实上，在不同的地方政府辖区内，由于经济发展水平和经济结构存在着很大的不同，有些地方以工业作为税源的主要产业，有些地方则以服务业作为税源的主要产业，因此，“营改增”的减收情况在不同的地方财政上亦会有不同的反映。本书未对此做进一步分析。

三、解决地方财政困境的思考

“营改增”是我国税制建设上优化税收和经济协调发展的一个重要步骤，也是税收制度的一次自我完善。为顺利推进此项改革，提高地方政府对改革进程的支持力度，有必要慎重考虑地方财政与中央财政共享改革的成果，让地方获得稳定可靠的财政收入。

（一）提高地方政府共享税比例

短期而言，地方政府在损失 10%的财政收入后，仅凭自身很难再获得如此大比重的财政收入。而除了依靠中央对地方的转移支付以外，提高地方政府共享税所占比例具有明显的可行性。自分税制改革以来，中央财政的自给能力不断提高，财政收入相对比较充足。再加上此次“营改增”税制调整，中央政府的财力将更加富裕，有能力补足地方政府在此次改革中的财力损失。笔者测算地方共享税比重提高到 45%即可以弥补地方政府的财政缺口（表 4-3）。

表 4-3　增值税“扩围”后地方财力损失占增值税比重

年份	原增值税收入/亿元	原营业税收入/亿元	“扩围”后增值税收入/亿元	改革后地方财政减少额/亿元	减少额占增值税比重/%
2001	5 357.13	1 849.10	7 206.23	1 201.90	17
2002	6 178.39	2 295.00	8 473.42	1 491.80	18
2003	7 236.54	2 767.60	10 004.10	1 798.90	18
2004	9 017.94	3 471.00	12 488.92	2 256.10	18
2005	10 792.11	4 102.80	14 894.93	2 666.80	18
2006	12 784.81	4 968.20	17 752.98	3 229.30	18
2007	15 470.23	6 379.50	21 849.74	4 146.70	19
2008	17 996.94	7 394.30	25 391.23	4 806.30	19
2009	18 481.22	8 864.90	27 346.10	5 762.20	21
2010	21 093.48	11 004.60	32 098.05	7 153.00	22
2011	24 266.63	13 504.40	37 771.07	8 777.90	23
平均值	13 515.95	6 054.67	19 570.62	3 935.53	20

资料来源：根据国家统计局数据整理计算得到

（二）优化对地方转移支付结构

即使我国没有实施“营改增”的税制改革，政府间财权与事权不清晰，财力与事权不匹配也是财政体制急需解决的问题。我国增值税“扩围”完成以后，政府间财力、事权矛盾将被提升到更加凸显的位置。近期来看，完善转移支付制度、优化中央对地方转移支付结构将是解决地方因“营改增”造成财力损失的首选对策。我国目前专项转移支付大于一般转移支付的不合理结构，一定程度上会加重地方财政压力，借此改革之机，加大一般转移支付力度，不仅可以弥补因“营改增”造成的地方财力缺口，更是完善我国转移支付制度的题中之意。此外，由于各地区的产业结构、经济发展水平不同，增值税“扩围”对各地方财力的影响差异相当悬殊。例如，北京、海南、西藏等地区的营业税比重可占到其增值税、营业税收入之和的 80%左右。而黑龙江、山西两省份的相应比例只有 40%。在进行转移支付弥补地区财力缺口时，应根据各地区具体的财力损失情况进行弥补。

（三）加快重构地方主体税种步伐

营业税被增值税取代之后，地方更加缺乏能够保证财政收入的主体税种。长期来看，想要保证地方财政收入来源的稳定性，必须加快重构地方主体税种的步伐。根据国际经验与我国经济发展水平，可以建立以财产税与资源税为主体的地方税体系。在经济发达地区，地方政府对当地居民征收财产税来补充地方财政缺口。在经济欠发达但资源丰富地区，通过资源税改革保证地方收入来源的稳定。在经济欠发达又没有资源的地区，则可以通过完善中央转移支付和横向转移支付制度来促进当地经济发展，进而弥补"扩围"后地方财力损失。如此一来，地方在增值税"扩围"后的财力损失情况在长期内也得到了解决。

第六节　开征物业税的利益影响与制度设计

对房地产课税是各国财产税体系的重要组成部分，也是地方税的主要来源。在我国的税收制度中，从新中国成立伊始就设置了对房地产征收的税种，但是，由于国营企业产权制度的特殊性，以及个人家庭房地产积累能力的限制，在很长时间内房地产税收局限在非常狭小的空间内。1984 年利改税完成后，房产税、土地使用税及房地产税的并立存在，使房地产课税地位有了显著提高，但是，对个人居住的房产仍然没有纳入征税范围。20 世纪 90 年代，我国的居民收入和家庭财产在数量上和结构上都发生了很大变化，房地产是否要征收财产税问题随之被提上议程。从 2000 年开始，理论界就提出了在我国将房地产税改成物业税的主张，2003 年该项主张得到党中央的认可，被写入当年发布的《关于完善社会主义市场经济体制若干问题的决定》之中，财政部和国家税务总局为此进行了改革的前期准备工作。在此期间，笔者假定以物业税制度实施为前提，对有可能引起的相关利益变动，以及制度主要内容的设计进行了分析。

一、物业税对不同利益主体的影响

（一）从政府角度看物业税

物业税是财产税的一种改革，也是政府实现增税减费或税费统一的改革，是在房产税和土地使用税的基础上建立的新税种。对政府而言，开征物业税将有利于拓宽税源，使政府从土地上获取的收益稳定化，扩大财政收入，虽然也会有一些新的问题，但总体利大于弊。

1.开征物业税给政府带来的好处

（1）开征物业税，能进一步规范并有效地均衡甚至增加国家税收。我国现行的房产税仅是针对经营性质的房屋设计的，不仅征收面过窄，而且容易导致个别方面负担过重。政府一次性将土地的50~70年的使用权批租出去，虽然获得了巨额收入，但却失去了一个稳定的税源。如果将来土地升值，政府也不可能获得补偿。新物业税开征，不仅能有效均衡各方税负，而且也能大大拓宽税收征收面，增加国家税收。实施物业税，均衡了政府长期财政收入，不论是哪届政府出让的土地使用权，把开发环节所产生的税费在一定期限内分摊，每届政府都有了一笔稳定的收入。而这笔财政收入是在计划内的，有利于政府工作的承上启下。根据国际惯例，征收不动产的物业税，需要有关部门定期对房地产市场价格进行评估，每年按照评估价值对房地产所有者征税，因此，税收会随房产的升值而提高。政府财政收入与土地、房产价值直接挂钩，促使地方政府改变其短期行为，更加关心投资环境。

（2）有利于深化我国的财政制度改革，建立地方政府财政的主体税种。从宏观经济层面来看，如果物业税成为地方政府的主力税种，将促使政府更加注重基础设施、环境和投资条件，这种影响是积极而深远的。有资料显示，2000年我国财政总支出的65%集中在省以下的地方政府，而20世纪90年代曾经高达80%。但在收入方面，地方政府没有相应的自主权。地方缺少主力税源，导致地方政府偏向于钢铁、汽车等附加值较高的行业，继而造成重复建设。如果能够使物业税成为地方政府的主力税种，就可以为政府带来稳定的税源，最终会推进各地方政府在决策时秉承“对下负责”的态度，从长远利益考虑房地产市场投资环境，保证城市的可持续发展。

另外，征收物业税有利于解决中央和地方政府财产分配不公的问题，从根本上控制地方政府参与房地产开发的利益需求，也可以有效地在中央和地方政府之间进行资源税的重新划分，保证地方政府运行所必需的财政资金。

（3）有利于城市功能分区。从城市发展的远景来看，大城市中功能分区是必然的。分区一方面利于城市规划建设，另一方面能够缓解城市交通压力，提高城市居民整体的生活质量。通过在不同区域实行不同税率的物业税，可以使城市居民在价格信号的诱导下，自动自发地实现功能分区。物业税开征后，其在政府财政，尤其是地方政府财政中的比重会不断增加。为了增加财政收入，政府完全有理由千方百计地改善当地环境，不管是硬环境还是软环境。只有各方面的环境变好了，人们才会在这里居住下去。在当地居住的人越多，物业税就越多，个人所得税也会增加，政府财政收入就会相应增加。以教育为例，当地政府越富裕，改善教育条件的余地就越大；学校好、教学水平高，为了让自己的孩子受到良好教育，人们当然愿意在这里居住；人气上升的一个结果就是房价上升，富人增加，政府税收增加；政府财富增加，就会继续提高教育质量，用更高的薪水，聘请更好的老师，修建更好的学校，于是就会吸引来更多富裕人群，引起地价的进一步上升，再使税收增长，从而形成一种良性循环。物业税的功效也在于此。

（4）物业税可以作为经济杠杆调节贫富差距。房地产行业在国民经济中占据举足轻重的地位，作为资金密集型的行业，也是最易体现贫富差别的行业，因此，房地产领域是税收能够较好地发挥作用的领域之一。通过调整物业税的税率，实行不同的优惠办法，物业税能够发挥转移社会财富的作用。例如，由于自住物业与经营性物业的性质不同，前者是纯支出，而后者是通过房屋出租收取利润，所以，对那些以自住为目的而购买的房屋，不应该征收物业税，而对那些投资性购买的房屋，则应该征收物业税；在征收物业税时，对居住豪宅或拥有多套住房者课以高税，对一般居住者确定一定条件的免征额减少征税，对特别贫穷的家庭、居住劣房者实行免税政策。这样就促使富人平价或低价出售承担高额物业税的多余的房子，穷人有能力购房并住房，缩小贫富差距，有效维护社会稳定。

2.开征物业税给政府带来的问题

（1）如何确定适当的计税依据和制定合理的税率？根据学界讨论的意见，我国拟开征物业税的计税依据和税率并没有固定统一的规定。国际上，征收物业税（或称不动产税）的国家的计税依据各不相同，主要有两种：一种是按评估价值征收；另一种是按市场价值征收。虽然市场价值能够更准确地反映税基的真实面目，但它具有更强的变动性，测定起来比较困难，所以，根据我国具体国情，应倾向以物业的评估价值作为物业税的计税依据，即根据房地产坐落地点、建筑结构、成新度等因素确定的评估价值来征收物业税。但是，以评估价值作为计税依据又可能导致老业主税负明显高于新业主税负，所以在物业税开征初期，对老业主应采取过渡措施，而且开征前需进一步明确和细化评估的尺度和标准。另外，征收物业税是实行统一税率，还是累进税率？税率到底定为多少合适？所制定的税率和税基之间能否相辅相成？要想解决这些问题，有关方面就得本着“宽税基”“低税率”的税改政策和使物业税的总体收入规模与现行的房地产税和房地产开发建设环节收费总体规模基本相当的原则，进一步详细测算，谨慎合理地制定物业税税率。

（2）是否能充分“取富于民、还富于民”？物业税是市场经济发展中的必然趋势，它的实行也应该与市场化的进程相一致，实行物业税应当充分考虑当地的市场化发展程度。税收作为国家财政的一部分，应当取富于民、还富于民，将征收上来的物业税应用到市政建设当中去，应用到改善老百姓居住环境的用途中去。物业税的计征，应该在充分调查市场之后，制定合理的税率，决不能高估老百姓的消费能力，如可以对第一套住房免征物业税等；不能借机向公众变相敛财，加重老百姓的负担，而应当在政策效果上形成鼓励购买房地产的政策导向。

（3）可能阻碍我国的城市化进程。房地产市场是区域性市场，房地产价格受到土地稀缺程度、繁华程度等多种因素制约。虽然建设成本大致相同，但同样面积、结构、档次的商品房可能由于土地价格等因素的不同而有几倍，甚至十几倍的差别。物业税的开征使土地取得成本降低，继而表现为城市市区土地与城市边缘土地的取得成本趋同，市区房价也较之以往更低，相对于偏远郊区来说，市区的繁华和相对完善的配套设施（如教育）对人们具有更大的吸引力，当人们对城市的期待远远超过了对今后“养”房能力的担忧时，就可能导致大量人口涌入城市中心地带，造成城市拥挤，加大政府管理的负担，不利于我国城市化进程。

（二）从房地产开发商及房地产市场角度看物业税

经济学中有一条税收原理：对某一物品征税可能使该物品的市场规模收缩。那么，开征物业税将怎样影响房地产开发商及房地产市场呢?

1. 征收物业税带给房地产开发商和房地产市场的利益

（1）开发成本有望降低，并减少金融风险，短期将获超额利润。目前，我国实行的是“批租”土地使用制度，开发商必须一次性支付相当于目前房价 50%的土地出让金和大部分税费来向政府购买一定期限内的土地使用权。巨大的开发成本一方面加大了开发商的筹资风险，另一方面也以高房价的形式转嫁给了消费者。物业税的开征，将有望改变原有的体制，把开发商为消费者代交的部分税费分期由业主交纳。从而减轻了开发商的筹资压力和相关的利息负担，减少了纳税环节，缩短了开发时间，从而大大降低了开发环节的成本。但是，物业税开征后，房价也不会应声而落。因为地产商不可能将房价一步降到位，而是会通过加强房产的营销，提升房产的附加价值等方式维持房价，所以短期内还将获得超额利润，之后，再通过买卖双方的博弈，逐步降低价格。

（2）有利于限制投机行为，规范房地产市场。首先，征收物业税可以从消费环节抑制需求。在我国的城市发展中，已经出现了房地产投资过热的现象，一些城市居民购买房产并不是为了生活消费，而是为了进行投资。曾经出现的浙江温州炒房团，从一个侧面说明房地产市场已经发展到新的阶段，以消费型为主的购房行为已经逐渐地被投资性的购房行为所替代。在这种情况下，国家鼓励房地产开发的一系列制度都应该调整。具体到税收制度方面，国家应该对占用土地资源而进行的房产投资活动征收特别的资源税。其次，征收物业税可以有效地遏制开发商的投资冲动。当商品房交易市场过于理性化的时候，开发商必定会对商品房的建设规模有一个合理的计算，他们不会轻易接受地方政府提出的开发项目，将自己的资本集中投入到城市房地产开发中去。

（3）有利于规范房地产税收制度。房地产业税种繁杂、一些税种计税依据不合理、重复税收等问题一直是公认的事实，在某种程度上制约了我国房地产业的发展。例如，目前土地出让金作为土地价格和房屋价格中的一部分，就被作为税基重复征税，开发商在土地一级或二级市场取得一定年限的土地使用权时，出让金就被作为基数交纳 5.5%的营业税和 3%~5%的契税，当房屋建成销售时出让金再次作为基数交纳 5.5%的营业税和相应的契税。此外，土地出让金在房产税中也起到基数扩大的作用。拟定的物业税基本框架是将土地出让金改在物业保有阶段并入物业税分期征收，就可以将开发商向政府支付的土地出让金从税基中扣除，从而避免重复征税。

2. 征收物业税引起的新问题

（1）可能导致房地产商的过度开发，造成城市建设资金短缺问题。实行土地转让金征收制度以来，一次性收取的土地出让金和城市配套建设费成为政府进行城市建设的强大资金保障。若改为由物业保有期分期按 1/50 或 1/70 收取物业税，政府的财政收入势必大幅减少。如果遇到房地产业不景气，政府所收取的物业税也难免随着物业评估价值的下降而减少。这都会使政府改善公共服务和城市基础设施的能力受到很大影响。如何保证政府现行的开支和建设资金的需要也是有关部门要认真研究和考虑的问题。

（2）“二手房”市场必然受到打压。近年来，一些政府重新进行城市总体规划、加大拆迁力度，对拆迁户实行货币化补偿，在很大程度上带动了二手房的交易。例如，天津市政府对海河两岸进行统一规划，促进了天津市的二手房价格的攀升，顺驰置业提供的统计数据显示：在 2004 年，天津市内六区二手房平均价格从 2 736 元/平方米，直线上涨到 3 397 元/平方米，全市平均涨幅约为 24%。但是，物业税的开征可能会引导广大拆迁户更加关注新建商品房。因为，开征物业税后推出的一手房价格可能比二手房价格要低，虽然以后每年都要交物业税，但吸引力还是会比二手房大。二手房市场必然会受打击，不利于整个二手房市场的发展。

（三）从居民角度看物业税

物业税几乎关系到每个城市居民的切身利益，因此，物业税的征收应该考虑调控对象的承受能力和社会现实。

1. 开征物业税惠顾于居民

（1）物业税降低了购房者的准入门槛。由于一级市场存在两种税制下的土地，所以，物业税改革的一个必然结果，便是会导致二元价格体系产生。在批租制下获得的土地，房地产的价格构成中包含了土地的全部费用，因此，其不动产的售价也会相对较高。而处于物业税改革之后的不动产出让价格中，只包含土地部分年限的费用，价格相对较低。如果改用物业税的形式分期支付地租和税费，房地产业的税收征收环节后移，可以使现在的房价大幅下降。在现行商品房房价中，大约40%为地价，如果开征物业税，原来要一次性交纳的70年的土地使用费分年支付，初始房价平均将下降40%左右。一套原来需要80万元才能买下的房子，将来可能只要48万元就可以入住，而且对于贷款买房的消费者来说，也可以减少贷款的利息支出。因此，消费者置业的门槛会进一步降低，对于很多中低收入家庭来说，住房梦将变得更容易实现了。

（2）高档住宅的价格有望大幅下降，豪宅将会亲民。首先，从政策层面看，如果开征物业税，房价就升不上去了，也就是说，豪宅的售价将不会有大幅度的上升；其次，物业税开征的初期，会刺激房地产的需求，特别是高档住宅的价格有望下降，导致高端市场销售加快，豪宅将会亲民；最后，开征物业税后，以经营为目的的多处豪宅的拥有者，将在大额物业税的压力下，低价出售部分豪宅。

2. 物业税给居民生活带来的负面影响

（1）开征物业税有可能提高养房的门槛。开发成本的降低必然使消费者购房的门槛降低，但每月负担的费用却增高了，随之而来的问题是："买得起住不起"的情况将大幅增加。开征物业税后，大批本来家庭经济实力不强，只是因为购房"门槛"降低了而购置房屋的消费者，尤其是使用银行贷款的按揭购房者，会有可能像一些租得起办公场所但付不起昂贵物业管理费的公司一样，"买得起住不起"，买下房屋后，付不起后期的银行债务与物业税，从而导致更多的"断供"情况出现，并增大银行个人房贷业务的坏账率，引发新的金融风险。

（2）房地产估价结果可能导致不公正的赋税。国际上就有这方面的例子，应引起我们的注意。以加拿大多伦多为例，近几年房地产价格上涨，而物业税涨得更快。如果业主所属的小区在短期内成交了几个大楼盘，而且涨幅超过8%，就会扭曲统计结果，导致整片小区的房屋估价上涨，不管旧房业主是否能按这个价格卖出去。我国房地产估价体系未建立、配套不完善、市场不规范本身就是一个"麻烦制造源"。其原因包括：估价人员素质不高，往往不注意观察现场；数据收集不全面；对估价报告采用套用形式；技术水平不高，对房地产价值把握不准确。如果按照这样不负责任的评估结果作为物业税的税基，势必导致住房者不公平的赋税。因此，如何合理评估房屋价值从而征收物业税是有关方面面临的一个重要问题。

综上所述，开征物业税虽是大势所趋，但在理论上尚有不少问题需要进一步界定，在实施层面上也需要进一步细化，以求减少税制改革带来的负面震荡，保证我国财政收入的稳定、房地产市场的健康运行和居民住房水平的逐步改善。有必要指出，物业税作为财产税的一种形式，在国际上具有广泛的使用范围。为了最大限度地减少我国财产税制度改革带来的负面影响，促进物业税制度的健康发展，应充分考虑我国国情的特点，合理借鉴国际经验。例如，土地出让金制度与物业税制度的协调问题，税基、税率的设计策略选择问题，财产评估制度的建立和完善问题、相关法律制度的建设问题等，都是需要我们认真加以讨论的重点内容。

二、物业税的制度设计问题

《国务院批转发展改革委关于 2009 年深化经济体制改革工作意见的通知》（国发〔2009〕26 号）明确提出要深化房地产税制改革，研究开征物业税。这意味着，在当时的背景下物业税即将从理论研究层面落实到制度操作层面。而税收负担的设计是物业税制度最为核心的问题，它承载着物业税制度的功能与理念。因此，本部分对该项规划中的税收提出了自己的看法。

（一）物业税具有客观的存在基础

税收是国民收入再分配的工具，它存在的基础在于社会经济运行过程中已经形成了某种稳定的、具有一定规模的财富或收入的形式，即税源。随着我国社会主义市场经济的不断发展，我国居民的个人财产，包括现金、储蓄存款、有价证券、汽车、房产等，正在随着家庭收入水平的不断提高而得到快速的上升。作为财富体系的一种基本形式，房产规模不断扩大，使国家以房产保有量为课税对象征收物业税具备了现实的可行性。

我国原有的房地产税制是以经营性房产作为征税标的物的，个人家庭的自住房产并不在征收范围之内。原因就在于，原有的国家经济制度不允许居民家庭有较多的剩余性收入，城市居民住房往往是以国家福利形式进行分配和租住使用的，居民不具有房屋的产权。而且，在经济改革之前的大部分时间内，人们的居住条件相当简陋。这样的房产状况显然不能承担国家的税收负担。经济体制改革以来，特别是社会主义市场经济体制建立以来，在收入增长的支持下，人们的居住条件发生了深刻的变化。对于富裕阶层来讲，房产已经不再是简单的居住设施，在很大的意义上它正在成为投资的工具，成为货币财富保值增值的一种手段，成为资本市场上用来交易的对象。因此，将居民房产适时纳入征税的范围，是国家税制建设适应居民财富形式变化的需要，有利于新税源的建设，寻求国家财政收入增长的新途径，同时也有利于加强国家税收在财富分配和消费结构方面的调节作用。

（二）决定物业税负担水平的基本因素

1. 征收范围

从税制的公平原则出发，笔者认为，物业税的征收范围应该覆盖全国的所有房产，即不区分城市和农村，不区分普通房产和高档房产，所有在我国境内的房产一律纳入征税范围。这里争议较大的问题是如何对待农民房产。毫无疑问，我国农村经济发展水平与城市之间存在很大距离，而且近年来城乡差别还有进一步扩大的趋势。因此，农村居民家庭的住房条件虽有很大改善，但在很多地区仍处于较低水平。许多农民住上了新房，但建房的资金来源依靠的往往是日常生活的节衣缩食。在这样的情况下，把农民的房产纳入物业税的征收范围，好像难以服人。但是，把农民房产纳入征税范围与实际上是否征税是不同的两个概念。可以通过免税条款的设计，将大部分农民房产的税收负担排除在外。笔者之所以赞成将农民的房产纳入物业税的征收范围，主要基于以下原因：①税制应该具有统一性，同类课税对象应该具有同等的纳税义务。农民的房产和城市的房产在实物形态上没有实质差别，它们都是居民财产的表现形式。②农村的收入水平在不同区域之间和人群之间已经明显分化，农民中的高收入群体并非罕见。随之而来的是高收入群体的住房也趋向高级化，少数农村地区整体住房条件甚至大大超过城市的平均水平。如果对农村居民的房产一律不纳入征税范围，显然有所不公。③农村与城市的结合部难以廓清居民的身份，如果只对城市房产征税，这里的居民房产是划入物业税的范围，还是排除在税收之外，这是税制建设很难处理的边缘问题。如果简单地以户口形式来界定人们的身份，税制将会与客观事实发生很大的背离。

2. 计税依据

一般地说，计税依据是在一个税种的总体征收范围已经确定的前提下，进一步表达税收负担在量上的基本内涵。计税依据是否界限清晰，是否具有完整性、合理性和便于计算性，都会影响到未来税收负担水平的确定。就物业税而言，其计税依据的把握有一点需要特别关注，即计税依据与税收负担能力的相对分离性。物业税的计税依据与纳税人保有的房产面积和价值相联系，从形式上来说，这样的税收毫无疑问要来源于纳税人的房产。然而，房产在其保有期间，虽然也会有价值的贬值或升值，纳税人的名义财产数量在发生变化，从而决定了物业税计税依据和税收负担的相应变化。但是，这种名义房产价值的变化，并不一定与纳税人实际的负税能力相一致。真正意义上的负税能力决定于纳税人在纳税期内有支付能力的实际收入。特别是对于那些自住性房产，无论其房产现行估价有多高，增长幅度有多大，这样的财富价值仅仅是一个货币的符号而已。如果以这样的估值来决定房产拥有者纳税的负担能力，显然是不合适的。在市场经济条件下，作为物业税纳税人的房产拥有者，其房产价值有可能随着某些居住环境的改变得以提升；但同时也可能出现这样的情况，即由于某些因素，作为物业税纳税人有支付能力的实际收入下降，如失业、劳动能力丧失、工资水平下降等。如果是这样，该房产所有者的物业税纳税能力就会不足。因此，单纯从房产的保有价值上确定征税的依据，并不符合公平纳税的原则。

笔者认为，物业税成为大众化的税收，在本质上是个人所得税的一种延伸。对于普通的大众来讲，人们购买住房，在客观上主要是为了改善自己的居住条件，而不是作为投资。因此，计税依据的设计，既要与纳税人的房产估值挂钩，又要与纳税人的实际收入相挂钩。

3. 税率

税率水平是税收负担最直接的体现。关于物业税的税率标准，不同人有不同看法，有人认为是 0.5%，有人认为是 1%，还有人说 0.5%~2%比较合理。笔者认为，税基的宽度，制约着税率的高低。现行的房产税是按照固定标准确定计税依据，而物业税最大的特点就是要按照房地产每年的评估价值征税，两者之间存在很大差异。如果把房产税的税率带入物业税，必然会发生偏差。因此，笔者建议，我国物业税的税率应该在参考国际经验的同时，本着从低和有差别的原则进行设计，这对税制的顺利实施非常必要。

4. 免征范围

物业税是对财产的课税，实质上是对超过一定规模之后的房产征税。但是所谓的一定规模应该如何确定？有人建议，应该以每人 30 平方米的标准作为免征对象。这种意见与国家规定的住房基本标准是一致的，有其合理性。但是，在使用这一标准时，有一个问题不能不给予考虑，即家庭人口的计算。例如，同城乡之间房产在很多情况下已经难以简单界定一样，家庭人口也存在着模糊的现象。从这个角度看，物业税制的确定，还需要与人口的管理制度进行协调。与此相类似的还有农村居民进入城镇购房的纳税人，他们虽然拥有城市的房产，但生活的地点可能具有很大流动性，按什么标准确定这些住房的免征份额，也是一个值得考虑的问题。

此外，在达到居住标准的房产里面，还存在着楼房与平房、新建房与旧房之间，以及同样是新房或旧房但地理位置不同的区别，如果按照统一的居住面积划分免征房产份额，势必引起较大的不公平问题。建议物业税的重点应集中在新建楼房和高档房的范围，避免因为过大的征税范围而导致税制的过于复杂，降低税收效率。

三、如何看待物业税方案胎死腹中

由于物业税涉及房地产所有权的确立，但在我国的经济管理体制下，土地所有权是不能归属于私人的。同时，物业税与土地出让金存在着重叠关系，在不取消土地出让金的情况下，再行征收物业税，会加重房屋所有人的经济负担，也难以从法理上解释清楚税收形成的依据。此外，我国的房地产市场不断上涨的泡沫引起了普通民众的强烈不满，也给金融体系的安全和经济结构调整带来了难题。这些问题的存在，最终导致我国的物业税制度未能成为现实。这一改革方案设计的夭折应该引起理论界和政府的深刻反思。实际上，不仅是物业税，也不仅是税收的改革，其他任何重大改革措施的出台都需要经过理性而充分的论证，不能为简单地追求形式上的创新而操之过急。目前，为停止实行物业税制度而试图采取的房产税替代方案仍然处于激烈的争论中。对于这两个相似的税种如何进行有说服力的解释，还需要在理论界能够拿出比较一致认可的意见和建议，以便为全国人大和中央政府的决策提供有力的支持。

第五章　宏观财政政策决策与运行分析

第一节　摆脱我国财政困境的税收对策

1984 年利改税完成后，企业生产经营与国家财政的联系逐渐转向以税收为主的渠道上来，这使税收在我国财政收入中的地位大幅度提升。但是，利改税对企业税负具有明显的调减倾向，同时，纳税人的税收法律意识总体还比较淡漠，从企业到个人存在着较大面积的偷税漏税行为，加之地方政府常常越权减免，截留中央政府的收入，导致国家财政收入，特别是中央政府的财政收入未能随着经济的增长而正常增长，财政收入占 GDP 的比重明显下降。但是，处于经济改革开放进程中的宏观经济形势对财政的依赖性并未减少，反而对其提出了更大的要求。为此，本节站在当时的经济形势和政策背景下，从调整税收政策、加强税收管理角度，对缓解财政困难阐述了自己的看法。

一、财政困境是现实经济和财政矛盾的反映

自从我国实行对内改革、对外开放的经济政策以来，原有的封闭的产品经济运行模式逐渐开始为开放的有计划的商品经济运行模式所取代，我国的国民经济活力日益增强，无论是生产建设还是人民生活，都取得了为世人所瞩目的巨大进步。虽然在此期间受到通货膨胀、经济发展过热的冲击，经济发展表现出明显的甚至严重的不稳定性，但经过党中央、国务院及时采取治理整顿的措施，局面已经开始向好的方面转化。各项统计指标表明，工农业生产正在回升，市场趋于正常，通货膨胀得到了有效抑制，这就为我国进一步深化改革奠定了有力的基础。但是，我们必须清醒地看到，经济生活中还存在大量急待解决的矛盾，需要我们在深化改革的进程中给予高度重视，并积极寻求解决的途径。

在当时的诸种矛盾中，国家财政严重的收支不平衡状况，可以说是最尖锐的矛盾之一。1979~1988 年的十年中，财政几乎连年出现赤字，硬赤字总额达 648 亿元。财政收入占国民收入的比重大幅度下降，1978 年这一比重为 37.2%，1980 年下降到 28.3%，1988 年降到 19.2%。1986 ~ 1989 年，财政赤字仍然居高不下，每年赤字数额都达 70 多亿元。特别是在中央财政方面，相对而言，困难更大。1989 年，中央财政收入占全国财政收入的比重已由 1986 年的 60%下降到 45.2%。由于

财政资金供求紧张，财政的职能作用受到严重削弱，给国家的宏观调控带来了极大的困难。无论是在抑制社会总需求膨胀、控制通货膨胀方面，还是在增加农业、交通、能源原材料工业及科研、教育部门的投入方面，都显得力不从心。国家的一些重大改革措施被迫推迟出台。例如，脑体倒挂、农产品和部分原材料及铁路运输、原油、电力价格偏低，部分工业品比价不合理等亟须解决的问题，因国家财政资金紧缺，都难以及时解决。

财政陷入如此严重的困境，是由多种原因造成的。从财政收入方面来说，首先，国民经济发展的失衡运行，导致了企业经济效益停滞下降，亏损增加，因此，给财政造成了不规则的超负荷压力和平衡困难；其次，以放权让利为导向的倾斜分配政策，造成了国民收入分配格局的失控，财政收入萎缩。仅从实行承包制以来的情况看，企业上交国家的利润下滑程度之大就令人吃惊。1987 年国营企业收入缴库数为 235.16 亿元，比承包前 1986 年的收入减少 91.2 亿元，占实现利润的比重由 1986 年的 34.6%下降到 25.1%；1988 年国营企业利润缴库数只有 179.72 亿元，占实现利润总额的 15.9%，1988 年与 1986 年相比，利润入库数减少 146.64 亿元，入库利润占实现利润比重下降了 18.7 百分点。自 1978 年改革开放 11 年以来，财政收入占国民收入的比重下降了 16.5 百分点，预算外资金却由 1978 年的 347 亿元增加到 1989 年的 2 659 亿元，增长了 6.7 倍，最后，分配领域缺少健全的法律，造成财政收入的大量流失。这不仅包括企业偷税漏税，地方、部门擅自越权减免税的问题，而且也包括社会上存在名目繁多的集资、摊派、收费、罚款等问题。从财政支出方面来说，主要有两个因素刺激着支出规模的一再膨胀。一是财政负担的价格补贴和企业亏损补贴包袱沉重。从价格补贴看，1978 年国家财政支付的各种价格补贴只有 11.14 亿元，1989 年达到 373.55 亿元，增长了 32.53 倍，而同期财政收入仅增长 1.5 倍，从企业亏损补贴看，1978 年国营企业亏损补贴只有 124.85 亿元，1989 年增加到 598.88 亿元，增长了 3.8 倍，也大大超过了财政收入 1.5 倍的增长规模。二是行政事业经费的支出增长过多过快。党的十一届三中全会以后，随着改革的深入和经济建设的发展，国家行政管理逐步加强，各项事业蓬勃发展。但由此也一度引起了事业机构设置过多甚至过滥，机关事业单位人员增长过快，财政负担的有关经费拨款支出一再膨胀的弊端。仅从行政管理费支出看，1989 年的行政管理费支出达 261.8 亿元，占当年财政总支出的 8.61%。在某些地区甚至发展到行政管理费支出一项就超出全部财政收入总和的不正常现象。

二、从强化税收分配入手化解财政困境的方略

毫无疑问，财政困难既然是多种因素综合作用的结果，要解决财政困难，也

就必须采取综合治理的办法。但是，税收作为财政收入的一项主要来源，作为财政支出的基本保证，有理由对其作用给予更多的关注。基于这种认识，笔者围绕增强税收收入效应问题提出以下几点对策意见。

（1）要正确认识税收与经济的关系，搞好促产增收，这是实现税收财政职能，解决财政困难的关键措施。税收的基本职能是为国家筹集财政收入，因此，要使税收为解决国家财政困难出力，需要强化其财政职能。但是，马克思主义经济学的原理告诉我们，税收的基础是经济。税收作为社会再生产分配环节的一个组成部分，其分配对象只能是生产过程中创造出来的社会产品价值。只有生产发展了，流通扩大了，税收的源泉才会稳定和增长。经济发展的规模和增长速度决定了税收的规模和增长速度，经济的结构决定着税源的结构，经济的运行是否正常，决定着税收的实现是否正常。离开了经济的发展，税收就成了无源之水，无本之木。毛泽东同志早在全国解放以前就曾经指出："财政政策的好坏固然可以影响经济，但是决定财政的却是经济。未有经济无基础而可以解决财政困难的，未有经济不发展而可以使财政充裕的。"（毛泽东，1966）因此，税收工作是就税收论税收，还是围绕经济发展来开展，这是从根本上决定税收财政职能作用能否充分发挥的一个重要问题。

要围绕经济开展税收工作，并不是说要等经济发展了再去征税，单纯被动地组织税收收入，而是要求税务部门要在工作中明确地树立从经济到税收的观点，并把这一指导思想贯穿到税收政策的制定及整个征收管理活动的始终。既不搞"竭泽而渔""杀鸡取卵"，又要自觉地、经常地面向企业，扎扎实实地开展促产增收活动。税收作为一种分配手段，是国家调节国民经济发展的重要杠杆。税收工作中坚持服务与监督并重，促产与征管同抓，就一定能够保护税源、涵养税源，在经济发展的基础上保证税收的稳定增长，使税收的聚财能力越来越大。

应当指出，在税收工作中强调促产增收，决不意味着可以不顾国家税收法律的约束，任意放宽对纳税人的征税，促产不是单纯的减税免税。搞好促产增收，要善于发挥税收工作接触面广、信息灵通和税务干部熟悉税收政策、懂财务、善管理、精于核算等优势，为企业生产经营出主意、想办法、当参谋，开展全方位、多层次、多手段的促产。当然，减税免税也是促产的一个重要手段，它可以对企业形成事实上的资金支持。但是，减免税具有很强的政策性，特别关系到国家财政的承受能力，关系到税收负担的公平与否，因此，必须认真对待。当前，企业经济效益不高，经济结构不合理，是经济发展受阻的一个主要问题，也是制约财政收入增长的一个主要原因。调整结构、发展生产、扩大销售、提高效益，是解决当前经济困难的根本出路，也是解决税收困难的根本出路。税务部门必须在国家现有的政策范围内，将政策用足用活，主动帮助企业调整产品结构、开拓市场、减少积压、搞活资金、增收节支、提高效益、扭转困难局面，使企业尽快走上健康发展的轨道。

（2）改革和完善税制，建立一个适应国家财政需要和纳税人承受能力的税收体系，是实现税收财政职能的基础措施。进入社会主义建设新时期以来，我国在税制改革方面已经做了相当大的努力，特别是 1983 年和 1984 年的两步税制改革，扩展了税种，增强了税收的适应能力，建立了一个多种税、多环节、多次征的复合税制体系。但由于经济体制改革不断深入，制约税制的因素都在发生新的变化，因此，难免使税制的适应能力弱化，暴露出自身的一些不足，客观上要求继续深化其改革。面对国家财政困难，税制的改革与完善必须坚持正确处理国家利益、企业利益和个人利益之间关系的原则，在保证税收经济杠杆功能得到重视的同时，做到国家财政增收，企业和个人利益也可得到必要的维护。现在的难点是，一些人虽然承认国家财政的困难，但又认为企业留利也不多，负担很重，再要企业多纳税是不现实的。所以，还是应从控制财政支出方面解决问题，包括砍掉财政承担的一部分生产性支出在内。笔者不同意这种意见。如前文述，控制财政支出的膨胀，尤其是财政补贴和行政经费的支出膨胀，是非常必要的。但是，对于财政的生产性支出是否也要砍掉呢？我们知道，我国的经济是在公有制为基础的社会主义经济，国家不仅具有一般的政治职能和社会管理职能，而且还具有组织领导社会再生产的特殊的经济职能。为了实现对国民经济有计划的组织与领导，客观上要求国家必须掌握足够的财力，要求财政成为生产建设型财政。随着放权让利的进行，企业预算外资金增长迅速，生产活力普遍增强，但经济结构却日益失调。相当一批企业为了追求眼前利益，不顾国家政策指导，纷纷把资金投向了短平快项目，而基础工业则受到资金投入不足的严重困扰，致使现有生产能力无法充分发挥，造成巨大的损失浪费。因此，要求砍掉财政生产性支出的观点是有害于经济发展的。既然财政支出的缩减是有限性的，那么增加财政收入是否可能呢？回答是肯定的。因为在当时的条件下，集中财力并不是必然要增加企业的负担。国家财力的分散虽然和企业留利增加过多直接相关，但更与财政收入的流失有关。如能将这部分资金纳入预算，不仅不会增加企业的负担，反而会为企业发展生产创造更加优越的外部环境。同时，也应看到，在既定的条件下，并不是没有任何新的税源可控，对于能够形成的现实税源根本不予考虑，或不准考虑，必将给税制的建设和税收收入的增长以至整个国民经济的发展带来消极的影响。

根据上述看法，笔者认为在当时的背景下，一些税制的改革与完善具有重要意义。

第一，在国营企业积极推行税利分流的改革。税利分流是针对国营企业税利合一的弊病提出的一项深化经济改革的重要措施，目的是理顺国家和国营企业的分配关系，在正确区分国家职能和所有者职能的基础上，把国营企业所得税和税后利润分配相互分开，按照国家征税、税后利润归所有者和经营者的原则，处理国家与国营企业的分配关系；制定统一的企业所得税法，使各种经济成分在平等纳税的基础上，进行自主经营和平等竞争。其好处在于，通过理顺国家与国营企业的分配关系，可以增强国营企业的活力，扩大财源。同时，也有助于整顿混乱的分配秩序，用规范的财政手段代替非规范的收入措施和社会摊派，并为建立统一的分税制基础上的分级预算制度创造条件。

实行税利分流的改革，具体来说有三个方面的内容：一是要降低国营企业所得税税率，改税前还贷为税后还贷。根据1999年的有关统计资料，国家财政因税前还贷每年减少财政收入达 100 亿元。1988 年底，全国固定资产贷款余额已达1 555亿元，不少企业新增利润的80%，甚至100%用于还贷，是造成国家财政减收的重要因素。因此，消除以税还贷对财政收入的侵蚀，是推行税利分流的一个重要前提。二是要改税前承包为税后承包。这样做一方面有利于强化税收的宏观调控职能，发挥所得税对经济涨落实行逆向调节的内在稳定器作用；另一方面，有助于克服承包办法相对包死上交国家部分的缺陷，打破财政收入的封闭状态，恢复财政收入与经济增长的内在联系，使财政收入随国民收入增长而增长。三是要改税利合一为税利分流。国家凭借政治权力对国营企业征收所得税，同时，凭借生产资料所有权，参与国营企业的税后利润分配，确保财政收入的稳定增长和国有资产的保值与增值。并在这个基础上，分两步统一所得税制度，硬化所得税法，恢复所得税的本来面目。根据财政部批准的全国各地试点经验看，税利分流的改革正在健康发展，改革已初见成效。最有说服力的一点就是，通过税利分流发挥了税收的弹性功能，兼顾了国家和企业利益，保证了财政收入的稳定增长和企业发展的后劲。例如，重庆市工业试点企业，1988 年和 1987 年相比，工业总产值增长13.5%，销售收入增长23.3%，销售税金增长17.4%，实现利润增长55.9%，应上交所得税和利润增长61.1%，实现了产值、销售收入、销售税金、实现利润、上交所得税和利润同步增长。又如，益阳市25户试点企业，在1986～1987年两年内实现利润比试点前的实现利润平均增长 13.4%，企业纯留利平均增长 15.7%（项镜泉和杨良初，1991）。因此，为了使税利分流的改革得以顺利进行，需要大力增强有关方面的宣传工作，使人们了解税利分流，统一思想，形成共识，尤其是要使企业从思想上解决问题。鉴于当时税利分流的条件尚未完全成熟，建议应在试点基础上逐步创造条件。在试点方案的制订上，不应强求一律，可以多提出几种方案，以比较其优劣，使最终选定方案更具可行性。

第二，改革流转税制。为适应税制改革进程的要求，其重点应放到完善及扩展增值税方面。我国自20世纪80年代初期开始试行增值税，在1984年第二步利改税中正式制定了增值税条例，经过几年的实践，又在征收范围和征收方法上进行了新的调整。增值税已经成为我国流转税体系中的重要角色。但根据经济发展的需要来看，仍有继续调整的必要。一方面要扩展增值税的征收范围，使其推广到全部工业生产领域。我国的增值税自 1987 年以后，将其征收范围扩展到工业生产领域的大部分加工产品和少部分生产资料，其余产品仍然按产品税征收，工业环节重复征税的矛盾还没有完全消除。这种状况不仅不利于充分发挥增值税在经济发展中的普遍调节作用，而且也不利于保证财政收入在经济发展的基础上持续稳定增长。为消除这种税收制度的现存矛盾，从长远来说，应在生产流通全过程实行单一的增值税制度，但不宜过分扩展，可以考虑先推广到全部工业生产领域，并结合进行税率的简并调整。在此基础上，建立起增值税与消费税分层调节的模式，取代产品税和增值税分块调节的模式。另一方面，要坚决实行价外税制度。自从法国 1954 年创立增值税以来，国外实行增值税已有几十年，实践表明，这个税制是比较简便的。但在我国，由于存在一些历史的和客观的原因，增值税的征收不仅范围窄，制度也不规范，这尤其表现在计税价格上，就像产品税以价内税的形式规定下来一样。这实际上掩盖了流转税款是由消费者负担的间接税性质，造成税款由企业负担的假象。近年来，申请减免税的企业很多，不能不说这与人们对价内税产生的误解有关。因此，要适时地把增值税的价内计税改为价外计税，实行税款与价格的分流。实行这种办法，可以鲜明地体现流转税的间接税性质，清楚地表明税款的实际负担者并不是企业，而是消费者。同时，企业的销售价格只反映企业的成本和利润，税利不再直接发生彼此增减的联系。从而使企业眼睛向内寻找生产经营困难的原因所在，减少对国家减免税的依赖性。

第三，扩大开征各种资源税。1984 年，我国决定开征资源税，其法定征收范围包括煤炭、原油、天然气、金属矿产品和非金属矿产品五种，但由于后两种规定暂缓征税，实际征收范围只限于前三种资源。这个范围一直维持到 1989 年，现在，按商品经济发展的要求来观察，显然过于狭窄。这不仅难以平衡不同资源产品和开采资源企业的税收负担，而且限制了国家财政收入的来源。资源非常广泛，不可能将所有资源统统纳入征税范围，可以考虑先将金属矿产品和非金属矿产品纳入实际征收范围，并在条件成熟时，考虑对水资源、土地资源、森林资源等逐步开征资源税。

第四，调整个人收入调节税。随着我国分配制度的改革，居民个人的收入水平有了明显的变化，特别是一部分人的收入结构正在向多元化发展，工资收入等规范性收入来源所占比例下降，奖金、补贴、创收等非规范性收入的来源所占比例越来越高。因此，个人收入调节税理应在税收体系中增强其地位。但个人收入调节税的综合收入部分起点过高，造成税基狭窄，适应性不强的状况。同时，目前在如何准确掌握居民个人的各项收入来源的方法上，也缺乏必要的研究和制度建设。为了发挥个人收入调节税在调节个人收入水平，缓解个人收入分配不公的矛盾，增加国家财政收入等方面的作用，需要深入调查研究我国居民的实际收入状况，摸清各种来源渠道，建立健全个人收入申报和监督制度，并考虑适当降低个人收入调节税的起点，扩大税基。

（3）要加强对现行税收的征收管理，减少跑、冒、滴、漏，把按政策实现的税款依法及时足额征收入库，这是实现税收财政职能，解决财政困难最现实的保证。在这方面，需要着重解决两个问题。

第一，认真清理整顿减免税。1989年，为了发挥税收在治理整顿中的重要作用，国务院先后发布了《关于整顿税收秩序加强税收管理的决定》《国务院转发国家税务局关于清理整顿和严格控制减免税意见的通知》等文件，对纠正地方自立的越权减免税规定和对减免税加强管理，起到了有力的指导作用。但当时仍然存在着一定程度的越权减免和滥行减免的漏洞和死角未能得到清理。尤其是在集体、乡镇企业的减免税、新产品的减免税、经济开发区和新技术产业开发区的减免税、特殊企业和新办企业的减免税等方面，存在的问题比较严重。所以，有必要加强对不规范的减免税的清理整顿工作。对于那些不符合政策规定和骗取减免税的问题，要给予严肃处理，改变减免过多、优惠过宽、不利于宏观调控的状况。

第二，制止偷税漏税现象。我国经济改革开放以来，由于国家税收制度日益充实和完善，企业和公民纳税意识已有明显增强，许多企业的领导人、个体经营者都能够认真考虑生产经营过程中的税收问题，对税法逐步熟悉起来。但是，由于税收直接涉及纳税人利益的得失，在国家利益、企业利益、个人利益尚有矛盾的情况下，企图采取各种手法逃避纳税的企业、个人仍大量存在。1986~1989年，国家每年进行一次全国规模的税收财务大检查，偷漏税现象却屡禁不止。1988年查出偷漏税款45.8亿元，1989年1月~11月，全国查补偷漏税款25.5亿元。偷漏税现象在各类纳税人中均有发生，在个体工商户中尤为严重。据统计，1989年全国个体税收偷漏税额达135亿元，约占应纳税额的60%。为了与偷漏税的违法行为作斗争，有必要研究制定一些能够增强税收威慑力和保证税务机关在履行征税任务时不受行政干预的法律手段。对纳税人的偷税、漏税行为，税务机关应有权采取查封、没收、抵押、变卖其商品和资产等手段，以使偷漏税者在经济上受到必要的惩罚。当然，税款的征管制度约束纳税人的纳税行为还只是一个方面，为了保证税款不发生流失，减少跑、冒、滴、漏的现象，还必须建立健全对征税人员，即税务干部的监控制度，规范其征收行为，防止征人情税，甚至以税谋私，搞权钱交易，损公肥私。1988年在国家税务局的统一领导组织下，全国各地的税务机关都在进行着税收征管体制的改革，总的原则是将原有的征管查集一身的模式转变为征管查相分离的模式。虽然在改革中大家还有不同的意见，改革的实践也不一致，或征管、查两分离，或征、管、查三分离，或征、管、查、考四分离，但改革的成效已经表明，这种改革十分必要。

由上述分析可见，税收作为财政收入的基本来源，抓好税源建设，合理体现政府与企业和个人之间的分配关系，是政府确保财政收入，满足政府提供公共产品和服务的需求，防止财政风险的永恒课题。2008年以来，我国经济和税收双高速增长的势头已经出现下滑，而为了进行经济结构调整，保证就业，提高公共卫生健康服务水平，改善生态环境，应对国际经济环境低迷不振的影响，财政支出不仅不能压缩，反而会刚性增长。在税收收入和经济增长之间客观上存在着一个两难的决策问题。毫无疑问，我们的追求目标应该是两者的双赢，忽略任何一方都可能导致经济和社会发展的成本增加。笔者认为，最优的策略选择是：在宏观税负方面，不宜保持过高的水平，总体上做出一定的减税措施是必要的。这一观点与2016年中央以实施“营改增”为切入点的减税政策是一致的。但是，在既定的税收制度下，需要切实强化税收管理，最大限度地压缩偷逃税款的空间。同时，从改善收入分配不公的角度出发，对税收负担可以考虑进行必要的结构性调整。

第二节　中国积极财政政策效果分析与前景

1998以来，我国推出了两轮积极财政政策。这种带有扩张性质的宏观财政政策，是西方发达国家早在1929年为克服经济大危机造成的经济和社会动荡就已经采取的经济政策，并且此后有更多国家多次采用。但是，这样的财政政策有其必要的前提条件，也有诸多特定的限制性要求。即使如此，也未能完全幸免政策带来的负效应，尤其是对通货膨胀的助推作用十分明显，甚至会导致一国经济的滞胀局面。那么，在我国实行这种政策的依据充分吗？实行这种政策会不会重复西方国家的弊病？我们又有什么特殊的国情？两轮积极财政政策实行的经验是什么？围绕这些问题，我国学界进行了广泛的讨论。

一、要防止积极财政政策走进计划经济的误区

财政政策对宏观经济的干预是政府通过自身掌握的资源和权力，对不符合经济预期的经济走势所做出的控制性调节。在这里，政府设定的经济目标是一个重要的指引方向。基于此，积极财政政策往往会被偏重市场机制的人士抨击。特别是在我国第一轮积极财政政策实施的初期，我国朝着社会主义市场经济体制方向的改革起步不久，因此，有些学者尖锐地指出，这样大规模的财政政策不能不使人产生导致计划经济复归的担忧（北京大学中国经济研究中心宏观组，1999）。在笔者看来，将我国积极财政政策看做是“计划手段复归”或“旧机制复发”的观点，尽管有失偏颇，但由此可以启示我们，积极财政政策的运用需要遵循市场经济的规则，以避免走进计划经济的误区，扭曲财政运行机制。

（一）实施积极财政政策不能偏离发展公共财政的原则

发展市场经济必须转换财政职能，建立公共财政运行机制。这是我国财政学研究取得的重要成果，也得到了政府及其职能部门的认可。公共财政的出发点在于解决市场经济自身难以解决的矛盾，即市场对资源的配置具有追求效率最大化的内在优势，但是，市场并不能对一切资源的配置都能发挥作用。在缺乏竞争机制的领域里，在社会活动领域里，市场对资源的配置会发生失灵和失效。正是在这样的前提下，社会经济生活才提出了公共需要和以满足公共需要为己任的公共财政。回顾过去几十年的财政发展历程，在政府高度集中的计划管理体制下，国家财政的职能发生了很多错位问题。不该管的事情管的过多，该管的一些事情又没有管或没有管好，即出现了所谓“越位”和“缺位”现象。结果，不仅导致财政资金本身的使用效率低下，而且还造成大量国有企业缺乏竞争动力和压力，政府与企业的功能扭曲，损害了社会经济资源在整体上的配置效率。1994 年以来，随着我国经济体制改革的深化，政府与财政职能失调的问题已经和正在得到逐步改进。例如，国家财政收入从原来主要依托国有企业向收入渠道多元化的转变，利改税和税利分流的改革使国有企业从原来的政府附属地位向独立的商品生产经营主体地位转变，国有企业的股份制改造使企业资产形成了国有股、法人股和社会公众股同时并存的局面，等等，都在不同方面促使政府逐渐与企业直接的生产经营过程相脱离。与此同时，财政逐渐加大了对教育、科技、卫生、社会保障、环境保护方面的支持力度，增加了调节区域平衡关系的转移性支付。所有这些变化，都反映了建设公共财政的要求。

然而，现行的积极财政政策却令人们担心公共财政的原则会受到不利影响。笔者认为，这种担心源于积极财政政策下如何把握资金的投向。既然公共财政的职能是满足公共需要，政府不宜直接参与企业的经济活动，那么，财政资金的投向就需要与企业划清界限。如果继续对企业提供资金支持，公共财政的原则就会受到伤害。应如何看待这个问题？的确，在我国推行积极财政政策的过程中，财政投资并未完全脱离企业的资金运行活动。从 1999 年起，国债投资除了继续进行国家重点基础设施建设之外，还以财政贴息贷款等形式，有选择地对国有大中型企业的技术改造和产业升级等提供了支持。

依笔者之见，这种财政资金的投向与公共财政原则并不相悖。至少从近期来看，无论是要加强我国重点产业的国际竞争能力，还是要发挥大中型企业在国民经济增长中的龙头作用，都需要政府在政策上加以扶持。这不仅是某个产业、某些企业自身发展的利益所在，也是提高宏观经济效益的必然要求。因此，从这个意义上说，在积极财政政策的框架内，将一部分国债资金投向上述领域的生产企业，与公共财政的原则是一致的。公共财政的原则不是要将财政投资完全排除在生产性投资领域之外，而要看是哪种性质的生产投资，看其是否符合公共利益的目标要求。

（二）实施积极财政政策需要关注财政投入对民间资本的拉动功效

我国在计划经济时期，由于经济体制的高度统一，社会资本的运动实际上就是政府财政资本的运动，因而无须讲什么财政政策对民间资本的拉动问题。但是，在经济改革不断深化的今天，拥有资本的主体不仅仅是政府及其国有经济体系，私营经济、个体经济、股份制经济及外国跨国公司的资本已经成为与政府资本并驾齐驱的力量。即使在国有经济内部，随着企业独立法人资格的强化，政府也不能再随意决定或抽取企业生产经营资本。基于此，积极财政政策的实施不能只是依靠财政自身的力量来推动或保持一定的经济增长水平，而是要充分发挥财政资金的诱导作用，带动民间资本的投入，放大投资乘数效应，从而收到“四两拨千斤”的功效。考察我国前期积极财政政策运用的实践，必须肯定财政投资对社会民间资本的确起到了拉动作用。但是，从 1998 年算起，在第一轮积极财政政策的实施进入第五个年头的时候，这种政策在短时间内不能退出。个中缘由，除了消费和出口需求的增长受限外，民间投资不能有效跟进，并替代政府投资的份额，也是一个不可忽视的方面。此种情况的存在，显然容易导致政府在经济增长中长期扮演主要角色，形成经济增长对政府投资的过度依赖，给市场化的经济改革带来障碍。同时，长期的财政赤字和过大的国债也容易给财政带来风险，甚至影响国家经济安全。各国的财政政策实践表明，无论扩张性还是紧缩性财政政策都只能是一种短期政策，否则，政策的积极作用有可能转向它的反面。

（三）实施财政政策应该有利于各种所有制经济的共同发展

我国第一轮积极财政政策的实践表明，政策支持的重点过分倾向于国有经济体系，对非国有经济体系的需求则比较冷漠。根据财政部权威部门提供的情况，第一轮积极财政政策实施以来，国家出台了多项针对国有企业的政策措施。从 1999 年开始，积极财政政策下的国债投资方向的调整，也大多是按国有经济的框框圈定的。非公有制经济很难得到像国有企业一样的财政贴息贷款和税收优惠待遇，更不要期望得到财政的直接补贴。这种政策安排无疑不符合社会主义市场经济公平竞争的原则，对积极财政政策目标的实现也具有消极影响。在某种意义上说，财政投资对民间资本的拉动作用不能到位，与大量非公有制的中小企业投资能力弱化、投资预期收益过低、投资风险过高不无关系。需要看到，在当时的形势下，财政对国有大中型骨干企业的扶持属于公共利益的要求，对非国有的大量中小企业的扶持也是如此。因此，我们需要改变所有制歧视性待遇政策，使所有企业都能享受积极财政政策带来的好处，以促进我国经济发展与财政运行尽早走入理想境界。

二、如何评价新一轮积极财政政策的成效

2008年，为应对国际金融危机对我国经济发展造成的冲击，中央果断决定，实施以积极财政政策和适度宽松的货币政策相配合的宏观经济政策。政策实施一年之后，由于经济出现了短暂的稳定迹象，学界和经济界出现了一个对积极财政政策喊停的声音。能否正确看待积极财政政策的走势，是继续实施还是退出积极财政政策？这无疑关系到政策实施的连续性及其后果问题。

（一）积极财政政策成效正在得到显现

2008年下半年以来，为了应对世界范围内的金融危机给我国经济增长所带来的冲击，中央政府果断决定采取了积极的财政政策和适度宽松的货币政策。这是我国政府继1998年第一次实施积极财政政策之后所实施的又一轮新的积极财政政策。

我国积极财政政策的实质是扩张性的财政政策，是政府在市场经济下针对宏观经济出现的波动而采取的一种相机抉择政策。经济波动总是表现为由于总供给与总需求失衡而发生的需求过热或过冷两种情况，为了保持经济的稳定，必须有相反的力量与之博弈。积极的财政政策就是政府面对经济过冷现象所推出的旨在刺激有效需求、抑制经济下降或提升经济增长的政策。2008年，我国政府推出的积极财政政策既包括扩大国债发行和财政支出的内容，又包括以增值税转型为重点的一系列减税措施。在这个过程中，总的目标是要直接拉动4万亿投资需求和消费需求，以弥补企业投资和家庭消费开支的不足。

积极财政政策的出台贵在决策要正确地审时度势，在经济发展最需要的时候进行果断出击，不能拖泥带水，久拖不决。如果错过有利的时机，政策实施的成本就要加大。面对2008年突然爆发的国际金融危机，我国中央政府一开始就明确地提出了扩大内需增长的10条措施，并强调“出手要快、出拳要重、措施要准、工作要实”。这一决策得到了国际社会的充分肯定。时任巴西财长评价道，在金融危机肆虐的时刻需要果断采取扩张性经济政策，中国在这个方面走在了前头。时任澳大利亚总理陆克文指出，这个非同寻常的促进经济增长的10项措施不仅对中国经济，而且对东亚和世界经济都具有重要意义。

作为相机抉择的政策形式，力度大是其显著特点之一。事实上，宏观经济的波动是经常性的现象，而不是偶然发生的现象。政府作为公共经济的主体，保证宏观经济稳定是其存在的重要职能之一。因此，政府对于宏观经济的调控也需要具有经常性的应对措施。这样的调控手段我们称之为自动稳定器，其中最有代表

性的手段是累进征收的所得税制度。自动稳定的政策与相机抉择的手段具有异曲同工的功效。不同的是，前者将调控政策意图内化于经常性的制度之中，使其形成的调节效果带有温和的或微调的特征。但是，在宏观经济一旦遇到某些特殊因素的影响时，自动稳定器的调控能力就将显示出难以胜任的效果。积极财政政策正是在自动稳定的政策继续发挥作用的同时，由中央政府做出的加大调节力度的财政决策。

2008 年以来，积极财政政策和适度宽松的货币政策一起，在缓解经济和社会压力，促进经济逐步走向稳定，向好的发展方面，显示了令人乐观的成果。财政部官员分析，自积极的财政政策实施以来，政府公共投资明显加快，各项重点建设得到加强；结构性减税政策扎实实施，企业和居民负担减轻；对低收入群体的补贴大幅增加，居民消费能力明显增强；财政支出结构继续优化，保障和改善民生取得新进展；支持科技创新和节能减排力度进一步加大，推动了经济结构调整和发展方式转变（杨亮，2009）。

（二）继续实施积极财政政策的必要性

然而，对于积极财政政策是否可以持续的问题，人们已经产生了分歧。特别值得我们注意的是，不仅国内专家学者之间有争论，而且在国际上明确反对继续实施扩张性财政政策的声音更加高涨。2009 年，德意志银行欧元区经济学家尼哥拉・霍恩（Nicolaus Heinen）认为，“考虑到欧盟公共财政的可持续性，实施财政刺激措施退出战略现在显得尤为重要”（杨澜和周馨怡，2009）。

但是，2009 年 9 月在美国匹斯堡举行的 20 国集团金融峰会最后的文件强调，短期内要避免涉及经济刺激方案的退出机制，同时应着手准备退出策略；各国要根据本国情况制定退出策略，并且要协调一致。时任中国国家主席的胡锦涛在此次金融峰会上表示，应该充分利用 20 国集团这一平台，继续加强宏观经济政策协调，保持政策导向总体一致性、时效性、前瞻性。各国应该保持经济刺激方案力度，无论是发达国家还是发展中国家都应该采取更加扎实有效的举措，在促进消费、扩大内需上多下工夫。中国高度重视经济社会全面协调可持续发展。我们坚持把扩大内需特别是消费需求作为应对国际金融危机冲击的基本立足点。时任国务院总理温家宝就当时全国财政工作所做出的批示也强调指出，当前中国经济正处在企稳回升的关键时期，财政工作面临的形势仍然十分严峻。要继续坚定不移实施积极的财政政策和适度宽松的货币政策。

对于中国政府为什么要坚持继续实施积极财政政策的原因，有不少专家学者根据 2009 年经济形势发展状况的评估进行了分析。例如，高培勇（2009）认为，应当看到，中国经济回升的基础并不牢固，还存在一些不利因素，主要是全球经济前景仍然黯淡，外部需求继续下降，出口减少、产能过剩和就业困难的局面短期内难以根本改观。这意味着我国 2000 年处于应对国际金融危机的关键时期，积极财政政策还有相当长的一段路要走。

邓聿文（2009）进一步从积极财政政策与通货膨胀的关系上做了阐述。他认为，在相当一段时间内，我国还不存在让人生畏的通胀风险或压力。尽管主张应当让经济刺激政策及早退出的部分人士认为，过度宽松的货币政策导致流动性泛滥，已发展成为一种可能的通胀压力，这主要体现在股票和地产等资产价格和大宗商品价格的上涨过快上。而世界经济复苏仍将是缓慢、复杂的，从供求关系看，国际大宗商品价格，如国际油价和金价等出现大涨的可能性不大（邓聿文，2009）。笔者赞同上述专家学者的分析。同时，笔者想强调指出，即使从 1998 年第一轮积极财政政策提供的经验来看，在几年内退出积极财政政策的空间也是不具备的。第一轮积极财政政策始于 1998 年，至 2005 年中央宣布正式退出，期间共经历了 6 年的时间，而当时的政策背景远不同于目前的情况。首先，第一轮国际金融危机的影响主要发生在东南亚地区，美国和欧洲国家基本没有受到牵连。而第二轮金融危机主要发生在美国，并严重波及欧洲国家、亚太国家和拉美国家，已经形成世界性经济大衰退。因此，尽管我国的经济发展依然具有自身的健康因素，内部活力对抵御国际金融危机的影响具有较强的优势，但是，在更加深刻地融入世界经济一体化的现实面前，我国经济增长受到的冲击将会大大超出东南亚的金融危机。这决定了我们此次要采取的积极财政政策力度需要比前一次更大。其次，分析两轮积极财政政策的内容可以看出，它们发挥作用的倾向性存在着较大差别。1998 年基本上是与投资需求的扩张相联系，项目安排的重点是增加农田水利和生态环境建设投资；铁路、公路、电信和一些重点机场建设；扩大城市环保和城市基础设施建设规模；建设 250 亿千克仓容的国家储备粮库，全年国家直属储备粮库建设投资达到该年年初计划的 17.5 倍，超过新中国成立以来的投资总额；实施农村电网改造和建设工程，同时抓紧进行城市电网改造；扩大经济适用住宅建设规模。而 2008 年新一轮积极财政政策虽然把拉动投资需求继续放在重要的位置上，如农村基础设施建设，铁路、公路和机场等重大基础设施建设，地震灾区灾后重建，支持高技术产业化建设和产业技术进步，支持服务业发展，等等，在 10 大政策中具有显著的地位。但是，我们同时也看到，加快建设保障性安居工程被放在了 10 大政策之首。并且国务院明确表示，要加快医疗卫生、文化教育事业发展，提高城乡居民收入。重点强调了加强基层医疗卫生服务体系建设，加快中西部农村初中校舍改造，推进中西部地区特殊教育学校和乡镇综合文化站建设。提高粮食最低收购价格，提高农资综合直补、良种补贴、农机具补贴等标准，增加农民收入。提高低收入群体等社保对象待遇水平，增加城市和农村最低生活保障（简称低保）补助，继续提高企业退休人员基本养老金水平和优抚对象生活补助标准。笔者认为，2008 年以来实施的积极财政政策不仅是依靠财政投入刺激货币需求的问题，而且是要在市场经济下转换政府发展目标，协调公平与效率关系，重建我国公共经济体系，大幅度提高我国人民公共福利的过程。考虑到我国公共福利制度严重不平衡，社会保障缺口过大的现状，要过早地结束积极财政政策的运用，显然是与国家发展大计不能吻合的。

（三）继续实施积极财政政策的风险

积极财政政策的风险关键在于时效性的控制，也就是能否做到使积极财政政策在短期内产生出最佳的效果。不能把短期的政策变成长期的政策，否则，就会导致其功能的失效甚至失败。这可以从三个方面来阐述。

其一，扩张性的财政政策意味着财政支出必定大于财政收入，从而形成财政赤字。换句话说，扩张性的财政政策是以财政收支不平衡为代价的。依靠扩张性财政政策刺激社会有效需求进而拉动经济增长，靠的是牺牲财政平衡，靠的是财政赤字。我国自改革开放以来，基于各种各样的原因，财政始终处于不平衡的状态中。但是，财政赤字的规模始终处于可控的范围内。2008 年之前，我国财政赤字最高的年份出现在第一轮积极财政政策实施期间的 2003 年，其额度为 3 198 亿元，占 GDP 的比重为 3%。此后几年，虽有下降，但到了 2009 年，我国财政预算赤字猛然从 2008 年的 1 100 亿元拉升到 9 500 亿元。虽然还处于国际公认的占 GDP 3%的安全线以内，但如此之高的财政赤字，不得不引起我们的警觉。

其二，扩张性财政政策和适度宽松的货币政策同时并用，意味着流动性的增加。尽管在短期内不会造成物价水平的过快提高，但从长期看这样的物价形势一定会要到来。无论哪一个国家，在其实施扩张性财政政策之后的一定期间内，都毫无例外地被通货膨胀的压力所困扰。令人担心的更大问题在于，物价上涨能否和经济增长保持一个正相关的趋势。20 世纪 80 年代在欧美发达国家出现的“滞胀”，曾经使各国的经济社会发展陷入了长时间的恐慌和动荡之中。我国在 1998 年第一轮积极财政政策的刺激下，由于投资需求的迅速放大以及政策性物价调整等原因，物价水平也不断上扬。到 2007 年 10 月份，CPI 已经超过了 6.5%，以至于当年中央经济工作会议引人注目地提出：把防止经济增长由偏快转为过热、防止价格由结构性上涨演变为明显通货膨胀作为当前宏观调控的首要任务。

其三，扩张性财政政策是政府促进需求扩大的“非市场”行为。这里存在的风险表现为，长时间地以政府行为配置资源，会导致资源过多地流入公共经济体系，不可避免地产生资源低效率利用现象，降低资源的复利效应。这与我们的市场化改革方向是相悖的，将阻碍我国经济改革的纵深发展，甚至形成旧体制的部分回归。同时，政府行为主导经济资源的配置，还容易在短期利益的诱导下，过分追求规模效益，追求项目的大型化，使经济结构特别是产业结构不平衡的状况难以得到改观，并为日后的经济结构转变留下巨大的成本欠账。

（四）要考虑适时调整积极财政政策

鉴于继续实施积极财政政策的必要性和伴随的政策风险，笔者认为，虽然在一个较长的时期内不能退出积极财政政策，但是适时对其进行调整也是应该有所准备的。第一，调整而不是要完全退出积极财政政策，就要注意把握政策运用的力度。在三大需求尚未有效恢复的情况下，财政支出的增长仍然需要保持在一个较高的水平上。但是，财政赤字水平应该根据经济形势的变化情况进行相应调整。总体上应该控制在2.5%~3%的幅度内，一般情况下保持在2.5%以下的水平上。这应该成为我们的一条红线，不能轻易越过。

第二，调整而不是要完全退出积极财政政策，就要注意把握政策运用的重点。财政政策支持的重点应该以满足公共需求为目标，避免为追求短期经济利益而将资金过分直接投入一般性生产领域。对于产业结构的调整，政府可以通过财税政策进行诱导，但总的来说，产业的发展依靠的是企业和社会投资，政府不能替代。在公共需求领域，政府背负着十分繁重的任务。例如，城乡统筹的社会保障制度建设、社会就业体系建设、面向低收入群体的住房建设、公共安全保障体系建设、公共文化体系建设、公共卫生与健康保障体系建设、社会危机应急处置体系建设、资源保护、环境保护及水利、交通设施建设等，都还需要政府拿出大量资金进行投入。而且，在高新技术产业发展、现代文化产业发展、现代农业产业发展等方面，也都具有准公共产品的性质，因而也属于财政支持的领域。我国财政所面对的压力，不仅来自于原来公共产品供给严重不足的欠账，也来自于经济发展和社会进步对公共产品提出的新要求。由此可见，财政政策在实现财政应有的职能上，还必须做出长期的更大努力。

第三，调整而不是要完全退出积极财政政策，就要注意把握政策运用的质量。政策运用的质量是影响积极财政政策实施效果的重要因素。必须注意的是，有些人一提到积极财政政策，就认为是加大政府的投入，就认为是政府的权力更大了。这种认识对提高积极财政政策的质量十分有害。我们要在一个较长期间内持续实施积极财政政策，需要尽快扭转这样的认识。事实上，积极财政政策不仅使政府部门有了更多的资金可以支配，同时也有了更大的责任。为此，有必要进一步强化责任意识，建立健全决策和监督机制。要保证在科学严谨的程序中，选择那些社会效益和经济效益双赢的项目，避免由于过于单纯追求经济效益而丧失公共财政的政策本质，或者完全不顾经济效益而导致财政政策拉动经济增长的能力下降。对于已经实施的项目，要强化财政政策绩效评价，及时纠正不严谨的财政决策所带来的损失，防止对财政资金的滥用。

三、必须正视新一轮积极财政政策环境的复杂性

积极财政政策在两轮推行过程中，有着相类似的背景，即都是由国际性的金融危机引起的国内刺激经济增长的政策。这表明，我国经济融入世界经济一体化的程度日益加深，国际经济走势对我国经济形势，以及政府宏观调控政策的影响不可避免。我国不可能独善其身，必须积极加强应对。更要认识到的是，我国实施积极财政政策的环境和依据与国外有很大差别，我们社会主义市场经济制度决定了国有经济在经济体系中的重要地位，在实施积极财政政策中所释放的资源被国有经济控制了相当大的部分，甚至在“僵尸企业”已经形成的情况下，由财政所释放的资源仍然会流入这样的企业，这些资源的效率客观上会出现降低的问题。但这不完全是企业自身的问题，而是国有经济职能的特殊性所决定的。此外，我国的积极财政政策不仅要担当刺激经济增长的重任，还要花大代价解决经济结构调整的任务。而且，处在经济和社会发展转型时期，财政所释放的资源还必须具对民生问题给予特殊的关照。因此，本来作为短期性质的积极财政政策，很容易在这样的多因素裹挟下，被动走上长期化的道路。这是非常值得我们加以防范的问题。与此同时，我们可以清楚地看到，目前我国经济已经深深地融入世界经济体系，不仅是我们的国际贸易规模自 2013 年以来已经成为全球第一贸易大国，而且在国际投资、汇率等领域也形成了十分密切的联系。我国的经济增长既有赖于整个世界经济形势的好转，也对世界经济走势承担着重要的责任。这样复杂的环境，对我国积极财政政策的走势表现出越来越明显的影响效果。基于上述原因，我国新一轮积极财政政策到 2016 年虽然走过了第七个年头，现在看来，还没有在短期内淡出的可能。

第三节　日本扩张性财政政策失效的原因分析

经历了两次世界大战摧毁的日本经济在战后迅速发展起来，其中一个重要原因在于日本所实施的政府主导型经济模式推动。为此，财政政策扮演了十分关键的角色。但是，如同扩张性财政政策在欧美国家的失灵一样，从 20 世纪 90 年代初开始，在扩张性政策的力度并未减弱的情况下，日本经济高速增长的局面停止了，由此进入了后来长时间的衰退周期。从经济增长率数据看，自 20 世纪 80 年代末期开始，日本是发达国家经济状况最差的国家之一。那么，为什么日本的扩张性财政政策会出现失灵甚至失败的问题？扩张性财政政策在日本的失灵给我们带来什么样的启示？本节内容主要以 20 世纪 90 年代日本的经济数据为依据进行了分析。

一、“投资乘数”失灵

（一）“投资乘数”基本理论

投资乘数理论是凯恩斯于1936年在《就业、利息和货币通论》中提出的。凯恩斯认为，如果消费倾向一定，增加投资就要增加投资所需的生产资料的生产，从而可以增加就业，增加企业和工人的收入；企业和工人把这一收入再用于生产和生活的消费，又转化为另一些企业的工人收入。如此循环往复，投资的增加可以导致收入的成倍增加和消费需求的成倍增加，刺激生产，增加就业。然而，这一过程的长短、投资乘数的大小，是和人们取得收入后把多少钱用于消费、多少钱用于储蓄联系着的。乘数K的计算公式是：$K=\Delta Y / \Delta I=\Delta Y/(\Delta Y-\Delta B)=1/(1-\Delta B/\Delta Y)=1/\Delta S/\Delta Y$ 或 $K=1/1-b=1/s$（其中b为边际消费倾向，s为边际储蓄倾向）。从公式中可以看出，投资乘数的大小与边际消费（储蓄）倾向成正（反）方向变化。边际消费（储蓄）倾向越高（低），投资乘数就越大；边际消费（储蓄）倾向越低（高），投资乘数就越小。

投资乘数产生的根源主要在于国民经济各部门之间的关联性，其形成过程是一个递推的连锁反应过程。

（二）20世纪90年代日本的“投资乘数”

20世纪90年代以来日本实行的扩张性财政政策是以增加政府财政的公共事业投资和减税为主要内容。1992年8月~2000年10月日本政府共计实施了10次景气调整对策，总规模达130万亿日元。如此大的景气调整对策力度是前所未有的，然而，不断增大的调控力度并未使日本经济摆脱长期停滞的局面。扩张性财政政策作为政府宏观调控经济的一种手段，其作用是通过扩大财政支出，用于经济投资，引诱各类投资者的投资进入行为，从而扩大整个社会投资规模，启动经济发展。扩张性财政政策对经济的刺激作用是以乘数原理为基础的，在乘数原理的作用下，扩大的财政支出带动了民间的投资和消费需求，从而使国民生产水平提高，促进经济的发展。根据日本经济企划厅的测算，20世纪90年代日本经济的公共投资乘数呈递减趋势，1992~1994年公共投资乘数为1.08，1995~1997年为0.76，1998~1999年缩小到0.54。投资乘数如此之小，远未达到预期的设想。这不能不使我们产生困惑：“投资乘数”在日本失灵了？那么究竟是什么原因导致“投资乘数”失灵的呢？

二、公共投资所产生的引致投资未达到预期效果

引致投资涉及面较宽，通常是指产业经济学中所说的投资的波及效应。投资

波及效应的大小主要取决于投资项目的产业链长短和当时的国民经济状态。就产业链的长短而言，如果政府财政投资于产业联系紧密、产业链较长的行业，一方面最初的增量投资迅速产生相同方向的引致投资，扩大投资增量，同时，投资作用的波及范围和程度导致相异方向的投资引诱，使投资总额增加；另一方面，级次收入链变长，使收入总额增多。虽然形成有效供给的时间跨度较大，但在一定时序内，由投资波及效应所引致的投资乘数也相对较大，对国民经济的刺激作用也相对要大。如果政府财政投资于产业关联度小、产业链较短的行业，则获得的总收入及各级收入会因投资波及程度较小而减少，投资乘数也因此而缩小，对国民经济的刺激作用缩小。就国民经济环境而言，当国民经济发展较快，基础设施构成制约经济发展的“瓶颈”时，政府财政投资于基础设施建设会立刻促进国民经济的大幅度增长；当市场低迷时，即使加大基础设施投资，也只是为加快经济发展创造前提条件，不可能立即带动经济的大幅度增长。

20 世纪 90 年代日本公共投资的方向主要是基础设施建设，这些投资的产业关联度小，产业链短，所需要增加的投资品主要是水泥、沙石、钢铁等建筑材料和建筑机械，投入使用需要的相关零部件、配件极其有限。建筑机械的生产波及链虽比建材长，但由于其更新周期较长，并且需求增加面对的是特定行业，波及面也十分有限。在日本经济的高速增长阶段，钢铁、水泥等建筑业在整个经济中所占的比重较大，公共投资对经济的刺激效果相对较大。随着产业结构的升级，第三产业和电器、电子、电脑、精密化学等深加工工业成为经济增长的主体，产业软化和服务化趋势加强，中间产品投入的比率不断降低，削弱了公共投资的波及效应。另外，在日本的基础设施建设处于供大于求的状况下，要发挥公共投资的乘数效应就更加困难。

三、公共投资对民间投资产生了“挤出效应”

一般而言，政府公共投资对民间投资有两种影响：一是刺激民间投资产生“带动效应”；二是抑制民间投资产生“挤出效应”。

日本 20 世纪 90 年代，尤其是 90 年代后半期大规模采取扩张公共投资的经济刺激政策，却未收到预期效果，其中一个重要原因就是公共投资对民间投资产生了“挤出效应”。在一个充分就业的经济中，政府公共投资的增加最终会导致利率上升，进而导致民间投资减少。在一个非充分就业的经济中，政府公共投资的增加同样会对民间投资产生“挤出效应”。“挤出”的程度主要取决于货币需求及投资需求对利率的敏感程度。货币需求对利率的敏感度越大，投资需求对利率的敏感度越小，则政府公共投资的“挤出效应”越小，反之，“挤出效应”越大。

公共投资对民间投资的“挤出效应”是指政府投资增加所引起的民间投资减

少的作用。在日本经济增长过程中，民间设备投资充当着经济“引擎”的作用。当“引擎”遇到经济萧条而“熄火”时，财政政策的作用就是“打火”，因而财政政策能够起到“四两拨千斤”的作用。

进入20世纪90年代，日本经济长期低迷，市场需求下降，商品价格不断下降，使投资者的投资风险不断加大，投资回报率下降，从而抑制投资者的投资积极性，影响投资信心。投资愿望不足又反过来进一步影响到市场需求和商品价格，使投资风险进一步加大，投资预期进一步下降，社会总投资萎缩，形成投资风险加大与投资意愿下降的恶性循环。加之90年代日本产业结构升级空间缩小，民间设备已严重过剩，对于政府扩大公共投资带来的需求增加，民间企业只动用闲置设备或提高设备开工率即可应付，而不必增加设备投资。因此，尽管日本的公定利率已连续四年保持在接近于零的水平，尽管政府财政一再增加公共投资，但民间设备投资一直在低位徘徊。1992~1999年民间设备投资实际增长率见表5-1。

表5-1 1992~1999民间设备投资实际增长率 单位：%

年份	1992	1993	1994	1995	1996	1997	1998	1999
增长率	−7.2	−10.4	−2.5	7.8	11.7	2.1	−12.3	2.3

注：以1990年为基准价格

资料来源：根据《东洋经济统计月报》2000年第1期数据计算而成

由表5-1可以看出，1992~1999年，日本民间设备投资除了在1995~1997出现短暂的增长，其余年份都是负增长。可见，日本90年代大规模的公共投资不仅没有起到带动民间投资的作用,反而在一定程度上对民间投资产生了“挤出”效应。

四、景气预期始终未形成，边际消费倾向低

如前文所述，投资乘数的大小与边际消费倾向呈正方向变化。而边际消费倾向的大小主要取决于获取收入的个体心理法则。获取收入的个体对国民经济形成景气预期，则是扩张性财政政策取得最佳需求效应的关键。这是由于景气预期会使居民消费欲望增强，从而降低边际储蓄倾向，提高投资乘数；投资乘数提高会对民间投资产生“带动效应”，而不至于“挤出”民间投资。而投资领域的扩展又会使产业链长的投资项目增多，波及面扩大，从而形成良性循环，带动整个国民经济的增长。日本20世纪90年代多次运用扩张性财政政策刺激景气，但持续10年未能走出泡沫经济的阴影，其中一个主要原因就在于景气预期始终未形成，居民的边际消费倾向一直走低。

（一）经济长期萧条使居民对未来消费预期的不确定性增强

由表5-2数据可以看出，20世纪90年代以来，日本经济一直处于萧条状态。1997年以来国民经济出现了负增长；失业率与失业人数都呈递增趋势；企业破产

数额激增。所有这些都给社会公众带来一种“不安全”“不稳定”的感觉。失业人数的不断增加不仅使失业者及其家庭收入减少，而且还会对就业者的工资水平造成下降压力，导致一般工薪家庭收入减少，使其预期收入和实际收入都带上了很大的不确定性，加大他们的心理压力，人们不得不考虑以后的生活问题。其中最简便的方法就是压缩目前开支，增加储蓄，防患于未然，因而也不可能拿出“余钱”去进行“高层次、高品位”的消费和长期投资。在社会公众未对经济形成景气预期的情况下，这种状况就会更加恶化，形成恶性循环。

表 5-2　20 世纪 90 年代日本主要经济指标的变化

年份	实际经济增长/%	完全失业率/%	失业人数/万人	最终消费支出增长/%	企业倒闭数/家
1990	5.5	2.1	134	4.2	6 468
1991	2.9	2.1	137	2.8	10 723
1992	0.4	2.2	146	1.2	14 069
1993	0.5	2.6	175	1.7	14 564
1994	0.6	2.9	194	1.5	14 061
1995	3.0	3.2	216	3.2	15 108
1996	4.4	3.3	225	2.8	14 834
1997	−0.4	3.5	236	−1.2	16 464
1998	−2.0	4.3	294	0.1	18 988
1999		4.9	329	0.8	

资料来源：日本经济企划厅（1999）

另外，“少子高龄化”加重了人们对未来的担心。进入 90 年代，日本低出生率（即“少子”）和老年人口所占比重上升（即“高龄化”）的趋势更加突出。越来越多的人怀疑公共保障体系能否维持下去，储蓄防老意识更加强烈。政府采取的减税措施，有相当大一部分变成了居民的储蓄，难以收到刺激需求的效果。同时，“少子高龄化”导致政府税收减少、就业人员负担加重、福利费用开支增加、教育等产业衰退等一系列问题，这些问题从客观上加大了政府实施财政政策的难度，降低了政府财政政策的实施效果。

（二）财政状况不断恶化，使国民对未来形成了不稳定预期

20 世纪 90 年代初泡沫经济崩溃之后，日本财政状况再度恶化，财政赤字逐年扩大。为了支撑经济，日本政府大量发行国债。如前文所述，到 2001 年，日本政府共实施 10 次刺激经济对策，总额近 130 万亿日元。而国际上财政政策的实践表明：一国如果持续性地采用单一财政政策手段（增加支出或减税）刺激经济而又效果不佳的时候，不仅不能实现政策目标，而且还将使财政背上巨额的赤字与债务包袱。2000 财政年度，日本国家和地方长期积累的债务已高达 680 万亿日元，

占2000年年度GDP的130%,而同期美国的国家公债只占当年GDP的35%。1998年日本财政对国债的依存度（当年新增国债/财政支出）创第二次世界大战后的最高纪录，达到40.3%，2000年度是38.4%，2001年度有所下降，但仍然占34.3%。如此糟糕的财政状况，加剧了国民对未来的不稳定预期。

第一，如此高的国债依存度和财政赤字使企业和民众对日本经济的未来普遍担忧，对日本经济能否走出困境信心不足，因而对日本财政政策的效果预期较低。这些心理因素导致日本企业设备投资下降，以及国民经济消费持续低迷。

第二，根据R. 巴罗的“国债中立定理”（Barro，1979），人们对于未来具有理性预期的能力。政府通过发行国债来筹集公共支出，人们就会预期将来政府会增加税收。出于维持将来的生活水平或遗产等动机，人们就会增加储蓄，减少当前消费。因而会降低边际消费倾向，削弱公共投资的作用。

（三）民间消费低迷与政府债务过重形成了恶性循环

政府为了刺激民间消费采取了扩张性财政政策，而扩张性财政政策直接加重了政府的债务，政府债务加重反过来又影响了居民的消费心理和消费能力，从而加剧了民间消费的低迷。民间消费低迷与政府债务过重已形成了一种恶性循环。正是这种恶性循环进一步影响了社会民众对未来经济的预期，促使其边际消费倾向进一步降低。

首先，财政赤字严重，政府债务过重，迫使日本政府不得不削减财政支出。而首先削减的项目就是社会保障支出，同时人口老龄化的加速使老龄人口的负担空前加重，因此，家庭和个人不得不为此而减少支出，增加储蓄。其次，政府财政赤字过大、债务过重严重制约了政府在促进经济发展与稳定社会方面的实际能力和回旋余地，从而大大加重了国民的不安感，促使其不得不增加储蓄压缩消费。最后，庞大的财政赤字与政府债务迫使利率进一步上升，而利率提高的结果也必然是鼓励储蓄，抑制消费。所有这些方面都促使边际消费倾向降低，使公共投资乘数缩小。

五、日本扩张性财政政策失败对中国的启示

日本实行的扩张性财政政策失败教训是深刻的，它带给我们的启示就是扩张性财政政策的实施是有条件的，而且这些条件不是一成不变的，如果要保证政策能够取得人们期望的效果，就必须尊重其固有的特性。一旦政策出现边际效率递减的情况，就意味着需要采取更新的政策体系，而不能一味地强推扩张性财政政策。20世纪80年代里根政府时期，美国采用供给学派的政策主张替代凯恩斯主义的扩张性财政政策，是美国走出经济滞涨，回归经济增长的重要功臣。安倍政

府上台之后，所推行的“安倍经济学”一度刺激了低迷的日本经济复苏，但是，进入2015年下半年以来，日本经济重现低迷，以至于日本央行推出了负利率的重器。究竟该政策会产生怎样的效果，尚需时日检验。但是，这一政策至少说明了过去长期实行的财政刺激政策积重难返，摆脱这种政策依赖的过程非常痛苦的，代价是高昂的。反观我国第二轮积极财政政策，由于国内外复杂的经济环境，经过了7年多的时间之后也未能得以退出，中央政府宣布在2016年将继续实施积极财政政策。但是，必须看到的是，该政策推动经济增长的效应也出现了疲劳现象，2015年全国的GDP增长率已经低于7%的水平，同比增幅为1990年以来的最低。在这一背景下，中央政府适时提出了加大供给侧改革力度的新决策，尝试从需求和供给两个角度同时释放经济活力，这是非常明智的政策抉择。在中国这个大市场下，通过制度和改革创新，带动新技术、新市场的活跃升级，必将为中国在世界竞争中挺立船头，创造出新的机遇。

第四节　建立中国地方公债制度的探讨

公债是财政收入体系中的组成部分之一。与其他收入形式相比，公债的特殊性在于，它是以政府信誉为担保而暂时借入的资金，经过一定的期限需要向债权人偿还这部分资金。借入资金的目的在于政府支出大于收入时，弥补预算收入不足，或者是为实施某些专项建设工程筹集资金。公债的偿还有赖于未来财政收入的增长，或者专项工程取得的有偿收入。但是，未来的收入是否能够增长，增长部分是否有能力用于偿还债务，这并不具有确定性。因为即使收入是增长的，支出也同样会是增长的，而且债务本身不仅要偿还本金，还要支付利息。因此，对于政府的借债需要给予严格把关，以防止债务规模过大，偿还出现危机，而导致宏观经济和社会生活的混乱。为此，我国在很长时间内对地方政府的借债问题采取了极端的禁止措施，政府的公债实际上是中央政府的国债。但是，地方政府对于辖区内公共产品与服务的供给要承担相对独立的责任，当其正常的财政收入不能满足支出需要时，就无法实施履行自己的管理职能。这种情况一旦发生，很可能会迫使地方政府不惜采取非公开的违规手段，选择其他途径为自己筹集资金。要不要给地方政府松绑公开借债权利这一问题，一度成为理论界广泛关注的课题。

从一般意义而言，地方公债也应是国家公债制度的重要组成部分，举债权也应是规范的分税制财政体制下各级政府应有的财权。1994年通过的《预算法》规定：“除法律和国务院另有规定外，地方政府不得发行地方政府债券。”然而，从我国财政运行的现实矛盾看，1994年建立的分税制体制下的地方政府的事权与财权不对称，缺乏必要的筹集资金的权力和能力，导致地方政府在提供公用基础设施方面严重缺位。1998年以后采取的由中央政府举债再转地方政府使用的做法，实属无奈之举，也非长久之计。《预算法》不允许地方政府借债，但就在《预算法》颁布之后，地方政府还是明里暗里，直接或间接地举借了大量债务。这表明，建立我国的地方公债制度是有其现实必要性的。

一、地方公债与财政管理体制

财政分权下的地方公债理论从层次上看，公共产品的收益广度和范围不同，因而它有全国性和区域性公共产品之分。受益范围局限于某一个特定区域内的公共产品，就属于区域性公共产品（也称地方性公共产品）；如果受益范围是跨区域的，则就是全国性公共产品。从理论上说，中央政府也可以提供区域性公共产品。然而不同地区之间的居民对一定的区域性公共产品的偏好程度通常是不同的，因而需求量也是不同的，地方政府在了解本地居民的偏好方面处于较佳地位，这会有助于地方政府更好地执行地方性经济政策和提供地域性公共产品。相比之下，中央政府几乎无法将来自某一地区的税收与该地区的利益切实结合起来，因此，很容易造成某一地区居民的公共产品偏好与实际受益之间的差异，甚至有可能大相径庭。正是区域性公共产品的存在，才使财政分权成为必然。但在人口及生产要素存在流动性的情况下，地方政府提供公共产品将受到制约。通过“以足投票”，居民表明了对某种公共产品的消费偏好，从而刺激着地方政府努力提供适合于本地居民偏好的公共产品。由于存在着居民的“以足投票”，地方政府难以通过税收对流动性要素征税，从而削弱了地方资源的可征税性和地方政府的征税能力，较低层次的地方政府更是如此。这其实也是低层次地方政府以财产税作为征税依据的一个重要原因。同样，在地方政府提供地方公共产品时，通过税收筹资，不但违背了“受益原则”，而且受益与负担成本的分离，使现在的居民承担了以后居民的成本，造成居民“以足投票”，结果并不能有效地提供公共产品。而通过举债支出则可以有效地避免这种副作用的出现。这就是财政分权下的地方公债理论。

此外，地方公债成为地方财政的有效收入来源。地方的基本建设靠发行公债筹集资金，既不会造成税收在特定年份的突然增加，也为基本建设提供了可靠的资金来源。更为重要的是，地方政府的举债收入由于大多是用于能带来收益的基本建设工程，收益本身就可偿还一部分债务，工程收益和债务还本付息直接挂钩，在相当程度上可实现公债基金本身的良性循环，不会给当地财政造成多大负担，从而使地方政府公债成为地方财政的有效补充。

二、中国地方公债缺失的原因与后果

（一）中国地方公债缺失的主要原因

虽然我国实行了分税制改革，为地方政府发行公债创造了制度基础，但由于地方政府发行公债的基本条件尚未完全成熟，在很多方面制约了地方公债的发行。

（1）政府间事权和支出范围划分不明晰。现行的分税制虽然在中央与地方的事权划分和支出范围方面进行了界定，但不很明晰，也很不规范，主要反映在投资性支出和公共需要支出方面，导致了各级财政在职能上缺位与越位并存。如果在事权和支出范围不确定的情况下允许发行地方政府公债，容易导致地方公债规模失控和结构不合理的问题出现。

（2）中央与地方收入划分不科学、不规范。随着我国经济形势和分配体制的转变，原先按中央和地方的财政收入划分税种的方法已经不适应当前和未来发展的要求。迄今为止，我国的税制设计以间接税为主体税种，而未来直接税将会成为主体税种，中央和地方税种划分的调整，也必然影响到未来地方政府的税收收入，进而关系到地方政府发行地方公债后的偿债能力。

（3）现行转移支付制度不规范。地方政府发行地方公债的一个重要条件就是地方政府必须具有稳定和可靠的收入来源。除了地方的税收收入之外，中央的转移支付也是地方政府收入的重要来源。其中实行的税收返还制度是以保证既得利益为主旨的，在缓解地区差异方面的功能微弱。而一些经济欠发达地区基础设施落后，地方政府更加需要大量资金进行基础设施建设，而税收收入满足不了需要，转移支付制度不合理，如果发行地方政府公债，政府还债压力巨大。

基于以上分析，笔者认为，就我国而言，应当按照公共财政与分级财政体制的客观要求，逐步建立起规范的地方政府公债制度，允许地方政府发行统一的债券筹集地方公用事业发展资金。也就是说，在建立中央政府严格审批和监管制度的前提下，通过国家法律明确规定地方财政的发债资格、规模、方式、范围及偿债机制。这种做法既有利于各级财政把“该管的事管起来”，实现财政职能的强化和到位，又有利于规范地方政府融资管理；既有利于真正实现“一级政府、一级财政”，按照分级财政体制的要求赋予地方政府包括举债权在内的各项财权，又有利于中央对各级政府债务进行全面监管，有效避免债务危机和财政风险。

（二）中国地方公债缺失造成的后果

长期以来，发达国家和许多发展中国家都在一定程度上通过发行地方债券来增强地方政府筹集资金的能力，而我国由于上述原因，一直不允许地方政府发行公债。这带来了许多矛盾，也是与分税制财政体制的基本要求不相适应的。

（1）财政职能弱化，财政压力增加。我国财政面临的困难主要是：财政职能弱化，严重缺位；地方财政财力拮据，收支矛盾尖锐化；债务负担沉重，且全部由中央财政承担。摆脱财政困境的有效办法之一，就是逐步建立地方公债制度。允许地方财政发债，既可有效拓宽地方公用事业建设资金来源，让财政“把该管的事管起来”，又可缓解中央财政债务压力，真正实现各级政府“自己的事自己做”。采取由中央政府发行特殊公债，再转借地方政府的办法，实属无奈之举，非长久之计。长期困扰城乡社会经济发展的一个制约因素是基础设施薄弱，公用事业建设欠账过多。这既是存在的问题，也是刺激经济持续发展的一个突破口。地方政府通过举债筹集资金，既解决了地方建设资金的不足问题，又给其辖区内的事业带来繁荣，创造了新的投资与就业机会，并为以后政府收入增加打下基础。

（2）造成地方财政体系的不完善。我国目前财政体制仍属不彻底和不规范的分税制。政府间事权分工不清、财权划分不明确，各级政府“自己的事”还难以“自己做”。特别是按我国分税制设计，地方政府征税权限和范围相对狭小，且课税能力和潜力有限，现有收入根本无法满足政府支出需要，即地方政府在现有体制下难以解决自身的财力问题，所以通过举债筹集必要的建设资金，是地方政府自主理财的客观需要。在彻底划分政府间事权的基础上，赋予地方政府包括举债权在内的应有财权，当属财政体制改革深化的重要步骤。

（3）影响金融市场特别是债券市场的发展。在我国的债券市场上，有国债、企业债券、金融债券，唯独地方债券还是一片空白。政府债券发行主体的单一性在很大程度上制约着中央政府的融资、投资能力，地方政府表面上“无债一身轻”，但地方公用事业和基础建设资金严重不足，结果是，几乎所有的政府部门乃至一些政府所属事业单位，都可以以政府的名义筹集资金，很多地方政府自觉或不自觉地采取了变相发债形式。由于缺乏规范管理，形成金融市场上无序、失控的局面，债务危机潜在因素日趋严重。

三、关于建立中国地方公债机制的设想与建议

（一）建立和完善相关法律法规体系

首先必须制定“公债法”和“地方公债法”，并对现有的《预算法》和其他财政法规进行相应修订。在以国家法律形式确定地方政府发债权的同时，对发债主体资格，每年的发债申请、审查和批准，发债方式，地方债适用范围，以及偿债机制建立，等等做出严格规定。

（二）建立全国统一的公债管理体系

除年初审查、批准各地总的发债规模外，还要对地方公债发行、使用、还本

付息等进行监督和检查。在此基础上，对各地债券进行必要的信誉评级并适时公布，以促使地方严格遵守法律规定，保证良好的发债业绩。地方公债的申请、计划、发行、管理及还本付息等，由地方财政部门统一负责。中央政府严格掌握和控制各地发债规模，地方政府发债必须报经中央政府审批。由中央统一地方债券发行与产业结构平衡、地区经济发展平衡等全局性问题。

（三）建立规范有效的监管制度

我国地方政府债券的规范和健康发展依赖于规范和有效的监管体制。由于地方政府层次较多，加上发行的地方债种类繁多，若不加以严格管制，极易使债券规模过度膨胀，加大地方财政风险。对此，除了对地方政府债券的功能定位外，发达国家一般明确规定地方政府债券只能用于未来会产生足够收益的事业性项目，不能用于弥补地方财政经常性支出。并且各国主要通过地方议会、中央政府及其审计部门和公众舆论三个层次的监管体制来对地方政府债券实行严格监管。从我国目前情况来看，各级人民代表大会和公众舆论这两方面对地方政府行为的监督亟待加强。虽然人大和舆论的监督作用已经取得了明显进步，特别是在经济比较开放和发达的地区，但由于法律规定的可操作性较差等多方面的原因，从总体来讲，这两方面的监督力度和效果还有待加强。

（四）建立可靠的偿债制度

规定地方财政必须建立专门的偿债基金，除地方所建项目交付使用后产生的效益直接拨入该基金外，每年年初做预算时必须按一定比例安排公债的还本付息支出，而且新发债务收入不能用于偿还旧债。中央财政部门地方债务管理委员会，可对各地财政偿债基金的安排和使用进行监督检查，并将检查结果作为评价各地地方债券资信的重要条件。

（五）协调地方政府公债与中央政府国债的平衡制度

地方政府债券和国债应当是相互联系、相互补充的，如不从制度上明确二者之间的协调关系，发债时就可能出现抢时间、抢市场、相互攀比利率等矛盾。因为一定时间内社会闲置资金是有限的，在地方债和国债之间的分配是此消彼长的，有可能会出现二者之间的矛盾，因此，要妥善处理二者之间的关系。首先，保证中央国债优先。中央政府担负着全国经济协调发展的重任，需要大量财政性资金进行宏观调控，所以，应当在规模上确保国债，兼顾地方债。其次，政策上给予地方公债必要的扶持。借鉴国外地方公债的经验，考虑到地方债相对于国债在资信上的差距，为了促进地方债市场的开放和发展，一般可以从债券利率政策及税收政策等方面给地方政府债券提供一定的照顾和优惠。

四、地方债的发行已经成为现实

我国地方政府能否发行公债的问题在2014年颁布的《预算法》中已经有了明确答案。主要内容包括：①允许地方政府直接发行债券。②地方政府不能再通过地方政府融资平台或企业渠道举债，且现有地方政府融资平台债务须于2016年前逐渐退出。③地方政府债券只能用于偿还当前债务或指定的公共服务或项目的债务。④地方政府举债必须经同级人大常委会批准，地方政府债券必须纳入地方财政预算。⑤预算计划必须在获批后20天内对外公布。2014年9月，《国务院关于加强地方政府性债务管理的意见》（国发〔2014〕43 号）进一步明确了地方政府债务管理的整体制度安排。根据这些法律法规的精神，地方政府可以名正言顺地举债平衡自己的预算，但是，它不能再通过隐蔽性的手段扩大自己的债务。而且，债务的公开使社会公众能够对债务的规模和用途加以关注，在一定程度上会对地方政府的举债行为形成制约。通过建立地方政府债务风险评估和预警机制、应急处置机制及责任追究制度，将有效防止其盲目依靠发债扩大公共产品供给权力，给地方经济和社会发展的长远利益带来隐患。

第五节　推进新型城镇化发展的财政政策

新型城镇化作为支撑我国“十三五”经济增长的重要动力源，在“十二五”末受到了中央政府的高度重视。这一战略决策不仅能够促进农业人口向城市的集中，带动新的投资和消费增长，优化产业结构，而且也有利于实现我国农业现代化建设和提高土地资源的集约经营水平。但是，新型城镇化建设需要耗费巨大成本，其投入完全依靠市场和转入城市的人口承担并不现实，政府必须承担提供公共服务的责任，为城市基础设施建设和教育、文化、卫生、生态建设和环境保护等公共事业的发展，给予足够的资金支持。政府需要承担什么职责，如何解决投入的资金来源，如何避免新型城镇化建设出现一哄而上和追求应景式工程的盲目投入，所有这些问题都需要进行充分讨论。

一、从城市化到新型城镇化的思路转变

改革开放以来，我国的城镇化率快速提高。1982年，城市化率为17.92%，低于20%。2012年11月2日中国科学院发布研究结果，确认我国内地城市化率突破50%，达到了51.3%。城市化的进程无疑极大地推动了我国经济的快速发展和社会变迁。但是，在看到城市化增进社会财富的同时，也必须看到，城市化也产生了很多的经济和社会问题。例如，城市的人口扩张直接刺激了房地产市场的空

前活跃，并进一步带动了钢铁、水泥、汽车、建筑等基础产业的繁荣，进而使我国经济增长带有显著的以资源消耗和环境污染为代价的特征。又如，大批农民进入城市，但是，依然不能有效地融入城市。城市和农村户籍分开管理的制度限制了进城农民获得应有的经济福利和公共服务，形成了一系列新的社会矛盾。此外，由于比较效应的存在，流动性人口主要涌入中等以上的城市，特别是以北京、上海、天津、广州等为代表的大城市。这些城市人口密度过大，交通设施难以满足需要，环境污染问题严重。因此，在促进城市化进程进一步加快的过程中，如何使其进入一个有序发展的轨道，是我们当前面临的主要问题。新型城镇化概念的提出，正是解决这一问题的一把钥匙。按照中央政府提出的思路，从原来的城市化到新型城镇化的转变，就是要积极稳妥推进城镇化，着力提高城镇化质量。要构建科学合理的城市格局，大中小城市、小城镇和城市群要科学布局，与区域经济发展和产业布局紧密衔接，与资源环境承载能力相适应。要把有序推进农业转移人口市民化作为重要任务抓实抓好。要把生态文明理念和原则全面融入城镇化全过程，走集约、智能、绿色、低碳的新型城镇化道路。

有序发展新型城镇化体现着我国政府公共决策的科学化理念。它所包括的内涵主要有以下几点：

首先是城市化空间布局的科学化。从城市化到城镇化，一字之差，发出的信息意味着过分追求城市规模的扩张并不适合我国的国情，必须将城市化的思路转向兼顾大中小城市和小城镇的共同发展。我国是一个人口大国，特别是一个农村人口居于绝对多数的大国。如果继续按照已有的城市化模式发展，其结果必将是我国的大城市变为超大城市，中等城市变为大城市，进一步加剧城市公共资源供给的矛盾，城市政府很难有效地满足新增人口对公共服务的需求。既降低城市公共服务的效率，又导致城市原有居民和新居民之间的利益的冲突，北京的例子目前已经很能说明问题。其结果是城市化对居民福利的增长效应有可能会被福利的损失效应所抵消，至少要打很大折扣。大中小城市和小城镇的共同发展，最大的优势在于吸纳劳动力就业及与收入能力、消费能力相适应的住房问题的妥善解决，同时，可以控制人口大规模的长距离异地流动，缓解区域文化差别形成的各种摩擦，以及交通设施在重大节假日期间承受的巨大压力，并最终促成城市化过程中家庭成本和社会成本的下降。

其次是城市化推进速度的科学化。进入 21 世纪以来我国的城市化速度不断加快，这是由很多因素共同作用的结果。但是，其中一个不容忽视的重要因素是政府力量的推动。城市化对于提升各地社会文明水平具有积极的意义，也增加了农村进城务工家庭的货币收入，这值得地方政府对城市化给予支持。但是，由于城市化进程所产生的土地出让金，以及房地产税收规模十分可观，对地方财政收入做了巨大贡献，所以地方政府往往出于增加财政收入的动机而对城市化表现出非常高的热情。其结果是城市房地产的发展在各地获得了空前发展的机会，许多城市借机进行大拆大建，造城成为一种人为的运动。但是，由于城镇居民收入水平难以适应不断上涨的高房价，无力购买商品房，导致许多城市空置房比比皆是，甚至出现了一批像鄂尔多斯一样的“鬼城”。与之相联系，由房地产所连带发生的市场债务和政府债务，正在面临潜在的风险。人们担心房地产市场终将有一天会在我国大规模的崩塌。因此，将脱缰的房地产这匹野马系上龙套，以放缓它的发展脚步，是实现我国经济稳定增长的必要条件。

最后是城市化根本定位的科学化。我们的城市化目标是什么？从这些年来走过的道路，可以看出，对以物质为载体的经济指标看得过重。实际上，城市化终究是为人的生活和福利水平提高服务的，而人们的生活和福利水平是与就业、与公共服务、与社会地位的平等联系在一起的。如果一个城市没有合适的产业，如何能够吸纳进城的农民就业？如果一个城市没有足够的财政能力，如何给新居民提供学校、医疗卫生、社会保障、环境保护等公共服务？如果一个城市一边是高楼大厦林立，另一边是低矮简陋的棚屋，怎么能够让人们从中来感受城市化带给自己的快乐？因此，新型城镇化需要强调人的需要，民生为本。打造宜居城市，让新老城市居民和谐生活，共享城市的公共服务，使城市成为经济、社会、科技、文化发展的辐射中心，应该作为新型城镇化战略的基本目标。

二、推进新型城镇化的财政意义

公共财政的运行以满足社会公共需要为使命，从一定意义上说，公共财政也就是民生财政。这与新型城镇化建设的理念是一致的。可以预见，推进新型城镇化将会为财政带来诸多机遇。

首先，新型城镇化的发展，有利于财政运行的基础更加坚实。从长远看，实施新型城镇化发展战略是一个城乡经济社会整体优化组合的重大措施。它不仅着眼于大中小城市和小城镇建设的协调性，有利于农业劳动力就近就业，而且也为降低由城市化所引起的家庭生活成本和社会成本，为提高城乡居民的收入水平，扩大消费能力，提供有力的支撑。城市化带来的可持续经济增长基础上生成的红利将不断释放，从而使财政收入的源泉越发稳定，为我国社会转型和人民生活水平升级创造可靠的基础和条件。具体说，新型城镇化发展战略对财政收入的利好影响，重点表现为：①产业集聚效应可以扩大财源总量和质量。城市化中的产业集聚，不是简单地产业集中，而是与技术进步、管理创新相伴随的产业升级过程。产业规模的扩大和产业效率的提升，最终反映为经济增长。研究表明，城镇化率每提高 1 百分点，就可拉动 GDP 增长 1.5 百分点。尤其是在我国现有流转税为主体税种的格局下，经济总量的稳定增长是财政收入最好的保障。同时，新型城镇化发展战略通过降低企业经营成本、家庭生活成本和社会成本，有助于社会净收益的提高，这将为所得税收入的增长提供更多的税源。②企业生产方式和居民生活方式的变化带动财源的增长。城市化的过程是企业生产方式和居民生活方式变革的过程。其结果将刺激一批相适应的新型服务业应运而生，或者刺激原有的服务业规模扩大化。服务业对财政收入的贡献度将随之有一个较大幅度的提高。发达国家社会发展的实践表明，其服务业对 GDP，进而对财政收入所做的贡献十分显著，这与其城市化率水平高是密不可分的。

其次，新型城镇化的发展，有利于财政减轻支出负担。城市化进程中的社会成本大部分要由财政负担。所谓城市化社会成本，是指随着人口数量的增加和城市规模的扩张，公共交通、供水排水、医疗卫生、教育、环境保护及低收入者所需要的住房等个人无力解决的从公共产品和准公共产品所要花费的代价。但是，在同样的支出项目上，大城市和小城镇的建设和采购费用会有较大差别。以越来越多的城市地铁建设项目为例，根据中国工程院院士、北京交通大学教授王梦恕的经验，我国每千米地铁修建成本约 5 亿元。如果按一条地铁长 30 千米计算，其修建成本或可高达 150 亿元人民币——这是一个中等城市一年的财政收入总额。到 2015 年 3 月，全国批准规划建设地铁或城市轻轨的项目已达到 38 个。在 2020 年之前，全国各地的城市轨道交通投资规模将超过 1 万亿元，其中主要是地铁投资。再以保障性住房建设为例，城市新增人口数量庞大，住房需求急剧增长，而大中城市的高房价又远超新增人口的支付能力，为解决这一问题，政府必须通过财政资金建设保障型住房。在住房和城乡建设部规划下，“十二五”期间全国保障性住房覆盖面达到 20%以上，开工建设 3 600 万套保障性安居住房。财政部网站信息表明，2012 年，各级财政部门大力支持保障性安居工程建设，全年财政支出达到 3 800.43 亿元。这些支出不能全部算到新增城市人口的头上，其中一部分与改善原有城市人口的生活质量有关。但是，新增人口的压力显然是这些支出增长的重要诱因。如果能够分散一部分新增城市人口到中小城市和小城镇，有的支出项目是完全没有必要的，如地铁；有的支出项虽然有必要，但成本水平显然会有一个很大的不同。这样就能够给未来财政支出的减负腾出一定的空间。

最后，新型城镇化的发展，有利于财政进一步优化职能。从资源配置职能看，在目前的城市化进程中，由于农村人口主要流向大中型城市，也带动了资源从农村向城市的积聚，从落后地区向发达地区的积聚。而农村物质资源和劳动力大规模的迁移及其在大中型城市的积聚，倒逼公共财政资金扩大相应的支出，使财政资金也更多地配置到城市的发展方面。这种资源的配置结果，必然使农村公共产品的提供落后于城市。这是造成我国目前城乡差别和区域差别显著拉大的重要症结之一。因此，新型城镇化发展战略的实施，客观上要求财政必须同时关注小城镇的发展需要，从而使公共产品的供给能够更多地贴近农村地区，有助于控制城乡差别和区域差别的进一步拉大。从分配职能看，财政承担着在再分配领域均衡不同利益群体收入差别的重要责任。其中一个基本手段就在于财政转移支付对弱势群体的援助。近年来，政府不仅在农村居民中加大了对农村困难家庭的社会救助力度，而且全面实施了由财政支持的新农合和养老保险制度。这些制度的实施，毫无疑问，对于广大农户来讲是一个重大的福利。但是，我国的社会保障制度建立在二元化的户籍管理制度基础上，使那些已经进城务工的群体在城乡两套不同的制度上难以权衡，以至于相当一批人宁愿选择不加入城市社会保障体系。社会保障制度的缺失，意味着大批的农村流动人口公共利益的损失。如果能够把更多农村的劳动力通过小城镇发展留在当地，必将有力地促进社会保障制度建设的进程，进而使公共财政的阳光给广大农村家庭送去应有的温暖。

三、推进新型城镇化发展的财政对策

面对推进新型城镇化所面临的任务及其给财政发展带来的机遇，财政应对其做出积极回应。

第一，要深化公共财政体制改革。新型城镇化是一个在未来较长的一段时期内持续发展的过程，在我国这样一个有 13 多亿人口的国家，其难度之大显而易见。财政无法对城镇化所提出的巨大资金需求大包大揽。解决问题的出路还在于，通过深化公共财政体制的建设，规范政府应该承担的责任，廓清城镇化发展中的公共产品边界。财政用于城镇建设的资金需要量力而行，优先用于城镇公共设施建设、产业集聚区域的基础设施建设，并对就业培训、社会保障及保障性住房等进行统筹安排，以保证城镇化对企业和居民形成有吸引力的物质载体。但要防止借用政府力量，过多采取强制人为推动城镇化，从而把本应由市场主体完成的事情转向财政。考虑到中央政府对新型城镇化在未来国家整体经济增长和社会发展中定位之高，以及推进新型城镇化对财政形成的重要影响，建议财政部门认真研究出台城镇化长期财政预算指导方案，彰显公共财政的法制化特征，以推动全国和地方城镇化建设的有序开展。

第二，要优化财政管理体制格局。笔者认为，这里的需要解决好两个相互联系的问题。一是要处理好财政体制与新型城镇化发展战略的相互协调关系。以往的城市化发展之所以突出大中型城市，一方面是因为大中型城市在资源利用效率上具有天然的优势，在经济发展的前期阶段，效率优先既能迅速带动 GDP 快速增长，对财政收入也起到了显著的助推作用。因此，政府对大中型城市的发展给予了特别的重视，小城镇建设的资金来源则捉襟见肘。另一方面，现在，如果我们认定了大中小城市和小城镇同时发展的必要性，而且大城市，尤其是特大城市的发展需要进行相对控制，那么，财政体制有必要为小城市、小城镇的发展腾出资金空间，为小城市、小城镇的政府增加支配更多资金的能力。二是应增强地方政府更大的财政决策权。新型城镇化不仅要给小城市和小城镇发展的机会，同时也要赋予其相应的责任。按照公共产品的供给理论，小城市、小城镇的建设属于典型的地方性公共产品，建设的好坏，以及建设所需要的资源，都与相应区域的居民利益相联系。1994 年分级财政管理体制的改革，主要强化了中央政府财政的支配权，地方政府的权利大为收缩。地方政府的可支配财力不仅由本地分享的税收收入决定，而且也由中央政府和上级政府给予的财政转移支付有无及其数额的大小决定。这样的财政决策无法满足地方政府对本地居民承担的责任。

第三，要拓展城镇化财政资金来源。在我国财政收入持续大幅度增长并且广受社会诟病的背景下，政府作为公共产品的提供者，如何拿出足够的资金承担自己的责任，支持新型城镇化的发展，无疑是对财政部门的巨大考验。笔者认为，可以着重考虑几个出路：①通过现有支出结构的调整，腾出部分资金注入新型城镇化建设。对于目前遍地开花的地铁等过于巨额超前建设项目，需要慎重考虑期建设进程。在中国科学院《2011 中国区域发展报告——金融危机背景下的区域发展态势》发布会上，经济地理学家、中国科学院院士陆大道指出，从整个交通投资情况看，1999 年投资 1 000 亿元、2006 年 3 000 亿元、2010 年一下达到 3 万亿元，过去投资占 GDP 的 1%~1.5%，2010 年达到 9%。这种高比重的投资不正常。如果继续强调所谓大项目的拉动效应，小城市、小城镇的建设资金是不可能得到落实的。此外，在城镇化建设体系内，还有另外一种极不合理的过多占用资金的问题，即用于办公设施建设的投入浪费太大。在各个城市当中，气派豪华的政府各部门、公检法和其他国有单位的办公大楼并非罕见，投资额动辄上亿元。制止这种盲目攀比之风，不仅有利于形成务实节俭公共财政理念，也有利于为新型城镇化建设所需资金提供支持。②调整现有房产税制度，优化以房产税为核心的地方税体系建设。我国房产税试点已经有了初步经验，适时总结经验，在全国范围推进房产税的征收，对于促进房产市场的理性发展，建立地方政府稳定税源，具有积极作用。当然，房产税制度的调整如同个人所得税一样，会非常广泛地影响到人们的利益关系，需要考虑到普通房产所有人的可接受性。③采取合理的经济诱导方式，吸收社会资金参与城镇化建设。一是发行市政债。我国地方政府发债至今通过中央政府代为发行。由于实际资金需求量远远得不到满足，地方政府通过设立融资平台，另行筹集了更多的债务资金。到 2011 年年底，该数据已经达到 11 万亿以上。但是，地方政府究竟应该因什么用途借债，以什么方式还债，缺乏规范的约束。从公共财政的角度看，让地方政府的债务在法律的约束下，明确地与市政建设联系起来，是非常必要的。二是使用者付费。应该说，改革过程中，我们在这方面不乏成功的实践。现在的主要问题是要强调规范化，不能假借公共利益之名，随意向消费者、使用者转嫁负担。

第四，要强化新型城镇化财政风险监管。加强地方政府在新型城镇化建设中的权利和责任，财政监管必须进一步到位，以防止地方政府以公共产品提供者的身份，滥用财政权力，导致财政风险的发生。一方面，要严密关注地方政府的债务风险。地方政府债务虽然具有相对独立性，但它一旦出了问题，不仅危及本区域内经济和社会稳定，而且总是要连带影响国家总体的经济形势。中央政府对地方政府的困难不可能漠视不管。因此，地方政府无论是继续沿用目前的方式借债，还是被赋予独立发债的资格，都需要对其债务融资动机、融资规模及其偿债保障能力，进行严格的监管。2008 年国际金融危机爆发以来，欧洲国家主权债务危机留给人们的深刻教训，对我们严控地方债是一个很重要的启示。另一方面，要高度重视提高资金投入的质量和效益。从立项和预算开始，就要对其可行性、合理性进行严格评价和审计，对项目的最终功能和结算进行严格的绩效评价。城镇化的每一个项目都有很强的政策性。在我国现有的社会管理方式下，一旦某个项目出了问题，总是要有政府的财政兜底买单。在这个意义上说，加强财政监督制度的建设和完善，是推进新型城镇化顺利发展不可分割的组成要素。

第五，需要指出，新型城镇化建设将是我国未来几十年消除城乡差别、提升国家经济社会整体发展水平的一条重要道路。从财政的角度而言，关键的问题在于要在理顺城建资金供给体制的前提下，优化目前的财政支出结构，并对不同用途的支出（如扶贫支出、文化支出、教育支出、生态环保支出、城市公共基础设施建设支出等）与新型城镇化建设的资金需求进行有效整合，避免资金的多头管理、各自为战，以防降低资金使用效益和效率。要善于发挥我国社会主义国家独有的优势，合理规划和有序进行城镇建设，充分利用好土地资源和其他自然资源的产权，创新 PPP 等城镇建设的合作方式，在放大财政政策在新型城镇化建设中激励效应的同时，让国有资产真正转化为全体公民受益的载体，加快新型城镇化建设的速度，提升新型城镇化建设的质量。同时，财政政策需要引导新型城镇化在大中小城市和小城镇建设布局中的作用，以避免未来城市运营的过大成本支出和效率低下的问题。

第六章　优化产业发展财政支持政策

第一节　支持高新技术产业发展的公共财政政策

高新技术产业是产业结构中最为活跃的组成部分，是牵引整个经济体系发展方向，提升经济增长效率和质量的龙头。在我国社会主义市场经济中，政府对经济的发展具有组织领导和通过直接投资、引导投资配置社会经济资源的功能。借助于国家财政政策促进高新技术产业发展理应成为实现政府产业政策目标的重要选择。事实上，利用财政税收政策扶持高新技术产业区发展，是各国政府普遍的做法，差别仅在于扶持的政策力度强弱不同，扶持的环节不同，扶持的机制不同。那么，在我国经济快速增长的形势下，加大付出高新技术产业的意义在哪里？拉动经济增长的机理是什么？又当如何选择支持政策的方式？

一、公共财政介入高新技术产业发展的理论依据

（一）高新技术产品的外部性与政府介入

按照成本-收益理论的分析，具有正外部性的产品，其私人收益会小于社会收益，二者的差额就是外部收益。高新技术产品存在大量的外部收益。一方面，高新技术产品一旦被应用和推广，就会在全社会范围内产生极为可观的经济效益和社会效益，并为其他企业和行业所共同分享。另一方面，高新技术产品往往要以大量的长时间的前期应用及开发性研究，甚至基础性研究为前提，而其开发者得到的收益只是所有收益中的极小一部分。社会收益率远远高于开发者的私人收益率，成本与收益不对称，从而会影响市场资源配置的效率。因此，在外部收益得不到补偿的情况下，开发者就没有积极性来投资于代价高昂的研究与开发活动，甚至会摒弃从事这类活动，这就是市场“失灵”的一种表现。因此，必须有政府部门的介入和干预。

（二）高新技术产业的高风险性和不确定性与政府介入

高风险性是高新技术产业固有的特点之一，而市场本身不能提供分担风险的有效机制。高新技术产业的高风险是由多个因素引起的。从内部因素来看，高新技术产业的技术创新是没有先例可行，也无经验可循的探索性开创活动。研究与

开发能否成功，新产品能否为消费者所接受，以及潜在的市场容量是否能弥补前期所投入的研究与开发成本并获得赢利都具有很大的不确定性。有调查表明，世界上产生收益的技术创新占全部技术创新的比例不到10%。1997年，美国每10 000个得到风险投资支持的技术创新项目中，只有1个可以成功占有1%的市场。只有那些实力雄厚的大企业才敢于开展技术创新活动。从外部因素来看，高新技术产业的科研开发和技术创新的投资不仅数额巨大，而且一般得不到担保，也难以获得抵押，因而很难得到银行贷款的支持。而股权融资的资金成本要大大高于债务融资。市场体制下的投资决策都是企业基于对收益和风险的权衡而做出的，以上因素的存在都在很大程度上限制了对高新技术企业的投资。在我国目前风险投资体制尚不健全的情况下，政府如不介入，势必导致高新技术风险投资的不足。

（三）高新技术产业的高投入性与政府介入

一项成熟的高新技术成果要经过实验室成果、中间放大试验和产业化三个阶段，这三个阶段的资金投入比例为 1：10：100，并且 R&D（reasearch and development，即研究与开发）及生产投资规模越来越大。美国 TI 公司推算，20世纪 90 年代建造一条 64MRAM 自动化生产线需要约 10 亿美元的投资，并且由于不断变化的技术创新和全球化的市场竞争，及其所需要的快速反应，需要不断进行适应性投资，否则将很快失去优势。高新技术产业的高投入性，一方面使实力有限的企业无法承担，另一方面会导致该行业的平均成本曲线在相对较大的产量范围内向下倾斜，这就使一些小企业的平均成本高于大企业的平均成本，从而失去竞争优势。因此，高新技术产业的高投入性会导致生产中一定程度上的自然垄断性，政府如不介入，将会出现高新技术产品供给不足的现象，进而会造成社会资源配置的低效率和资源浪费。由于高新技术产业所具有的上述特点，促使各国政府为了在世界经济中处于领先地位，都将高新技术产业的发展作为国家经济发展的战略重点。高新技术产业的发展，只有同国家的宏观经济战略结合起来，才具有生命力和发展前途，才能真正在协调中获得实际利益。而政府作为国家的宏观经济调控部门，不仅能够促进高新技术企业的发展，而且还能够从整个社会经济发展的大局出发，制定高新技术产业发展的战略目标，具有将高新技术产业的发展与国家的宏观经济战略相结合的能力。因而，高新技术产业的发展离不开政府的宏观调控。

二、财税政策在高新技术产业发展中的作用机理

财税政策作为市场经济下政府调控经济运行的最直接手段，对促进高新技术产业的发展起着非常重要的作用。

（一）财税政策可以为高新技术产业的发展提供动力机制

从高新技术产业发展的动力机制来看，在自由竞争的市场经济条件下，企业作为技术进步和技术创新的载体，其发展的最主要动力源于科技发展牵引下的“技术推动”，也在于不断变化的市场“需求拉动”。政府的“政策推动”只是起着一种补充的作用，并不居于主导地位。然而，自20世纪80年代以来，西方国家非常重视“政策推动”在高新技术产业发展中的作用，特别是在市场机制内在缺陷日益显露的情况下，政府在政策取向上，偏重对高新技术企业的技术创新给予大量的直接或间接的政策扶持，加大了“政策推动”在高新技术产业发展中的作用力度。但从目前我国社会主义市场经济发展的客观实际来看，企业还没有真正成为市场竞争中的利益主体，还缺乏有效地激发企业进行技术创新的动力。同时，各类市场的发育程度也不平衡，市场体系尚不健全，市场竞争秩序较为混乱，这些都严重制约了高新技术企业技术创新动力机制的形成和运作。另外，各种不规范的竞争行为又进一步扭曲或误导了本不符合“理性”的企业行为，使不少企业把生存与发展的希望寄托于谋求更多的特权，包括“寻租行为”和“人为夸空”的广告宣传等方面。为此，首先必须加速构造高新技术企业进行技术创新的动力机制，按照现代市场经济的要求使企业真正成为自主经营、自负盈亏、自我发展、自我约束的责任主体。其次，政府的财税政策也必须进行相应的调整和转换，理顺一切阻碍或制约企业改革的财税规则，为高新技术产业技术创新动力机制的形成创造条件。

（二）财税政策能够促进高新技术产业良性运行机制的形成

从高新技术产业的运行机制来看，企业的技术创新要经过发明—开发—设计—试制—产品化—商品化这样一个持续发展的系统过程。在这一技术创新的每一个环节上，政府的财税政策都会对其产生影响。对发明人所取得的特许权所得、转让所得提供的税收优惠待遇；对开发、设计等的风险准备金实行的税后扣除；对未正式投产前的中间试制阶段免征中试产品税；当企业采用先进技术将新产品投入大规模生产阶段，政府采取加速设备折旧或建立技术准备金的方式，在计税前予以扣除；对企业开发的新产品予以税收减免；等等，所有这一系列的政策导向，都从利益机制上激励企业进行技术进步和技术创新。同时，这些政策措施又会为企业技术创新运行机制的良性运转创造一个极为宽松和更加有利的发展局面。另外，从各国政府对科学研究的一般做法来看，基础研究的大部分和应用研究的一部分，都是通过政府直接投资或联合投资等形式来完成的，如果把企业的技术创新与前期的基础研究、应用研究结合起来看，政府财税政策的积极促进作用就会更为明显。

（三）财税政策能够缓减高新技术产业发展中的约束机制

从高新技术产业发展的约束机制来看，对企业来说，最主要的约束就是资金的约束。资金短缺是制约企业经营发展和技术创新的最主要障碍。政府财税部门作为调控社会资金运行和引导资金流向的重要职能部门，对企业技术创新资金的配置具有重大的影响。在市场经济体制下，政府对企业的直接拨款或投资越来越少，企业技术创新、技术进步乃至正常的生产经营所需的资金主要依赖于自身的积累和银行贷款。但这并不排除政府通过恰当的财税政策对企业资金的积累起间接作用，如通过税收的让渡、贴息政策，增强企业内在的资金累积能力；为企业技术创新资金的融通创造良好的环境，培育完善的市场体系，建立健全资金市场、劳动市场、技术市场；等等。

三、完善促进高新技术产业发展的财政投入政策

财政投入政策是指以政府财政收入为基础，对高新技术产业提供直接拨款或补贴，借以推动高新技术产业更快发展的财政政策。我们认为，未来一个较长的时期内，中国政府需要在以下方面对财政投入政策做必要的改革与调整：

（一）深化中国 R&D 投入制度的改革

第一，要提高政府财政对高新技术企业 R&D 活动的支持力度。要根据经济发展的客观需要和世界科技与经济发展的客观趋势，合理规划中国高新技术产业发展的结构和优先次序，把高新技术产业 R&D 部门作为优先扶持的部门和领域。同时，下大力气调整 R&D 投资的结构，对基础研究和为科技、经济长远发展战略目标服务，具有公益性质的研究开发项目，以及对产业技术进步有重要影响的关键、共性技术的研究开发，应当加大投资力度。对应用性研究开发则要增强投资导向性，积极引导非政府部门增加 R&D 成果转化阶段的投入。

第二，积极构建“官、产、学、研”相结合的 R&D 投入格局。20 世纪 90 年代以来，高等学校与企业间的 R&D 投入合作成为促进高新技术产业化的一条重要途径。美国公司 1997 年在大学投入的资金达到 17 亿美元，这一数字是 20 年前的 7 倍。而 1997 年美国大学发明的专利给投资公司创造了 300 亿美元的销售额。从全球的发展趋势来看，跨国公司与高等学校的 R&D 合作会进一步加强，而且这种合作开始走向全球一体化。然而，在中国，企业特别是国有企业的研究与开发职能长期得不到重视和培育，企业职能的不完备直接限制了中国科技成果向现实生产力的转化，限制了中国对引进技术的消化吸收。因此，中国急需构建“官、产、学、研”相结合的 R&D 投入格局，在充分发挥政府高新技术创新能力的前提下，完善企业研究与开发职能，强化企业研究与开发能力，使高新技术创新成

为企业竞争和发展的新的战略选择的核心。政府可以财政投入为引导，吸引大型企业、银行及社会资金，设立产、学、研专项合作基金，把产、学、研联合开发工程纳入国家专项计划。

第三，要加强对财政性科技资金管理制度的创新。按照财政性科技资金的运行规律，科技资金应当按照预算编制、执行、监督相对分离的要求，在公共财政框架内实施改革。一是要建立财政性科技资金预算管理机制。按照早编细编预算、实行综合预算、编制部门预算、硬化预算约束的要求，严格预算管理与执行。实行部门预算，将所有的收支项目都编进科技预算，可以有效增强科技资金的透明性。在执行过程中，资金跟着项目走，科技部门按预算执行即可。同时，科技预算从基层编起，能有效避免科技职能部门代编所造成的盲目性，使科技资金真正安排到必需的项目，提高了科技资金使用的准确性和资金的使用效益。二是实行国库单一账户管理制度，加强财政性科技资金的收支管理。科技部门的所有政府性资金全部直接交入国库账户，科技支出在实际使用时从国库账户直接划入商品和劳务提供者的账户，这有助于解决目前科技单位在银行开户过多而造成的资金分散和监督不力等问题。三是要加强科技资金的政府采购工作。政府采购是可以影响创新方向和速度的一种政策工具，通过采购价格、采购数量、采购标准等，可以体现政策导向，影响和吸引风险投资家投资。从历史上看，美国“硅谷”的迅速崛起与美国政府采购所形成的对电子产品、导弹产品、计算机产品等的需求创造是密不可分的。

（二）运用财政投入政策支持高新技术产业风险投资

风险投资是把资金投向蕴藏着失败风险的高新技术及其产品的研究开发领域，旨在促使高新技术成果尽快商品化，以取得高资本收益的一种投资行为。因此，高新技术产业化离不开风险投资，风险投资被称为高新技术产业发展的发动机。

多渠道的风险资本来源是发展高新技术产业的重要条件。目前，我国高新技术产业风险投资存在资金规模不足，结构单一的问题，迫切需要拓宽融资渠道，建立“多方投入、风险共担、利益共享”的风险投资运行机制，充分发挥不同投资主体的作用，实现风险融资市场化。政府的作用主要是投入“种子基金”，以推动早期风险投资的起步和发展。政府“种子基金”的存在主要有以下两方面的理由：一方面是高新技术企业的 R&D 投资所产生的社会效益往往高于企业本身所获得的效益，即存在“溢出效益”；另一方面是政府对高新技术企业的投入会对私人资本起到示范作用。政府“种子基金”的投放可以通过政府融资担保和政府补贴资金等形式来实现。所谓政府融资担保，即政府提供与风险投资相配套的无息或低息长期优惠贷款，或加大对商业银行向风险项目贷款的担保力度。例如，政府可以设立信用担保公司或担保基金，并规定风险投资机构或向风险投资企业提供贷款的金融机构，均可以对其风险项目的投入资金向信用担保公司或担保基金提出担保要求，信用担保公司或担保基金也可以要求被担保人为其提供反担保。所谓政府补贴资金，即政府为鼓励风险投资的发展，向风险投资企业提供的一种无偿的补助。在这方面，外国政府的许多经验可以借鉴。例如，加拿大安大略省为鼓励私人风险投资的发展，对向高新技术风险企业投资的个人入股者给予风险投资总额30%的补助金；德国政府于1984年底实施了一项对风险投资企业进行资助的典型计划，到1985年底，共向268家风险投资企业提供了0.87亿马克的资金补贴。

此外，政府应制定和完善相应的法律法规，大力支持风险投资公司的发展和建立风险投资基金。风险投资公司是专门向高新技术企业投入研究开发资金，并可从事一定融资业务的金融机构。风险投资公司与所投资的高新技术风险企业之间是一种唇齿相依的合作关系，两者风险共担，利益共享。一般来说，可以由科技企业家以技术入股，风险投资公司以资金入股，共同组成一个高新技术风险企业，双方共同经营。在市场经济条件下，风险投资公司应该成为风险资本市场的投资主体。目前，我国的风险投资公司在政府的培育和引导下，已有初步发展，其潜力巨大。风险投资基金属于高新技术产业投资基金，实行“共同出资、专家经营、组合投资”的运作方式，其经营方针是在高风险中追求高收益。市场经济发达的国家的经验表明，风险投资基金作为基金的一部分，在扶持高新技术产业和产业结构优化方面发挥着重要作用。风险投资基金可以通过直接向社会募集和鼓励中外合资风险投资等方式设立。同时，为适应风险投资的市场化运行，应尽快建立与完善我国的风险投资融通市场，完善风险投资退出机制。

四、努力实现我国高新技术产业税收优惠政策的转变

借助于税收优惠政策推动高新技术产业的发展，是当代各国政府经济政策的重要内容。对高新技术产业实行税收优惠政策有助于其“造血”机能的增强，使高新技术产业在激烈的世界经济竞争中发展壮大起来。基于对我国高新技术产业发展和相关税收优惠政策现实情况的认识，我们认为，借鉴国际成功经验，我国高新技术产业税收优惠政策应积极实现四个方面的转变，以促进高新技术产业的尽快成长。

（一）实现由直接优惠为主向间接优惠为主的转变

税收直接优惠方式包括税率式优惠与税额式优惠，主要表现为对企业最终经营结果的减免税（如企业所得税的减免），是一种事后的利益让渡，对引导企业事

前进行技术进步和科研开发的作用较弱。而税收间接优惠方式（税基式优惠）则侧重于税前优惠，主要表现为对企业税基的减免。而在 R&D 费用扣除、固定资产折旧、投资减免、延期纳税等方面缺乏实质性的优惠。这不但造成了政府收入绝对额的减少，而且也不利于从根本上鼓励高新技术产业的发展。

要实现由直接优惠为主向间接优惠为主的转变，我们认为可从以下方面考虑：第一，推行高新技术企业固定资产的加速折旧政策，以加快企业资金的周转速度，增加企业用于更新设备和进行技术进步的可支配资金。第二，实行高新技术开发基金税前扣除的优惠政策，由政府分担企业的一部分投资风险，从而激发高新技术企业进行技术创新的积极性。第三，国家应当允许企业税前列支一定比例的 R&D 费用，并对 R&D 投资给予一定的税收抵免。这样不仅可以增强企业开发、运用和转化科研成果的积极性，也可以促进企业和科研机构、高校的合作，提高科技成果转化的效率。

（二）实现由区域优惠为主向产业优惠为主的转变

我国现行的高新技术税收优惠主要体现在经济特区、某些行政省区、经济技术开发区和高科技园区内，区域优惠明显，而全国范围内的产业（或行业）优惠较少。在经济发展初期，区域性税收优惠政策可以起到先导性、示范性、集聚性和辐射性的作用，可以在短期内吸引资金流向对高新技术产业有优惠措施的地区，建立起高新技术产业发展的区域环境。但是，随着经济的不断发展，这种区域性优惠的弊端也日益显现出来。一方面，它不能充分实现税收的引导、激励作用，体现不出税收优惠力度。另一方面，税收优惠政策的时效性不强，“无限期”的税收优惠待遇不利于企业创新机制的建立，也不利于企业增加对研究开发的投入。此外，不同时期批准成立的高新技术开发区税收优惠政策有所不同，造成政策性差异。

高新技术是没有国界的，更没有区域和企业的界限。因而高新技术产业的税收优惠政策也不应该有区域和企业的分界。从我国目前的实际出发，未来的税收优惠政策设计，可以考虑区域性优惠与产业优惠相结合，更多地注重产业优惠。凡是符合条件的企事业单位，不论其是否处于高科技园区，都可以享受税收优惠。通过对整个高新技术产业的普遍优惠，而非对个别企事业单位的优惠，体现我国的产业政策目标。同时，在东部地区，高科技园区和经济技术开发区内应逐步取消税收直接优惠方式，采用税收间接优惠方式，体现产业优惠的倾向，区内主要发展各项配套措施和服务，发展成熟的高科技园区；在西部地区，配合西部开发“点面结合”的发展战略，借鉴东部发展经验和教训，在开发初期，可以在经济技术开发区和高科技园区实行一定的税收直接优惠，随着开发进程的推进，逐渐减少区域优惠，清理和调整东西部税收优惠差异，走产业优惠的道路。

（三）实现由所得税优惠为主向所得税和流转税优惠并重的转变

我国现行税制尽管是双主体模式，但流转税是我国税收收入的主要来源，而所得税收入所占比重较低。但在高新技术产业的税收优惠上却以所得税为主，显然与税制结构不符，也与高新技术产业促进经济增长的作用机制不相适应。我们认为，要完善这一层面的税收优惠政策，需要把重点集中在以下几个方面：

首先是改革增值税：①为了充分体现国家对高新技术产业的鼓励和支持，对技术含量高，经确认是高新技术的产品征税时，其生产和销售可以考虑按照低税率（13%）纳税，适当降低其实际税负。②为了解决高新技术企业设备价值量大、更新速度快、占用资金多的问题，可以考虑对高新技术企业或与技术开发有关的机器设备实行“税改投”的政策，即将应征未征的增值税作为国家的资本金投入。

其次是完善企业所得税：①为了鼓励起步阶段高新技术企业的发展，可以考虑高新技术企业的免税年度从企业的赢利年度开始计算，适当延长企业所得税减免的期限，减税时间可以延长至10~15年。②改革高新技术企业的计税工资标准，比较彻底的做法是像软件行业一样对工资费用税前据实扣除；过渡期的办法是提高其计税工资标准。③鼓励技术开发型科研机构转制。科研机构转为企业后可给予一定的年度减免企业所得税优惠。

最后是改革营业税。高新技术企业对外转让专利技术或非专利科技成果、特许使用权等所获得的收入应比照对科研单位实行的优惠，即免征营业税，以此来促进高新技术企业的发展。如果对高新技术企业成果转让免征营业税存在一定的执行困难，建议对高新技术企业对外转让专利技术和非专利科技成果、特许使用权等所获得的收入减半征收营业税。

（四）实现由企业所得税单一优惠向企业和个人所得税优惠并重的转变

按照1994年改革后的所得税制度规定，我国高新技术企业实行15%的企业所得税税率，个人投资高新技术企业获取的个人所得却没有所得税方面的优惠措施，并且企业所得税和个人所得税的课征形成了双重课税。由于高新技术产业的利润率一般较高，个人投资者所获得的利润也相对较高，所以其所适用的个人所得税累进税率较高，承担的税负也相对较高，这在一定程度上影响了个人投资高新技术产业的积极性。另外，我国个人所得税法对高新技术人员的优惠政策规定，个人取得省级人民政府，国际组织颁发的科学、教育、技术等方面的奖金，以及国务院规定发给的政府特殊津贴的，可以免征个人所得税；对企业颁发的重大成就奖、科技进步奖仍征收个人所得税。这在一定程度上挫伤了高新技术人员的创新积极性。

为此，可以考虑在继续实行企业所得税优惠的同时，强化对高新技术产业科技人才的个人所得税优惠政策。例如，对个人的技术转让、技术专利使用费等收入减免个人所得税，目前可以在20%比例税率的基础上予以减征30%~50%，以降低其实际税负；对科研人员从事研究与开发活动取得特殊成绩或贡献所获得的各类奖金及特殊津贴免征个人所得税；对从事科研开发人员以技术入股而获得的股权收益，包括红利和转让收入免征个人所得税。

作为本节的总结，笔者认为，改革开放近40年来，我国的经济增长已经达到一个令世人为之惊异的高度，城乡居民的生活水平也发生了翻天覆地的变化。在这一变化的背后，高新技术产业的贡献有目共睹，从现代化的产业装备到电子信息消费产品，从航天工程到高速铁路，从现代农业到医疗卫生技术的进步，尤其是互联网+的模式形成，到处都可以让人们体会到高新技术释放出来的巨大能量。几十年来，国家财政对科技进步给予了巨大投入，对一些关键性技术的突破发挥了十分积极的作用。毫无疑问，未来科技事业的发展和高新技术产业的发展仍然需要公共财政政策的鼎力支持。但是，值得注意的是，在社会主义市场经济条件下，财政政策对高新技术产业的支持也需要在保持力度不减的情况下，深入研究支持方式的创新，努力激发市场资本对高新技术产业的投入热情，激发科技人员创新研究的积极性。“要着力以科技创新为核心，全方位推进产品创新、品牌创新、产业组织创新、商业模式创新，把创新驱动发展战略落实到现代化建设整个进程和各个方面”（习近平，2014）。

第二节　公共信息资源建设的财政投入责任分析

在信息社会到来的今天，信息资源从自发生成到有序建设，已经成为社会经济投入的一个重要领域。信息资源的开发和建设资金既可以由私人部门投入，并对其产品按照市场交易规则提供给他人消费，也可以由政府公共部门投入，让其产品无偿提供给社会成员共享。但是，不能反过来说无偿提供的信息资源产品都是由公共财力投入的，市场交易的信息资源产品都是由私人财力投入的。这就涉及国家财政在信息资源建设中究竟应该承担怎样的投入责任，或者我们需要按照什么标准来判断政府的财政资金来支持信息资源的开发与建设。在本节，笔者从信息资源共建共享的角度阐述了它的公共产品特征，并据此提出了财政投入的边界和投入的策略。

一、公共信息的准公共物品属性

公共信息是指和私人信息相对的，和公众利益密切相关的有必要、可以公开、一般具有外部效应的信息和资讯。公共信息是与公众利益密切相关的信息和资讯。

公共信息的获得主要依靠国家权力机关及政府事业部门。公共信息的一大特点是社会共享，这种特点表现为：公众获得这样的信息是免费的；提供这种公共信息必须通过一种人们乐于接受的渠道（杨和焰，2006）。一般来说，大部分公共信息是由政府部门、文化部门获得，然后无偿地提供给公众使用（我国目前对一些公共信息进行收费，这在长期看来，是应该被取消的，但在短期看来，确实有利于冲减公共信息建设成本）。本书所指的公共部门的公共信息不是一般意义上的、泛指的公共信息，而是特指以政府部门主导，以电子数据、传统介质为载体，以音频、视频、文字为表达方法，以市场信息、科学知识、科学研究资料、文化知识为具体形式的公共信息。

依据提供的主体的不同，公共信息大致可以分为两类：一是公共部门提供的公共信息，二是私人部门提供的公共信息。公共部门的公共信息是否属于公共物品，可以通过以下步骤进行判断。

首先，公共部门的公共信息是否具有非排他性？尽管有一些公共信息是无偿提供给公众使用的，但一般认为是不具有非排他性的。信息拥有者可以通过设置门槛而实现公共信息的排他性。例如，图书馆的传统介质书籍可以通过加入准借条件（收费限制、适用人群限制），电子数据可以通过限定使用的 IP（internet protocol）地址、限定为预交过费用的 VIP（very important person，即贵宾）会员才能浏览指定内容，来实现其排他性。而上述的这些门槛和限定无需耗费过高的成本，兼具经济性和合理性。事实上，很多大学都有这样的规定，只有在其校园网内，才可以下载文献、科研相关的电子数据；学校外的网络不能随意使用，如果要使用，就要交纳使用费，购买账号，在一定范围内合理使用（如说限制用户并行通道数、限制最大文件下载次数、限制文献下载的专业范围等）。

其次，公共部门公共信息是否具有非竞争性？一般认为，是具有非竞争性的，对于电子数据来说更是如此。公共信息可以区分成传统介质材料的信息（如实物形态的纸质书籍、胶带、照片等）和电子数据两类。纸质书籍、传统介质的实物资料具有一定的排他性，但并不强烈，毕竟多个读者借阅同一本书的概率是很小的，而电子数据（目前信息的主要形态）在正常的情况下几乎是完全不具有竞争性的，因为电子数据不会因下载而受到任何损失，也不会因为其他用户正在使用，而导致另一些用户不能使用。总体上来说，公共信息是非竞争性的。

综上所述，公共部门的公共信息兼具排他性和非竞争性，因而可以被看做准公共物品。

那么，私人部门投资建设的公共信息又应该怎样定性呢，它是否具有公共物品属性呢？目前，在我国，私人部门，如一些私立大学、商业化的信息投资机构，也存在着对公共信息的投资。尽管投资的主体是私人部门，并且以营利为最终目的，但在客观上，它们也承担了公共信息的投资风险，同时也促进了公共信息的建设，是公共部门公共信息资源建设的有力补充，在客观上满足了人民大众对公共信息的需求。据此可以认为，私人部门的公共信息具有一定的公共属性，也应算做公共物品。不管是公共部门的公共信息，还是私人部门的公共信息，政府都负有一定的责任。

二、公共信息资源建设中财政投入责任的边界

公共信息的建设，是一项利国利民的巨大工程。由于公共信息属于公共物品，而公共物品的排他性、非竞争性导致私人部门不能提供或者不能足额提供；公共信息建设需要的投资规模巨大、投资期长，私人部门难以驾驭；公共信息建设收益较小，见效期较长，投资难以短期回笼；公共信息还具有经济效益不明显，社会效益明显等特点，私人部门不愿意投入大量资金予以建设。因此，只有以政府为主导出资建设，才能够避免重复建设，减少浪费，提高经济效益和社会效益。那么，政府对公共物品负有哪些投入责任呢？笔者试从信息资源建设进程的角度予以阐述。

（一）网络的建设

政府应该在资金允许的条件下，对公共信息资源网络的建设注入足额资金。网络建设是公共信息建设中的基础环节，是电子数据交通的载体，是公共信息建设中最基础的部分，它要求公共信息网络和中国电信、中国网通、中国移动、教育网等网络进行高带宽的互通。基础公共信息网络建设需要付出的成本，包括硬件成本、软件成本及管理成本。

硬件成本是指网络存贮和应用自动化相关的计算机硬件投入。它主要包括电子计算机、服务器和服务器冷却设施、网卡适配器、光纤、储存阵列、集线器、交换器、冗余电源、电缆配置、备用服务器和配件等。

软件成本是指以硬件为载体，让硬件设备运作并发挥效用的操作系统、系统软件、杀毒和安全软件、应用软件、管理软件等虚拟软体产品，以及相关的网络费用和运行维护的费用。

管理成本是指各建设机构保持良好运作，所需要付出的管理方面的成本。任何项目或者行动都存在管理成本。管理成本又可以细分成决策成本、控制成本。决策成本是指面对不确定的未来，做出决策而花费的成本。控制成本是指决策确定下来以后，为了保证决策实现而付出的成本。

公共信息网络的建设是一个庞大的系统工程，硬件成本、软件成本和管理成本的开销都会非常大，私人部门的投资无法独力负担。政府是公共经济的代言人，要从社会利益的需求考虑责任的担当，因此，这部分资金只有由政府来提供。

（二）信息资源的建设

信息资源的建设是政府投入责任的重要构成部分。信息资源采集的途径有两个：一是通过购买数据提供商提供的数据，二是建立专门的机构来采集和加工数据。网络的建设就像是“餐厅”，而资源就好比是“食物”。只有“食物”清香可口，回味悠远，符合大众的口味，群众才乐于“品尝”，经济的发展、社会的进步才能得以促进，公共信息的投入才算发挥了效果。在网络化条件下，资源的主要表现形式是数字资源。公众需要的公共资源的类型主要包括产品行情、商贸信息、种植技术、养殖技术、进城务工信息、医疗卫生知识、政府政策阐释、诗歌文学、综合知识、影视剧场、综艺会演、京剧、话剧、地方戏、歌剧舞剧、曲艺、相声、小品、杂技、小戏、少年文化、建筑、雕塑、书法、绘画、电影、园林艺术、古典音乐、电子图书和期刊、科普知识等（冯锦福，2008）。

（三）人才队伍建设

人才是事业的基石和保障。邓小平说过，科学技术是第一生产力，而人才则是科学技术中最活跃的部分。毋庸置疑，21 世纪将是人才的世纪。如果偏离这一点认识，一切工作都做不好，公共信息的建设工作也是如此。公共信息的建设工作是一个创新的工作，其中涉及数据标准的设计、数据库的开发、数据的采集和加工、应用软件的开发、高效的管理体制，这些都需要大量高精尖人才。人才的培养、选拔和任用，关系到公共资源建设事业的成败，有必要从战略高度上进行谋划培养和开发工作。

（四）服务平台的建设

公共信息共享系统建立的初衷就是为公众服务，因此，服务平台的建设是尤为重要的。服务平台是公共信息建设工程对公众提供的服务接口，是联系、服务公众的重要途径。服务平台应该具备以下三个特点，即对群众的需求反应迅捷、资源提供及时、便于群众使用。目前，公共信息的建设还处在起步阶段，基层网点还很少，功能也不够全面，不能满足公众的需要。网站的建设也不尽如人意，具体表现为服务站点少、资源更新慢、宣传力度不够。

具体说来，服务平台的建设主要包括基层服务点和网站的建设，这两部分都要政府出资进行建设。基层服务点是客观的物理存在，需要一定的物理空间，需要专门的人员驻守。其优点是可以为公众提供面对面的服务，缺点是只能为距离较近的人群服务。而网站则是虚拟空间，所有的服务都可以通过比特流的方式提供。其优点是服务比较全面，缺点是难以提供实体服务。

（五）管理机构的建设

管理工作是建设的重中之重。目前，我国信息资源条块分割的多元化行政管理体制和运行机制制约着资源共建共享的实施（曾伟清，2004）。以图书馆为例，现在每个图书馆都只需对上级负责，同级之间，呈现出互不干涉的状态，共享无从谈起。各个图书馆与其上级构成一个条状体系，而体系之间相互独立，“条条分割”；图书馆之间只重视纵向联系，即上级与下级的从属关系，而不注重同级之间的横向沟通；体系内部管理自成一体，体系之间互交融，也没有统一的管理机构。造成的结果就是管理效率低下，资源共享难以展开。

三、确保公共信息资源建设中财政投入责任实现的对策

（一）增加公共信息的建设资金

为公共信息建设注入足量资金，可以全面促进公共信息建设，尤其可以促进硬件设施、基础网点和数据库的购买和建设及人才的培养和任用。政府作为公共信息建设管理的主体和主要推动者，应该为公共信息的建设注入足够的资金。为此，要为公共信息资源的建设建立专项资金，做到专款专用。同时采取多元化的融资方式，为公共信息资源的建设筹集足够的资金。

虽然税收收入呈持续增加态势，但相对来说，用于公共建设的资金还是有限的，单靠财政出资难以满足公共信息建设的资金需要。这就要求政府除了自己出资以外，还要积极推动公共信息共建资金来源多元化（魏武和李建敏，2004）。政府要鼓励其他社会组织、企业和机构提供公共信息必要的资金。可以通过财政补贴、税收优惠等具体措施和方法，来鼓励这些单位或者个人加入公共信息建设中来，并通过发行政府债券、出售或出租公共信息的经营权和管理权等方法来进行融资，为公共信息的建设提供必要的资金。

（二）协助完善建设机制

为了达到完善服务平台的目的，政府应该凭借其公共权威，建立公共信息的决策机制和供给评价机制。前者要保证政府所建设的是群众所需要的，后者要保证公共信息建设效率。

公共信息的决策机制是指通过有效地收集公众对公共信息的需求，“按需定制”，依照公众的需求，建立和完善公共信息资源。公共信息资源建设的初衷，就是为了满足公众的需求。倘若不能满足公众的需要，公共信息资源的建设就失去了意义。

供给评价机制是指为了衡量公共信息资源建设的效果，建立合理的指标评价体系，对现有的公共信息资源建设进行评价，找出其中不合理的问题，并在以后

的建设工作中予以改善的一种机制。建立评价体系要注意以下几个方面：一是指标应该以公众的满意度为主要标准，具有继承性和开创性、可测量性、协调性、可调整性等基本特征；二是评价主体应该具有多元性，即评价主体除了公众以外，还应该包括政府部门、评价组织和其他相关部门；三是重视结果运用，不仅要根据评价结果进行建设调整，还要建立奖惩机制，促进公共信息资源建设的有效性。

（三）为公共信息的建设提供技术支持

国家应该对网络的搭建、数据资源的维护和使用、重大设备的公关提供技术支持，以促进其发展。公共信息的建设是一项以计算机网络技术为依托，提供数字化信息的创新工程，先进的、创新的、使用的技术支持是其成功的重要保障。新技术主要体现在网络的搭建，数据的采集、维护和使用，重大设备项目的公关及技术标准的建立等方面。2016 年，我国的公共信息建设的技术体系还没有成型，相关的问题不断出现，因此，需要政府投入大量资金进行研发和攻关，以保障公共信息建设工程的顺利进行。具体说来，政府对此的投入责任如下：首先，要为网络的联通提供技术支持。为此，要通过国家骨干通信网络，并结合数字图书馆的先进技术，不断进行技术方面的创新，走出一条适合我国的网络互联道路。其次，要对公共信息的采集和录入进行系统的研究，为其提供统一的技术规范，摸索出切实可行的公共信息采集和录入标准，提高信息的录入和采集效率（张晓林，2001）。再次，要对重大的子项目和新设备投入资金和人力，进行技术攻关，把公共信息建设这个大工程化整为零，实现从量变到质变的突破。最后，要建立统一的数据储存和共享标准，打破各个共享机构（如数字图书馆）间数据互不兼容的局面。

（四）建立公共信息资源共建共享管理机构

目前，公共信息资源的建设还没有统一的管理机构，各个地方、各个机构的公共信息资源建设还具有很大的随意性，这就造成了“群龙无首”的局面，资源重复建设、共享效率低下、重馆藏不重服务等现象的存在，严重地阻碍了公共信息资源的建设进程。

为此，应该成立专门的公共信息资源共享管理机构，负责制定公共信息资源建设的方针和政策，协调各个地方、各个机构之间公共信息资源的建设，并且制定每一时期各个地方、各个机构应该承担的具体任务，并负责为其拨款，将自发性的、随意性的公共信息资源建设转为有计划、有目的，协调、高效的公共信息资源建设。

本部分对公共信息资源共建共享投资问题的讨论视点是公共利益最大化问题。在我国文化建设工程中，公共图书馆建设是其中重要一环。随着我国经济实力的增强，曾经受到冷落的图书馆事业发展也得到了政府的重视，包括县级图书馆的建设已经被纳入宜居城市建设的范围。但是，图书馆建设自身往往还是限定在一定的行政组织控制之下，其信息资源的利用效率远未发挥出来。笔者认为，图书馆作为一种特殊的文化产品，如何放大其信息资源利用效果，值得研究。信息资源共建共享的过程意味着它要突破传统的信息资源建设和利用模式，让信息资源正的外部性特征及其所产生的社会效益得以充分释放，使优质的信息资源为更多的消费者服务。但是，信息资源共建共享的过程不仅面临着复杂的技术组织难题，同时也需要很好地解决信息资源建设和提供中的社会组织因素难题。也就是要在克服技术因素和社会因素障碍的基础上，提升信息资源的公共化水平，并达到技术的先进性、经济的合理性、利用的便利性与高效性。笔者所表达的研究意义，反映了对固有的公共产品效应的新认识，像图书馆一样的公共文化产品，借助于现代科技手段，完全可以突破人们传统的思想束缚和体制束缚，使其释放出更大的公共利益。

第三节　优化财政支农政策

财政支持农业的发展在我国的国情下具有特殊的重要意义。一个 13 亿多人口的大国，吃饭是头等大事，体现着社会发展的最大公共利益。但是，随着我国加入 WTO，该组织对政府的农业补贴政策设定的限制政策给我国的财政支农政策提出了难题。如何继续保护我国农业生产和农民的利益，如何有效利用 WTO 对我国提供的政策缓冲期，壮大农业生产实力，以应对开放的农业市场环境下海外农产品对我国农产品的冲击，需要给予深入研究，制定切实可行的措施。本节中，笔者对财政支农政策所做的分析都与这一背景有关。

一、中国财政支农政策的转轨及其制约因素

农业的先天弱质性特征及其在国计民生中的基础性地位，决定了对农业的支持与保护必然会成为现代各国政府公共财政支出的重要项目。然而，从市场经济条件的角度看，财政的支持保护政策作为政府干预农业发展的一种手段，又与市场机制的运行存在着一定的矛盾。因此，WTO 对各成员国的农业财政政策提出了不同的要求。

（一）WTO《乌拉圭回合农业协定》对中国农业支持

国内支持政策是相对农产品出口补贴政策而言的。出口补贴是出口国政府为了提高本国农产品在国际市场上的竞争力，运用国家财政力量直接对出口商提供

补贴，使其在价格降低的情况下，能够得到必要的利润。因为出口补贴是与扭曲的市场价格联系在一起的，所以 WTO 的国际贸易规则中禁止其成员国使用出口补贴。而国内支持政策则是指政府通过各种国内政策，以农业和农民为扶持资助对象所实施的各种财政措施。国内支持在含义上非常宽泛，只要政府的支出是与农业和农民有关系的，都视其为支持措施，包括对农产品的价格支持，对农业投入的补贴和对农民的直接补贴，乃至政府用于农业科研推广培训、基础设施建设、扶贫、生态环境建设等方面的支出。当然国内支持政策同样会影响农产品的国际贸易，但大多数具有间接性，对实际交易价格的影响程度存在很大差别。因此，WTO 对国内支持政策采取了不同的态度。

形象地概括 WTO 对国内支持政策的划分类别，人们通常称其为“黄箱政策”和“绿箱政策”。所谓“黄箱政策”是指对生产和贸易产生扭曲作用的政策，包括价格支持，营销贷款，牲畜数量补贴，面积补贴，种子、肥料、灌溉等投入补贴，某些有补贴的贷款计划，等等。所谓“绿箱政策”是指由政府财政支持，而不是从消费者转移而来，没有或仅有微小贸易扭曲作用的支持措施。主要包括农业科研、推广、培训、咨询等政府一般性服务支出，以及为了粮食安全目的实行的公共粮食储备支出、国内粮食援助补贴、一般性农业收入保障补贴、自然灾害补贴、市场营销与促销服务支出、结构调整补贴等。

WTO《乌拉圭回合农业协定》对“绿箱政策”不要求削减，也不限制扩大和强化使用这些政策。而对于扭曲生产和贸易的“黄箱政策”范围内的各项措施，协定则要求成员国进行限制和逐步削减，即各成员国可以用综合支持量（年度内扶持农民的国内支持政策支出之和，可以扣除农业税费）来衡量其是否符合“微观允许标准”（一般为 5%，发展中国家为 10%）。

（二）加入 WTO 后我国财政支农政策的策略选择

我国是一个农业大国，对农业提供财政支持政策是国家宏观经济政策当中的重要组成部分。但是，由于加入 WTO 前我国不受国际规则的约束，在某些方面的做法与国际惯例差别较大。例如，为了鼓励出口，我国对农产品和其他许多产品一样，由国家财政提供出口补贴。这与 WTO 的自由贸易要求是不相容的。因此，作为加入 WTO 的条件之一，在加入 WTO 的谈判中我们已经做出承诺，取消包括价格补贴、实物补贴及对出口产品加工、仓储和运输补贴在内的各种农产品出口补贴。但是，取消出口补贴，并不意味着放弃对农业产业的支持。恰恰相反，WTO 留给各国政府支持农业的空间很大，只要是符合规则的支持方式，尽管放开手脚地去做，不用担心会遇到限制。

依据 WTO 对国内农业支持政策的管理规定和我国在加入 WTO 谈判中争取到的条件，凡是属于“绿箱政策”的财政支持项目，都可以继续沿用，而属于“黄箱政策”的支持项目，则需要重新加以审视和调整。从此原则出发，我国财政对农业的支持，应该主要通过“绿箱政策”来实施，并考虑必要的“黄箱政策”加以辅助。

1. 关于“绿箱政策”的有关问题

就“绿箱政策”而言，重点需要把握以下几个方面。

（1）加大对农业科技的投入。现代农业的发展越来越依赖科学技术的应用。农业科技不仅可以带来农业劳动生产率的提高，生产品种和质量的改进，生产结构的调整和优化，以及生产经营成本的降低，也是农业生产组织结构进一步创新的媒介和动力。所有这些最终都会表现为在同一市场环境下生产者竞争能力的增强。以玉米品种开发为例，据有关资料，我国玉米主产区在同国外进口玉米竞争中存在两方面的问题：一是成本高，二是加工利润低。而要解决这两个问题都需要先解决玉米品种的开发。

首先，培育玉米优良品种是提高单产、降低成本的重要前提。与国际成本水平相比，2000 年河北省玉米生产成本高出美国 52%，高出国际市场 10%。导致这一巨大反差的重要因素之一就是单产。美国玉米的单产平均为 570 千克，而 1996~2000 年河北省玉米平均单产为 310 千克。如果能够将玉米单产提高到 450~500 千克，如按 2000 年市价每亩可实现增收 300 元左右。这一数字相当于河北省 2000 年玉米亩均纯收益的 4~5 倍，玉米生产者完全能够以合适的价格和外国玉米生产者抗衡。

其次，培育玉米优良品种是实现玉米加工深度开发和在市场竞争中占据先机的重要前提。我国目前玉米种植品种大多是常规的杂交品种，而一些专用品种种植极少，而且基本上没有进入商品流通。随着玉米加工转化能力的不断提高，许多具有特殊加工特性的玉米品种是加工转化原料的需求方向，如高赖氨酸玉米、高油玉米、高淀粉玉米、甜玉米、糯玉米等。对这些特用玉米加工出的产品，其国内外市场需求都在不断扩大。因此，玉米品种的开发如能有较大突破，必将给玉米加工行业创造更好的条件，农民也将会由此得到更多的利益。

（2）加大对农业基础设施建设的投入。农业基础设施建设社会效益大，资金投入高，是公共投资的重点领域。为此，国家应对农田水利设施、大江大河治理、减灾防灾、生态环境建设及发展农业机械化、重点农产品基地建设、农产品储运、流通和信息网络设施建设等领域的投资需求给予积极的支持和引导。

（3）支持农业产业化体系的建设。农产品加工业的发展是农业进入生产能力相对剩余新阶段的必然要求和根本出路。到 2000 年，世界上农业发达的西欧和北美各国农产品的加工都超过 70%，我国约为 30%。与国外有较大差距，其根本原因是我国走出粮食短缺的阴影时间比较短，要求加工的信号刚刚通过市场传导出来。随着我国农业经济与国际经济接轨步伐的加快，这种状况必须改观。

各地的实践表明，凡是农业产业化上了路的地方，农村经济的发展就上了一个新的台阶。我国作为一个人口大国，随着经济的增长和人民生活水平的提高，留给农产品及其深加工产品的消费空间十分巨大。而且，农业产业化的发展绝不仅仅是解决农产品的出路问题，在更高的层次上，它还可以结合小城镇的建设，解决农民就业，提升农村经济质量。由此可见，支持农业产业化发展能够收到一举多赢的效果。此外，财政还应根据我国加入 WTO 后面临的新形势，加强对农产品质量检验制度建设的支持。这有利于增强我国农产品在国际市场上的竞争能力，减少贸易摩擦，同时也有利于保证我国人民的身体健康。

2. 关于“黄箱政策”的有关问题

就“黄箱政策”而言，我国作为发展中国家，尚有较大的实施余地。因为按已达成的协议，我国可以控制在农业生产总值 8.5%的标准内对农产品予以补贴，而实际上依据 WTO 的计算方法，到 2000 年，我国的补贴规模扣除农业税费，综合支持量为–900 亿元，即国内支持水平为–5%。但是，与国际上通常采用的支持政策相比，我国对农产品的支持政策主要是在流通领域通过价格补贴的方法进行操作，补贴的对象主体是国有粮食收购企业，而不是农业生产者。这种补贴的结果，效率损失很大。专家估计，要使农民增收 1 元钱，政府需要拿出 7 元钱为代价，足见在政府补贴和农民收入之间存在着严重的不对称现象。为此，我们应借鉴国际经验，改补贴流通领域为直接补贴农业生产者，以减少资金在流通领域的分散和流失，最大限度地增加农民的收入。

（三）攻克中国财政支农政策转轨的难点和重点

我国现有的财政支农政策要向新的政策模式转变，不可避免地会遇到一些棘手的问题。我们认为，必须加紧研究和解决以下几个方面的问题。

1. 关于对农业产业支持政策的认识

长期以来，在我国经济发展的进程中，政府对农业的地位给予极高的评价。但是，在现实中，农业却往往被置于次要的地位，形象地说，国家工业化的历史是以农业利益的牺牲为代价的。即使进入 20 世纪 90 年代，现实情况仍然令人不安。1990 年后，我国 GDP 一直保持高于 7%的增长率，城镇居民收入也保持较高的增长率，但 1996~2000 年，农民收入增长却连续 5 年下降，这种现象不能不引起人们的深思。在当时的环境下，每当讲到税收负担时，一些人总是以农业税负担轻为由，认为国家一直对农业实行了保护政策。其实，即使对农业税以外的苛重费用暂且不论，只要想一想国际惯例中计算政府对农业的综合支持量允许扣除农业税费数额作为标准，就足以让我们感到我国对农业的支持在认识上还有多么大的差距。所以，要真正从根本上确立政府对农业的支持与保护政策，必须首先贯彻党中央对“三农”问题提出的战略思想，从全局的战略高度深刻认识农业、农民、农村工作的重要性，真正确立支持农业和保护农业发展的思想观念，并用法律手段予以协调和落实。

2. 关于资金来源问题

支持农业的政策要靠财力来保证。那么，我国所能够依靠的财力在哪里？众所周知，改革开放以来，国家财政一直处于紧运行状态之中。1995 年以来，国家的财政收入增长虽然有了明显变化，财政收入占 GDP 的比重已经从低谷时期的 10%左右上升到 2003 年的 15%左右，但财政支出的任务也更加繁重，以至于财政赤字居高不下。特别是从 1998 年开始，为了拉动经济增长，刺激内需，中央政府已经连续 4 年通过发行多达 5 000 多亿元的国债，以满足支出规模不断扩大的要求。同时，不少地方政府，特别是县乡政府财政日子也很艰难，一些地方连行政事业单位正常的工资都难以保证及时发放。单纯地从现实财政运行困难分析，要财政拿出更多的钱去支持农业，无疑是纸上谈兵。但是，如果我们正视农业发展面临的处境，并用新的思维考虑问题，就不会对扩大支持农业政策的要求无动于衷或束手无策。可以寻求的财力，至少有以下渠道：

（1）在统揽全局的前提下，应对财力的分配进行必要的结构调整，向农业做出适当的倾斜，提高支农支出的比重，依照法规保证对农业投入的稳定增长。

（2）在减轻农民负担的基础上，将原来对流通领域提供的补贴转为对地方政府的转移支付，以弥补地方政府由于农业税费减少而发生的财政收入短缺部分。这样做的结果，实际上是将财政资金直接补贴到农民身上，农民将会由此直接受益，从而减少支农资金的额外损失。

（3）对农村公共产品项目进行清理整顿，压缩过重的财政支出负担，建立合理的公共财政运行机制，合理分配资金，减轻农民负担。

（4）在财政支农资金的管理方面也有潜力可挖。我国财政能够投放到支农领域的资金有限，要本着规范化、制度化、标准化的原则，继续完善其管理制度。2001 年，财政部出台了《财政农业专项资金管理规则》等一系列管理办法和制度，对农业专项资金的设立、分配、使用及监督进行科学决策和管理，提供了重要的制度依据，对我国财政管理走向公共模式的道路具有重要意义。

（5）发挥财政支农资金和投资优惠政策的牵引、带动功能，调动国内各种非政府资金及国外资本对农业增加投入。

3. 关于农业生产自身的条件约束问题

财政支农政策的转变，需要得到农业生产者的积极配合才能奏效。但是，从现实看，来自农业生产的约束条件还相当突出。

(1)农业生产经营方式的制约。国外的经验表明，对农民的补贴要直接到位，必须与土地的集中经营相联系。发达国家的农民往往都是拥有千亩以上土地的农场主，而且在大宗农产品生产经营中又都建立了自己的行业协会，管理起来比较顺手。政府对农业的补贴也多是借助于行业协会进行的。但在我国的现实情况下，农业生产采取的是家庭联产承包经营方式，一家一户的小片土地和多种农作物的混合种植，加之没有一个可以协调其共同利益的组织，很难想象政府能够将财政补贴准确计算并发放到不同的农户。如果硬要去做，就得投入极大的成本，造成过高的效率损失。因此，从长远看，政府有必要根据农业发展的进程，在政策上引导以土地流转、规模经营为内容的农业生产经营方式的制度创新。

(2)农民自身素质的制约。在WTO框架内，财政对农业的支持，要达到的目标是增强我国农业生产在对外开放格局中的竞争能力。但是，我国农民的科学文化素质普遍比较低，加之长期的计划经济和自然经济环境的影响，不要说让他们自由地去按照国际经济规则参与竞争，即使应付市场经济环境下的国内竞争也已经让他们备尝了其中的艰辛。因此，要发挥政府财政支农资金的效用，就要重视对农民进行教育培训。中国农业科学院农业经济与发展研究所与国际食物政策研究所等单位的合作研究表明，我国农业公共投资中，教育对增加农民的收入、消除贫困的效果最显著，而其增加农业产出的效果仅次于农业科研。由此可见，农业教育应该成为今后农业公共投资的重点选择方向之一。

二、支持农业产业结构优化的财政政策选择

(一)财政优化农业产业结构有效性的理论依据

产业经济学理论认为，不同产业有不同的产业结构形式，但无论哪一种产业，其产业结构不合理问题实质上都是资源配置不合理问题。从理论上讲，完全自由竞争的市场经济可以达到充分就业水平。但是，现实中的市场经济不可能达到这一水平，市场失灵广泛存在，私人资本不可能放弃逐利性，同样可以导致资本配置出现问题。

就农业而言，市场失灵是由农业自身特性决定的。第一，农业部门存在正的外部性，即社会经济效益大于私人直接经济效益。资本的趋利性使农业部门资金投入不足。农业生产周期长，资金周转慢加剧了这一趋势。农业的这一特性往往导致农产品有效供给不足。第二，农业对基础设施的依赖性较强。基础设施具有

公共物品的性质，并且耗资大，私人一般不愿而且也无力投资兴建。没有必要的基础设施势必影响农业生产的正常进行。第三，农业是风险性较大的产业，自然风险和市场风险同时并存。

（二）支持农业产业结构优化的财政政策选择

1. 要加强财政对农业“基础性”设施建设的支持

目前，我国农业生产基础设施、农业科技、农业环境治理和保护等投入仍有待加强，而一般性政府服务，如农业科技、基础设施、培训、病虫害防治和检验、促销服务、环境规划实施计划却是 WTO 农业协议所允许的政策，所以在今后要突出基础设施的建设，以提高政策支持效力。

（1）加强农村公共物品建设的投入。在生产性基础建设方面，财政要着力增加对以水利建设和节水工程为核心的农业基础设施，对土地资源的改造和开发保护项目，以及对农业交通、通信、能源等领域的投入。为了充分发挥农产品流通市场对农业生产的引导作用，在市场基础设施建设上，政府应加强对批发市场基础设施和市场信息系统的建设，同时也要对出口农产品生产基地的建设和运营提供有力支持。

（2）加强农业科技进步和人力资源开发投入。农业科技发展，一方面要瞄准世界农业科技发展前沿，加强高新技术和基础研究，抢占世界农业科技制高点。另一方面从我国各地农业发展的现状出发，解决好增产增收的关键问题。要注重促进农业综合生产能力提高，为保证国家粮食安全提供支撑；注重领域拓展和产业延伸，为推进农业和农村经济结构战略性调整提供支撑；注重改变生产方式、提高生产效率，为农业增效提供支撑；注重适应市场需要、搞好市场服务，为开拓农产品市场提供支撑；注重防灾减灾、促进人与自然和谐发展，为保障农业生产安全、国家生物安全提供支撑。

加快开发我国农村人力资源，要突破过去就教育抓教育的传统思路，要把农村教育的发展和农村人力资源开发放在整个农村经济与社会发展的总体目标中去研究，在此基础上要确定两个方面的目标：一是确保基础教育投入水平，使之成为提高农村劳动力素质的主要渠道；二是要深化农村教育改革，以多种形式、多种途径、多种机制积极发展农村职业技术教育，使教育产业在农村有新的发展和突破，为开发农村人力资源做出更大的贡献。

（3）加强农业生态环境保护的投入。世界绿色农业趋势与国际市场日益严格的环境壁垒保护，以及中国农业生态环境恶化的现实情况，要求我国政府必须承担起加强农村环境监测，强化污染治理和环境保护的责任。财政应结合农业产业结构优化和生态保护区建设的进程，将资金重点投向农业水质改造和污染防护治理，水土保持、防护林和植林绿化，大气污染和化肥农药污染的治理，以及农业病虫害的预测预报技术、控制技术等领域。

2. 发挥财政导向作用，保证充足的农业资金投入

农业资金一般有三大来源：农民自有资金、财政资金和信贷资金。其中农民自有资金是农业经济发展的主要资金来源，而财政资金只是农业经济发展的辅助资金。财政对农业的投入，在一定意义上只为农业产业结构优化创造了一定的外部条件。财政支农的力量有限，只有有效地使用财政资金，充分发挥其导向作用，吸引农村、社会各方面和国外的（情况允许时）资金，才能保障农业产业结构优化所需要的资金供应。保障资金供应可从以下方面入手：①建立和完善农业直接收入支持体系。直接收入支持主要是指对农民的直接收入补贴，如农业投入品补贴、灾害补贴、差额补贴、农产品储备补贴等。②采取其他各种政策手段，如税收、贴息、投资、债券等，实现社会各方面资金投入农业的目的。政府可以对农业固定资产投资实行优惠税率和加速折旧方法；配合信贷政策，吸引信贷资金投资农业，具体措施包括政府放宽农业经营所需小额贷款抵押、担保限制，对于大额农业贷款实施财政贴息政策；实施农业投资股份制，对效益比较高的农业项目，国家可以股份制形式参与投资，吸引社会各方面资金。除上述措施外，政府还可以发行公债弥补支农财政赤字。

3. 建立和完善同新的农业产业结构相适应的政策性农业保险体系

农业是风险性较大的产业，自然风险和市场风险同时并存。农业保险因赔付率过高，如果没有政府补贴，中国各商业保险公司不愿经营农业保险业务，农业保险基本处于停顿状况，这与中国农业发展不相适应。作为支持与保护农业的重要手段，中国要建立与完善农业保险法规制度，选择世界大多数国家采取的以政府组建农业保险公司为主的政策性农业保险经营模式。

4. 支持农村市场营销服务体系，提高农民的市场贸易能力

社会主义市场经济体制的确立和中国加入 WTO 决定了今后农业可持续发展必须在市场化环境中实现。但现实让我们看到，中国农民文化素质较差，农民对市场经济存在相当程度的不适应，市场贸易能力较差。要提高农民适应市场经济的能力，就需要政府充分利用 WTO 所允许的促销计划和政策，建立和完善财政支持的农村市场营销服务体系，其宗旨是向农民提供尽可能多的正确的市场信息，以帮助农民提高市场贸易能力。

5. 为农业产业结构优化过程中的大量剩余农村劳动力的转移减少障碍和创造机会

推进城乡户籍制度、用工制度、行政区域等在内的城乡一体化体制改革进程，鼓励农村人口向城市流动。同时加快小城镇的发展，以吸收大量的剩余农村劳动力。

6. 建立和健全农村社会保障制度，为农民提供社会安全网

针对农民收入较低和社会福利较差的情况，政府应对农民医疗保险和养老保险给予必要的财政补贴，努力扩大农民的投保人数和投保险种。

三、继续优化财政支农资金的政策选择

加入 WTO 以来，我国农业在政府的支持下取得了长足进步。2015 年中央农村工作会议宣布，农业再获丰收，粮食产量实现“十二连增”，棉油糖、肉蛋奶等重要农产品供应充足；农民收入突破万元大关，增幅连续第六年高于 GDP 和城镇居民收入增幅；农业转方式调结构打开新局面，农业科技对增产增收的贡献率进一步提高；农村改革取得积极进展，多种形式适度规模经营加快发展。可以说，持续向好的“三农”形势，为新常态下经济社会发展大局提供了有力支撑，为我国稳增长、调结构、惠民生、防风险做出重大贡献。多年来，各级财政加大投入力度，拓宽来源渠道，发挥财政引导作用，初步建立了支农资金稳定增长机制。仅中央财政“三农”投入，就从 2003 年的 2 100 多亿元增加到 2012 年 1.2 万亿元，实现了“从千亿向万亿的跨越”。应该看到，在特定历史阶段，特别是温饱问题尚未解决的时候，追求产量是现实的选择，也是正确的选择，确保粮食在数量上的安全，是农业的头等大事。但在农业持续发展新的历史条件下，农业需求端和供给端都在发生着新的变化，一方面，人民群众对“吃好”的期待日益强烈，生产者对提升农业效益的要求日益急切；另一方面，成本高地板、价格天花板和资源环境硬夹板的“三板”影响加深，农业面临的自然和市场风险加重，特别是国内外市场价格倒挂加剧，我国农业国际竞争的压力愈发增强。在这种背景下，加快转变农业发展方式就成为农业可持续发展的不二选择，成为现代农业发展的核心和关键。

第七章　大力完善民生财政政策

第一节　增强财政对农村养老保险发展的支持

农村社会养老问题在很长时间里被人们看做农村家庭天经地义的责任，所谓养儿防老正是这种养老理念典型的注解。随着国家经济实力的增长，社会养老保障制度的完善，农村的养老保障也被纳入社会养老保障体系，这在我国依靠家庭提供养老保障的国度里，可以称之为是一次养老保障方式的革命性变化。而所有的社会保障往往都将其与社会福利联系起来，尽管这是一个并不正确的理解。之所以如此，就是因为保障的过程融入了政府财政的因素，这在农村的养老保险制度开始建立之时，显得尤为明显。中央财政为农民的养老保险每人提供的基础养老金，是一笔简单而实在的无偿给予，让农民看得见，摸得着，远比城镇职工养老保险体现得清晰。但是，一项好的政策怎样才能被正确地贯彻实施，政府的财政负担与农民的要求有什么距离，继续改进政策的空间在哪里？本节依据对河北省实施的农村社会养老保险案例的调查研究，通过解剖该案例来更广泛地认识全国在实施该项制度中所反映出来的问题，寻求进一步的完善办法。

一、农村社会养老保险问题研究现状

作为社会保障体系重要组成部分的农村养老保险制度，它的建立和发展对农村地区的经济发展产生着重要影响。在农业人口比重大的现实条件下，重视农村地区养老保险制度建设成了政府落实责任的题中之意。纵观我国农村养老保险制度发展的历史，由于政府财政支出责任的缺失，制度发展取得的效果并不理想，可见政府财政支持是实现农村养老保险制度可持续发展的关键因素。近年来，财政对农村地区的投入明显增加，农村养老保险制度也随之逐渐发展和完善，建立起与此前旧的农村养老保障制度不同的新型农村养老保险制度（简称新农保），且该制度的建立和发展明确和强化了各级政府的财政支持责任。2013 年 7 月，河北省农村养老保险与城镇居民养老保险合并实施，统称为城乡居民养老保险；2014 年 2 月底，人力资源和社会保障部又提出预计在 2015 年实现农村养老保险与城镇职工养老保险的制度衔接；在实现制度衔接过程中，保障水平薄弱的农村养老保险制度无疑是制度能否顺利衔接的关键点，因此，进一步分析和研究政府对农村

养老保险制度可持续发展的财政支持政策，并对发展中的制度提出建议就更具有现实意义。

国内学者的研究多集中在农村养老保险制度建设过程中政府责任承担与责任缺失方面。有学者认为，强调政府责任是为了更好地满足社会公共需求，另外由于市场缺陷的存在，单纯依靠市场无法建立农村社会保障这一具备公共产品属性的社会项目；也有学者从社会保障体系具有复杂性和国家财政有限性的角度阐述了国家对社会保障建设应承担有限责任；郑功成（2003）则提出我国发展社会保障的政策取向是倾向于建立政府主导型的社会保障制度，因此，国家在此过程中要承担起制度建设及财政兜底责任。

在我国财政对农村养老保险的支持能力的探讨上，丁凌云（2008）通过模型测算出未来财政负担率，认为在财政可承受范围之内加大对农村社会保障的投入力度；杨翠迎和米红（2007）通过精算和预测得出结论，在财政对农村社会保障承担有限责任的基础上提出，在未来30~40年只要财政支付不出风险，国家财政完全有能力负担农民养老所需资金。

综合国内学者的研究成果，笔者认为已有的研究在国家财政支持农村社会保障建设的理论基础研究方面比较完善，但缺少对制度的专项研究；另外，主要以全国范围为研究对象，使研究结论只在全国平均水平下成立，以致对各省的制度建设缺乏实际指导意义。因而，本书在以往研究的基础上，侧重对河北省农村养老保险的财政支持情况进行研究，一方面，针对农村养老保险制度发展需求及各级财政支持情况进行研究，可以使农村养老保险制度政策的制定和完善有的放矢；另一方面，侧重对河北省的实际情况研究确保研究结论更加符合地区特点，更加具有实际参考价值。

二、财政支持河北省农村养老保险制度发展现状及评价

（一）河北省农村养老保险制度的财政支持情况

首先，财政支持总量逐年增长。近年来随着经济的发展和国家对农村问题的重视程度不断提高，农村养老保险制度取得了阶段性成果，自新农保实施至2013年，政府财政支持情况也紧随政策形势不断发生新的增长和变化。

（1）从中央财政支持农村养老保险制度的发展情况来看，2009年新农保试点实施以来，中央财政向河北省共拨付补贴款项1 820 310万元，占河北省社会保障总支出的比重为2.23%，其支持数额高于河北省地方财政对项目的支持数额。

（2）河北省财政用于农村居民养老保险的金额从2009年的12 210万元增加到2013年的72 000万元，5年间增长了4.9倍，并且远远高于同期河北省财政总支出增长率，见表7-1。

表 7-1 河北省财政支持新农保发展情况

年份	河北省财政总支出/万元	河北省社会保障总支出/万元	河北省财政新农保支出/万元	中央财政对河北省新农保补贴/万元	新农保支出占河北省财政总支出比重/%
2008	22 617 292	8 051 596			
2009	27 841 442	8 882 982	12 210	61 710	0.044
2010	39 050 686	11 872 857	23 550	150 930	0.060
2011	48 996 439	11 885 680	54 270	390 870	0.111
2012	52 557 790	18 396 060	74 280	591 720	0.141
2013	60 726 178	22 217 658	72 000	625 080	0.119

资料来源：《河北统计年鉴 2011》，河北省财政厅

其次，财政支持增长幅度不断提高。随着新农保政策的不断推进，以及参保人群和覆盖面的不断扩大，河北省新农保的年平均财政支出增长率达到 45.23%，比同期 CPI 平均增长率 3.80%和河北省农民人均纯收入 14.16%的增长率水平均有所提高，见表 7-2。

表 7-2 2008~2013 年河北省社会保障总支出与新农保财政支出情况

年份	社会保障支出/万元	社会保障支出增长率/%	新农保支出/万元	新农保支出增长率/%	同期 CPI 增长率/%	农村人均纯收入增长率/%
2008	8 051 596					
2009	8 882 982	10.32	12 210		−0.7	7.40
2010	11 872 857	33.65	23 550	92.87	3.1	15.70
2011	11 885 680	0.10	54 270	54.26	5.7	19.50
2012	18 396 060	54.77	74 280	36.87	2.6	13.50
2013	22 217 658	20.77	72 000	−3.06	3.8	14.16

资料来源：国家统计局网站，河北省财政厅

最后，财政支持农村养老逐步按照城乡统一的思路迈进。2012 年 7 月 1 日起，河北省新农保和城镇居民社会养老保险制度开始合并实施，统称为“河北省城乡居民社会养老保险”，合并实施后城乡居民的参保缴费标准分为 100~1 000 元 10 个档次，同时政府财政补贴和待遇领取政策完全一致，虽然从我国农村经济发展状况和农村居民生活水平来看，农村养老保险水平还不足以完全满足农村居民养老的需要，但是，政府财政支持农村养老的政策逐步按照城乡统一方向迈进的政策思路却清晰可见。

（二）河北省农村养老保险制度财政支持的政策评价

首先，政府更多地承担起农村养老保险的支出责任。明确政府的支持责任是新农保的重大进步，相较此前旧的农村养老保险“国家政策扶持”的责任来说，

新农保“政府补贴责任”的提出与落实使政府在构建农村养老体系的过程中承担了更多的保障责任。

其次，河北省地方财政负担较重。新农保财政负担由中央政府和地方政府按照政策安排相应的负担，政府财政的补贴既有在参保人员缴费环节的“补入口”责任，也有在给予参保农民养老待遇时的“补出口”责任。

由表 7-3 可以清晰地看出中央财政基本只负责基础养老金的补助部分，而地方政府既要承担“补入口”，又要承担相应的“补出口”责任，这种“入口”和“出口”相结合的补贴方式，虽然赋予了地方政府根据地方实际发展情况调节农村养老保障水平的空间，但是，在地方财政收入有限的情况下，又无疑加重了地方政府负担。

表 7-3　中央和地方新农保财政补贴规定

补贴环节	补助对象		中央财政	地方财政
缴费环节（“补入口”责任）	参保人个人账户	普通缴费群体	不补	补贴（每人每年不少于30元缴费补贴）
		选择较高档次缴费群体	不补	补贴（缴费补贴+鼓励资金）
		缴费困难群体	不补	补贴（缴费补贴+最低标准代缴）
给付环节（“补出口”责任）	基础养老金		补助	不补
	提高和加发部分养老金		不补	补助 100%

另外，根据表 7-4 的数据不难看出中央和地方近年来在财政收入和支出方面呈现出明显差异，中央财政收入占全国财政总收入的比重基本上在 50%左右，但是，从各级财政支出情况来看，虽然中央财政收入占全国财政总收入的比重比较高，但中央财政本级支出占全国财政总支出的比重却非常低，只有不到 20%，也就是说，地方财政在收入较少的情况下承担了较重的支出责任。同时，2012 年中央财政向各地方转移支付金额 45 383 亿元，占地方财政总支出的 42.4%，可见地方财政在支出方面还是主要依靠中央财政转移支付，特别是在河北省这样人口基数大、人均财政支出低于全国平均水平的省份，地方财政负担就更加繁重。

表 7-4　2009~2012 年中央和地方财政收支情况对比

年份	全国财政收入总额/亿元	财政收入				全国财政支出总额/亿元	财政支出			
		数额/亿元		比重/%			数额/亿元		比重/%	
		中央	地方	中央	地方		中央	地方	中央	地方
2009	68 518	35 915	32 602	52.4	47.6	76 300	15 255	61 044	20.0	80.0
2010	83 101	42 488	40 613	51.1	48.9	89 874	15 989	73 844	17.8	82.2

续表

年份	全国财政收入总额/亿元	财政收入				全国财政支出总额/亿元	财政支出			
		数额/亿元		比重/%			数额/亿元		比重/%	
		中央	地方	中央	地方		中央	地方	中央	地方
2011	103 874	51 327	52 547	49.4	50.6	109 248	16 514	92 733	15.1	84.9
2012	117 210	56 133	61 077	47.9	52.1	125 712	18 765	106 947	14.9	85.1

资料来源：国家统计局网站

三、河北省财政支持农村养老保险制度发展中存在的问题

（一）财政支持对居民缴费激励效应不明显

在新农保制度实施几年以来，虽然国家财政支持在一定程度上提高了居民参保率，使参保人有一定的收益预期，但缴费补贴数额因各地区经济发展水平不同而有所差别；一方面是大部分地区始终以政策规定的下限每人每年 30 元作为补贴标准，并没有实现多缴多得的政策目标，另一方面是经济条件较好的地区缴费补贴与贫困地区补贴数额相差巨大，从横向考虑有悖新农保的公平原则。

按照新农保 2013 年的缴费档次来看，选择最低缴费档次 100 元，每年补助 30 元，补贴率为 30%；随着缴费档次的阶梯式上升，如果始终按照同一补贴标准进行缴费补贴，在居民选择最高缴费档次 1 000 元进行缴费时，获得的补贴率只有 3%，这在很大程度上挫伤参保居民的缴费积极性，会变相促使参保人员选择较低的档次缴费，从而出现“逆向选择”的情况。

（二）基础养老金替代率较低并且未能体现与经济发展同步的原则

根据保险精算理论对农村养老保险替代率进行的研究，得出农村参保居民在选择不同的缴费档次时，养老金替代率仅为 14.11%~30.84%，其中个人账户替代率仅为 0.25%~16.98%，远低于同期城镇职工养老保险替代率。因此，在鼓励居民提高缴费档次和提高基金收益率的同时，稳定并增加政府补贴成为提高农村养老保险替代率最有效的方式。另外，新农保养老金能够在多大程度上保障参保人的基本生活，还主要取决于当地经济发展水平，特别是物价水平，很多居民选择低档缴费，甚至不参保主要源于对养老待遇购买力不能平衡物价水平的担忧，因此，应当尽快建立基础养老金的物价联动机制，使农村居民养老金的购买力不因物价上涨而减弱，真正发挥其保障作用和功能。

（三）财政支持的预算体系不健全

自 2009 年新农保试点工作开展以来，国家财政对新农保的财政支出始终具有

政策性和不稳定性，财政支持的预算体系是不规范、不健全的。新农保开展试点工作当年，中央财政拨款 9.5 亿元支持制度的开展，2010 年中央财政拨付 53 亿元新农保专项补贴资金支持制度的开展，2011 年中央财政又安排了 123 亿元的新农保专项补贴资金，可见政府对新农保的支持是根据制度开展情况安排专项资金，具有很大的波动性。目前新农保所需财政资金在公共财政收支中列支，特别是自城乡居民养老保险合并实施后，用于城镇和农村社会保险财政资金并未单独安排预算、决算，因此，农村社会养老保险具体的资金收支情况和资金结余情况没有被全面、详细地反映出来，也不便于相关部门进行管理和监督。

（四）农村养老保险资金机制存在不利于可持续发展的因素

首先，资金筹集渠道狭窄。社会保险制度具有社会共济的性质，应当由更多的社会主体分担社会保险的筹资责任，目前制度的资金筹集渠道主要依靠各级政府的基础养老金和缴费补贴，村集体补助基本处于空缺状态，其他的社会主体在筹资方面也因受到相关制度缺失等因素的影响，未能对促进制度发展发挥积极作用。

其次，资金支出结构不尽合理。一方面，由于长期以来受到城乡二元经济结构的影响，财政在城乡居民养老保险支出结构上存在明显不合理之处；另一方面在不同的保障项目上，政府财政投入存在明显的结构不合理之处，特别是近十年来城镇职工养老保险始终保持着平均每年 10%的增长速度，而同样作为保障老年人基本生活的农村养老保险待遇始终没有太大变化，由中央财政负担的基础养老金自 2009 年新农保试点开展以来没有进行过调整。

再次，资金到位机制尚待完善。新农保制度实施以来，个别地区在落实政府财政补贴方面仍存在低效、欠账等不良现象。随着制度的逐渐完善和发展，补贴资金到位机制也应逐步完善，确保参保居民能够及时、足额领取养老金待遇。

最后，缺乏完善的基金监管机制。目前在基金的监管方面，有关基金监管的法律法规制度不健全，导致监管无法细化，对于出现违法违规管理和使用基金的行为缺乏行之有效的处理依据；另外，农村养老保险统筹层次较低，主要由县一级行政管理机构监管，而基层政府又因缺乏专业人才，掌握信息能力及投资运营能力不足而使基金的监管效率低下；在监管内容方面上应当涉及从资金的筹集到资金的给付各个环节，包括基金的预算、决算监管，从宏观上把握政策的发展方向及发展趋势。

四、河北省农村养老保险制度财政支持政策的优化措施

（一）提高财政补贴标准，合理平衡中央、地方财政压力

农村养老保险制度可持续发展的关键是政府财政资金对制度的支持能否满足养老待遇刚性发展的需要。农村养老保险制度未来发展面对的挑战是多方面的：一是中国老龄化进程不断加快，如何缓解农村养老压力将成为政府面临的主要民生问题；二是社会保险制度其性质符合福利经济学理论提出的“福利刚性”，即待遇水平要根据经济社会发展情况相应提升，因而迫于刚性发展的制度要求，提高财政补贴标准成为制约制度可持续发展的重要因素。

根据目前中央财政和地方财政的支出情况，我们假定未来基础养老金随经济发展水平上调，选定全国农村 60 周岁以上人口数［本书按照农村 60 岁以上（含 60 岁）人口数占全国 60 岁以上（含 60 岁）人口总数的 60%、人均年增长率的约值是 4.3%时的比例进行演算］、农村居民人均纯收入、中央地方财政收入及财政补贴占财政收入的比重等指标，根据城镇企业职工养老保险由企业按照上一年度职工平均工资 20%缴纳的政策规定，我们假设当城乡养老保险制度统一后，由中央财政按照上一年度农村居民人均纯收入的 20%全额给付基础养老金的标准，对中央和河北省支持农村养老保险可持续发展的财政能力进行测算，得出以下结论：

第一，当由中央财政给付的基础养老金数额增加到上年度农村居民人均纯收入 20%的时候，其占中央财政收入的比重也并不高，与其他福利国家社会保障支出占财政收支比重较大的情况相比，我国的补贴水平仍然相对较低。通过表 7-5 我们可以看出采取基础养老金随农村居民人均纯收入浮动的方法，虽然会加重财政支出负担，但届时农民获得基础养老金补贴将更具有购买力，而中央财政负担按照经济发展平均每年 8%的增速计算仍在可承受范围之内。因而，提高基础养老金确保农村养老保险可持续发展的思路具有现实可行性。

表 7-5 中央财政补贴基础养老金数额及占比情况测算

年份	60 岁以上农村人口估值/万人	农村居民人均收入/元	中央财政基础养老补贴数额/亿元	中央财政收入/亿元	补贴数额占财政收入比重/%
2010	10 659	5 958	703.49	401 513	0.18
2011	11 099	7 119.7	732.53	473 104	0.15
2012	11 634	8 081.4	767.84	519 470	0.15
2013	12 146	9 102	801.64	568 845	0.14
2014	12 668	10 285	836.09	614 353	0.13
2015	13 213	11 622	3 071.23	663 501	0.46
2016	13 781	13 133	3 619.72	716 581	0.51
2017	14 374	14 840	4 266.20	773 907	0.55

续表

年份	60 岁以上农村人口估值/万人	农村居民人均收入/元	中央财政基础养老补贴数额/亿元	中央财政收入/亿元	补贴数额占财政收入比重/%
2018	14 992	16 324	4 894.59	835 820	0.59
2019	15 636	18 446	5 768.43	902 686	0.64
2020	16 309	20 844	6 798.90	974 901	0.70

资料来源：根据国家统计局网站数据测算

第二，在对农村养老保险缴费补贴方面，由于个人缴费和河北省内各地区经济发展状况不同，我们采用新农保制度建立初期政策规定最低的缴费补贴每人 30 元/年的补贴标准测算了 2015 年以前的财政补贴数额，按理说 2015 年覆盖城乡的养老保险体系建立后，缴费补贴应提高至平均每人 50 元/年，由于分层次估算多缴多得的激励制补贴存在数据获取上的难度，未考虑不同缴费档次补贴的差异；根据相关数据和其他研究项目的测算结果，得出农村老年人抚养比至 2020 年河北省 16~59 岁参保人数，进而测算出地方财政补贴数额及其占河北省财政总收入的比重，如表 7-6 所示。

表 7-6　河北省地方财政缴费补贴数额及占比情况测算

年份	河北省 16~59 岁参保人数/万人	老年人口抚养比/%	地方财政缴费补贴数额/万元	河北省财政收入/亿元	地方财政补贴占财政收入比重/%
2010	840.31	21.35	56 325	1 331.85	0.42
2011	2 317.10	22.06	69 531	1 737.77	0.40
2012	3 334.57	23.26	100 037	2 084.28	0.48
2013	3 196.59	24.39	95 897	2 251.02	0.42
2014	3 046.53	25.75	91 395	2 431.10	0.37
2015	2 918.09	27.05	145 904	2 625.48	0.55
2016	2 832.22	28.04	141 616	2 835.51	0.50
2017	7 936.36	29.20	136 803	3 062.41	0.44
2018	2 656.86	29.91	132 809	3 307.40	0.40
2019	2 678.15	29.85	133 907	3 571.99	0.37
2020	2 685.19	29.95	134 259	3 857.74	0.34

注：老年人口抚养比是指某一范围人口中老年人口与适龄劳动者人数之比，主要体现劳动人口与其所抚养的老年人口的比例关系，本书中为便于测算农村养老保险参保人数情况，我们将老年人口抚养比简化为 60 周岁以上领取养老保险待遇人数与 16~59 岁参保人数之比

资料来源：国家统计局相关数据测算

通过测算可以看出，在缴费补贴标准适当提高的情况下，地方政府对农村养老保险参保人的缴费补贴财政压力在可承受范围。但通过对比河北省地方财政补贴占财政总收入的比重和中央财政补贴占国家财政收入的比重，我们会发现在同

样提高补贴标准的情况下，中央财政的支出压力较小，地方财政压力较大。目前河北省的缴费补贴根据政策规定由省、市、县政府按照 1：1：1 的比例分担，随着制度的发展，县级财政将会因财政资源有限性的限制产生较大的支付压力；因此，以城乡统筹为最终目标的农村养老保险制度谋求可持续发展仍然要依靠中央财政加大对各级地方政府的转移支付力度，根据制度发展需要适时调整支出结构，发挥中央财政在构建覆盖城乡的养老保险制度上的主导责任。对于财政收入较少的贫困县，由省级政府加大补贴力度，分担补贴责任，同时，通过制定激励机制将集体经济对农村养老制度的支持责任落到实处，只有财政支持主体多方配合、明细责任，才能实现农村养老保险制度乃至城乡社会保障制度的持续发展。

同时，我们还应看到中央和地方财政完全有能力支持制度的可持续发展，因而财政支持的各项制度机制是否完善成为制约农村养老保险制度能否可持续发展的关键。

（二）优化农村养老保险制度财政支持的补贴政策

1. 建立差异化的农村养老补贴制度

地方财政对各地区新农保的补助存在着明显的不均衡。东部地区地方财政不仅承担参保人的缴费补贴责任，还要负担 70 元基础养老金的 50%；中西部地区的基础养老金虽然由中央财政全额负担，但限于地方财力，即便只负担最低标准的缴费补贴支出责任，也与发达的东部地区差异仍然巨大。就河北省而言，虽然其在地理位置上属于东部地区，但经济发展水平较低，加之农村人口集中，贫困县数量较多，地方财政负担较其他地区略显沉重。

在地区财政支持负担差异明显的情况下，平衡地区差异成为农村养老保险制度能够在全国范围内持续发展的关键，可以由中央财政在现有补贴基础上根据各省市经济发展和财政补贴负担情况实行差异化的补助机制；在十分贫困的西部地区，可以由中央政府负担部分或全部最低标准每人 30 元/年的缴费补贴，即由中央政府主导农村养老保险的支出责任，地方政府继续承担最低缴费补贴标准之外的激励性质的补贴和为缴费困难群体代缴最低标准养老保险费的支出责任，以此来平衡制度的地区间差异，实现大区域的均衡。

2. 落实财政支持激励政策

在进行激励机制优化方面分为多缴多得的激励机制和长缴多得的激励机制。对于多缴多得，应当根据参保人选择的参保缴费档次确定激励补贴标准和实施细则，当参保居民选择 100 元最低缴费档次进行缴费时，由地方财政提供 30 元的缴费补贴，而当参保人选择更高档次进行缴费时，补贴标准应当随之提高。根据多地经验，一般来说有两种补贴方式，其一是地方财政根据参保人缴费金额的一定比例进行补贴，二是确定每一缴费档次下参保人所能享受的补贴标准。如果按照第一种情况实行，选择最低缴费档次和选择最高缴费档次的参保人获得的缴费补贴将会出现很大的差距，仍然会在未来领取待遇时出现较为严重的贫富不公的情况，因而建议采用后一种方式。根据相关学者的测算，在每提高一个缴费档次时，由每一级政府负担的缴费补贴按照缴费增加额的5%给付，并规定上限，就能最大程度达到政策均衡，这样既能起到对居民的激励作用，又能实现地方政府推进制度发展的目的；同时缴费补贴数额的增加也会切实提高参保人领取待遇。在长缴多得方面，河北省部分县市实行缴费满15年的参保居民每增加一年缴费，在领取待遇时由县级财政多给付2元的基础养老金，但从长远考虑，这种补贴标准对保障农村居民基本生活的作用并不大；根据测算，多缴费一年在待遇领取时加发6~10元的基础养老金才能对中青年居民参保产生吸引力，才能真正起到激励作用。

3. 建立财政补贴正常调整机制

建立随CPI联动的财政补贴机制也是确保农村养老保险制度持续实行的题中之意。现阶段政府给付的基础养老金标准较低，每人55元/月的养老金补贴标准自2015年1月1日起首次上调到70元，购买力仍然有限。要想使农村养老保险真正惠及百姓，就要切实保障养老待遇的购买力水平。随着制度的发展完善，必须要建立与物价联动的财政补贴正常调节机制，对养老金做出调整，调整的基本思路是：本年度基础养老金=上一年度基础养老金×（1+上一年度CPI增长率），根据这种模式建立起来的基础养老金补贴制度可以基本保障养老金的购买力，增加农村居民参保的信心。

（三）建立农村养老保险财政支持的预算机制

预算机制的建立不分资金来源，要将一切与农村养老保险相关的资金全部纳入预算管理中来，包括现行的财政对农村养老保险制度的支出情况、居民个人缴费的社保基金及社保基金的运营收益和结余，与制度发展相关的集体经济补助、社会机构和团体的捐助等资金统一列入预算核算，以便统筹农村养老保险制度涉及资金的收支情况，掌握资金流向，进而提高资金的使用效率，也便于资金的监管。

同时，要贯彻预算的执行和监管。就农村养老保险预算的执行来看，主要在预算收入上确保社会保险费用的及时、足额征缴，杜绝违规减征、截留、挤占社保基金的行为；在资金的给付方面由财政部门按照预算及时足额拨付资金；预算执行过程中，社会保险的经办机构要定期对预算执行情况进行检查和上报，相关部门要做好预算执行的监督管理工作，使资金的筹集、发放、运营信息公开透明，强化社会监督。

（四）优化农村养老保险制度财政支持资金机制

第一，要优化财政支持资金的筹集与运营机制。对目前集体补助尚未充分发挥作用的情况，地方政府可以考虑对参与农村养老保险筹资的集体经济组织给予税收减免或优惠，以此激励集体经济参与到制度发展中来，改变目前集体补助缺失的局面。目前社会保险基金运营方式比较单一，一般选择存入银行或购买少量的国债，基金收益按照中国人民银行公布的一年期存款利率计算，因此，就出现了社保基金收益跑不赢通货膨胀的怪象。因而在提高统筹层次的基础上，省级基金管理机构可以在全国社会保障基金理事会（简称全国社保基金理事会）等国家权威机构的指导下对基金进行市场化的运营，或采用多种组合的综合投资模式，一部分投资金融市场，另一部分投资国家大型基础设施建设或采用农村基础设施建设等由国家担保的市场化运行方式，既保证基金的安全性又保证其收益。

第二，优化财政支持资金的分配机制。由前文的论述我们可以知道，在农村社会保障资金的分配上存在城乡分配不均、保障项目分配不均的现象，若实现农村养老保险制度的持续发展，要优化目前的资金分配机制，调整财政支出结构，进一步提高统一后的城乡居民养老保险待遇，巩固新制度的成果。

第三，优化财政支持资金的足额及时支付机制。优化资金的足额及时支付制度，首先要由政府制定具有法律效力的法律法规和制度，从制度上保障资金的到位与落实；其次要将养老保险资金给付是否及时到位纳入政府绩效考核范围，作为政府总体绩效考核的重要指标；最后要优化财政支持资金的监督管理机制，建立审计监管机制，通过完善相关制度鼓励公众或社会其他机关单位参与农村社会养老保险基金的监督，实现社会充分监督。除此之外，还应强化外部监督，对基金的监管除了要在社会保障部门内部设立监督机制外，还要积极引入会计师事务所、保险精算等第三部门监督机构对基金管理人和投资人的管理、投资行为进行监督，以弥补内部审计监管的不足。

值得指出的是，2014 年，我国的新农保与城镇居民养老保险已经合并为统一的城乡居民养老保险。这标志着社会养老保险制度又一次迈上了一个新台阶。根据《国务院关于建立统一的城乡居民基本养老保险制度的意见》（国发〔2014〕8 号），结合河北省实际，河北省政府制定《关于完善城乡居民基本养老保险制度的实施意见》。河北省该意见规划了统一后的居民养老保险的目标：坚持和完善社会统筹与个人账户相结合的制度模式，巩固和拓宽个人缴费、集体补助、政府补贴相结合的资金筹集渠道，完善基础养老金和个人账户养老金相结合的待遇支付政策，强化长缴多得、多缴多补等制度的激励机制，建立基础养老金正常调整机制，健全服务网络，提高管理水平，为参保居民提供方便快捷的服务。2020 年前，全面建成公平、统一、规范、可持续的城乡居民养老保险制度，与社会救助、社会福利等其他社会保障政策相配套，充分发挥家庭养老等传统保障方式的积极作用，更好保障参保城乡居民的老年基本生活。河北省该意见规定，居民养老保险缴费标准目前设为每年 100 元、200 元、300 元、400 元、500 元、600 元、700 元、800 元、900 元、1 000 元、1 500 元、2 000 元、3 000 元 13 个档次，参保人自主选择档次，按年缴费，多缴多得，政府对参保人缴费给予补贴。自 2014 年起，对选择 100~400 元档次标准缴费的，补贴标准为每人 30 元/年；对选择 500 元及以上档次标准缴费的，补贴标准为每人 60 元/年。政府为参保的重度残疾人每人每年代缴 100 元养老保险费。缴费补贴和为重度残疾人代缴养老保险费所需资金，由省、设区市、县（市、区）按 1∶1∶1 的比例分担，省财政直管县（市）所需资金设区市负担部分由省级财政负担。从上述规定可以看出，河北省与周边省市相比，政府补贴水平处于较低层次，这反映了河北省当前经济和发展水平与财政承受能力的实际情况。

第二节　完善农村最低生活保障的财政支持政策

本节的内容与第一节同属研究河北省农村社会保障的主题。不同的是，两者的研究对象在性质上既有联系又有区别。它们虽然都是目前社会发展阶段保护农村居民生活安全的手段，但是，社会保险是面向所有农村居民建立的社会保障制度，以受益者个人为基本缴费主体；低保则是面向低收入家庭提供的特定部分人群的社会保障制度，其资金来源完全依靠政府财政。河北省虽然与北京、天津两个地区为近邻，但是，河北省内，甚至在北京、天津周边却存在着 39 个贫困县，300 多万农村贫困人口。年人均收入低于 668 元的绝对贫困人口 202 万人，其中需要常年享受政府救济的农村特困人口有 100 多万人。那么，近年来政府实施的低保制度效果如何？有什么经验教训值得加以总结和汲取？

自 1995 年以来，河北省就尝试在部分县（市）建立并实施农村低保制度。经过试点，2005 年 11 月，全省 162 个涉农县（市、区）全部建立起农村低保制度。近年来，随着经济的快速发展和政府对民生事业的高度关注，河北省农村低保制度的保障力度不断提高。截止到 2012 年 4 月，河北省农村低保制度保障平均标准为 132.75 元人/月，保障人数达到 201.237 2 万人，保障家庭数为 140.908 6 户，该年度财政累计支出 10.931 7 亿元。2015 年农村低保水平已达到每人 212 元/月。农村低保在缓解农村困难居民基本生活、维护社会稳定方面发挥了重要的作用。但现行财政对低保的支持是否适度，需要进一步分析探讨。本书就此对河北省财政对农村低保支持的适度性进行分析，以期对制度的完善提供建议。

一、河北省农村低保制度财政支持的运行评价

（一）评价指标的选择

农村低保制度作为一项农村公共产品，财政补助支出是其主要的资金来源，低保救助力度很大程度上取决于政府的财政支持能力。为了能够客观地对农村低保现行财政补助状况进行评价，本书选取了农村低保救助力度系数、农村低保生活救助系数、农村低保覆盖率三个指标对低保制度财政支持的适度性进行分析，并探讨河北省现行农村低保制度的救助水平和济贫效果。

（1）农村低保救助力度系数。该指标反映的是政府对农村低保救助对象的实际救助力度。其公式为

$$\sigma_t = N_t / I_{t-1}$$

其中，σ_t是第 t 期救助力度系数；N_t是第 t 期农村名义低保标准，即农村低保人口实际领到的人均救助金额；I 是该省份第 t–1 年农村人均收入。救助力度系数基于地区实际情况，能够剔除经济发展不平衡对地区差异带来的影响。在公式中，系数越大说明政府对困难群体的救助力度越大，系数过低则表明政府的救助力度不足。按照国际贫困线标准，低保救助力度系数在 0.5 左右，即救助水平达到当地居民人均收入的 50%才能够有效保证低保群体的基本生活需要。

（2）农村低保生活救助系数。该指标可以用来反映救助水平能否满足农民日常食品消费需要。其公式为

$$\mu = N_t / C_{t-1}$$

其中，N_t 表示当年度农村低保（人均）标准；C 表示上年度农民人均食物消费水平。从公式中看，当农村低保生活救助系数介于 0~1 时，说明该地区农村低保群体享受的补助未能达到当地农村居民平均食物消费水平。根据国际经验统计，当该系数为 0.65 时，表明低保制度基本可以解决低保群体的食品支出。

（3）农村低保覆盖率。该指标可以反映当前救助水平的应保尽保程度。其公式为

$$\beta = m / M$$

其中，m 表示年度享受低保救助的人数；M 表示年度农村总人口数。公式表明，β值越大低保制度的覆盖率越高，制度的实现程度也越好，从国家设定的贫困标准看，2012 年应保尽保的低保覆盖率参考值应为 5%。

（二）评价数据选择及结果分析

本部分选取了河北省 2007~2012 年农村低保数据，依据上述三个指标对河北省近年农村低保运行情况进行测算分析。结果如下：

（1）现行农村低保制度属低水平保障。农村低保救助力度系数反映了当前制度的保障效果。通过对河北省 2010 年第一季度和第二季度 11 个地市的低保救助力度系数进行测算可以看出，河北省当时的农村低保制度属低层次救助。2010 年第一季度，河北省的救助力度系数多集中于 0.216 4 左右（表 7-7），其中张家口地区以 0.289 8 列居 11 个地市第一位，救助整体上符合实际情况；第二季度各地市救助力度系数普遍有所提高（图 7-1），均值为 0.266 8；但救助力度系数值在 0.3 以上的地区仅有 3 个，远低于参考值 0.5，表明此时农村低保制度的救助力度还偏低，低水平的保障难以满足困难群体的基本生活需要，政府的低保制度的保障力度明显不足。

表 7-7 2010 年河北省 11 地市农村低保情况

地区	2009 年人均收入/元	2009 年季度人均收入/元	2010 年第一季度标准/元	救助力度系数	2010 年第二季度标准/元	救助力度系数
石家庄	5 977	1 494.25	85.95	0.172 6	89.39	0.179 5
承德	3 926	981.50	78.55	0.240 1	94.42	0.288 6
张家口	3 559	889.75	85.96	0.289 8	108.05	0.364 3
秦皇岛	5 516	1 379.00	112.25	0.244 2	119.54	0.260 1
唐山	7 420	1 855.00	125.97	0.203 7	139.51	0.225 6
廊坊	6 834	1 708.50	99.30	0.174 4	104.40	0.183 3
保定	4 682	1 170.50	85.26	0.218 5	116.07	0.297 5
沧州	4 955	1 238.75	89.82	0.217 5	104.43	0.252 9
衡水	3 918	979.50	71.85	0.220 1	114.30	0.350 1
邢台	4 467	1 116.75	79.55	0.213 7	112.79	0.303 0
邯郸	5 323	1 330.75	82.63	0.186 3	102.18	0.230 4

资料来源：根据民政部，河北省统计局 2010 年低保统计数据整理而成

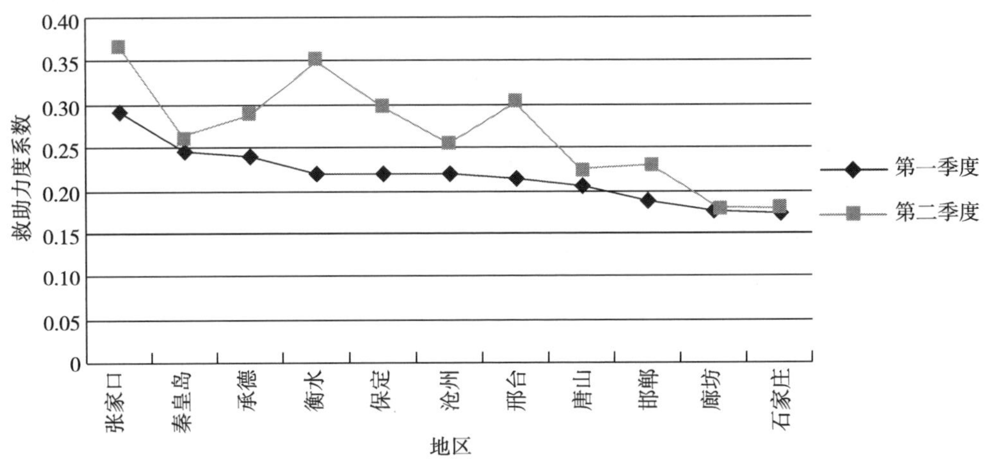

图 7-1 2010 年第一季度和第二季度河北省各地市农村低保救助力度系数

资料来源：国家民政局 2010 年低保统计数据整理而成

农村低保生活救助力度用来反映救助水平能否满足农民日常食品消费需要。通过对河北省 2007~2011 年的低保数据测算得出，5 年河北省农村生活救助力度的平均值为 1.070 2（表 7-8），高于 0.65 的参考值，2007 年的生活救助力度系数为 0.853 9，之后该值逐步的提高，到 2011 年已达到 1.214 8，这表明河北省的困难居民的温饱基本得到解决，但由于各地市经济的不均衡和保障标准的差异，导致部分地区的数值并没有达到这个水平，这些地区主要集中于河北省北部地区；同时，困难群体仍面临着医疗等方面的难题，这部分补助难以有效满足其基本生活需要，制度整体上处于低层次保障。

表 7-8　河北省 2007~2011 年生活救助力度系数、农村低保覆盖率情况

年份	人均食品支出/元	低保标准/元	生活救助力度系数
2007	1 025.72	58.33	0.853 9
2008	1 192.93	72.99	0.888 8
2009	1 195.65	88.36	1.104 0
2010	1 288.91	110.00	1.289 5
2011	1 446.16	138.50	1.214 8

资料来源：根据民政部 2007~2011 年低保统计数据整理而成

（2）农村低保覆盖率基本实现应保尽保。数据显示，河北省农村低保人数到 2012 年第一季度已到达 203.660 7 万人，覆盖率从 2007 年时的 2.94%，逐步提高到 2010 年的 4.56%，政府对低保制度建设的关注，使更多的困难居民被纳入制度保障范围内，但近年覆盖率水平保持在 4.5%左右，与参考值 5.0%还存在着一定的差距，总体表明现行的财政支持低保水平并没有将全部贫困人口纳入保障范围内。同时，也应当认识到，河北省农村低保标准偏低，偏低的保障标准影响覆盖率水平，因此，政府还应当加大低保保障投入以实现应保尽保全覆盖。

（3）财政对农村低保制度支持地区间呈现非均衡性。首先，从低保救助力度上来看，2010 年第二季度河北省 11 地市救助力度整体偏低，平均值为 0.266 8，位列第一的张家口值为 0.364 3，且低保标准偏低，表明政府对低保制度的投入没有到位，财政补助尚未实现适度。从农村低保生活救助系数可以看出，当前的数值总体上大于参考值，低保标准与低保群体支出水平比值处于较高水平，1.070 2 的平均值表明现行补助标准除了能够满足低保群体的食物性支出，还能使其有一定的结余。

在 11 个地市中，石家庄市低保救助力度最低，其每人每月 89.39 元的保障标准难以满足困难群体生活的需要，考虑到地区经济发展、物价水平等因素，说明该救助力度明显偏低，从另一个角度反映了财政对低保投入的不足，同时缺乏统筹，导致各地区的保障力度效果不一。

其次，从农村低保覆盖面上看，河北省农村低保覆盖率呈现北部地市相对较高，南部地市相对较低的特征。北部地区张家口和承德地区经济发展水平低，贫困人口相对较多，农村低保救助覆盖范围总体较大。2012 年 4 月的数据显示，张家口地区的保障人数在 11 地市中最多，达到 40.015 5 万人，保障家庭数为 31.005 万户。相比之下，靠近南部的地市保障人数相对偏少，南部地区农村居民人均收入水平相对较高且差距较大，而偏北部的地市人均收入偏低但差距较小，客观上会对农村低保覆盖率产生一定的影响。低保覆盖率的差异同样可以说明河北省农村低保发展的非均衡，也从侧面反映了财政对其支持的地区差异性（图 7-2）。

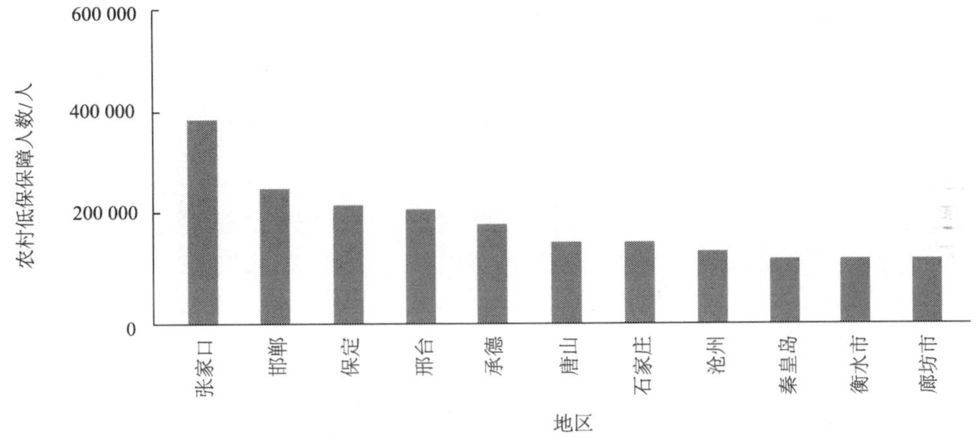

图 7-2　2012 年 4 月河北省 11 地市农村低保保障人数

综上分析，河北省财政对农村低保的支持是非适度性的，呈现“水平低、覆盖广、差异大”的特征，注重解决困难群体的基本温饱问题，食物需求基本得到保障，但无法满足其他基本生活需求；低保覆盖面相对较广，基本实现“将符合条件的农村困难居民全部纳入保障范围”的政策目标；保障力度较弱，区域救助力度不均衡，较广低保覆盖率下救助标准不能有效提高，而在物价增幅较大的情况下，进一步削弱了既定标准的保障效用，迫切需要政府加大农村低保投入力度，并加大农村低保救助力度。

二、河北省农村低保制度财政支持适度性分析

理论上对低保标准的测算方法有很多，如国际贫困线法、扩展线性支出法、恩格尔系数法和社会形态法等，本书选用恩格尔系数法对河北省农村低保标准适度性进行测算。该法虽不如模型等测算方法计算精准，但其注重低保标准对困难群体基本生活保障的影响，且算法相对简单，随着物价的上涨便于调整保障标准；另外，该法被许多发展中国家采用，便于横向比较。

（一）指标及数据说明

恩格尔系数法是食品支出总额占个人消费支出总额的比重，该法立足于保障基本生活，运用该方法可以实现较低层次农村低保补助目标。国际普遍采用恩格尔系数为60%来确定低保标准，以此来确定各地区农村低保应达到的标准。在测算中，本书引入存量低保人口和存量财政负担率两个指标，对2010年河北省农村低保标准进行分析（表7-9），以期找到一个可行的参照标准。

表7-9 恩格尔系数法确定低保标准及救助力度系数

地区	2009年已有人均收入/元	2009年季度人均收入/元	2010第二季度标准/元	调整后标准/元	σ值	调整后σ值
唐山	7 420	1 855.00	139.51	210.66	0.225 6	0.340 7
秦皇岛	5 516	1 379.00	119.54	180.51	0.260 1	0.392 8
廊坊	6 834	1 708.50	104.40	157.64	0.183 3	0.276 8
沧州	4 955	1 238.75	104.43	157.69	0.252 9	0.381 9
张家口	3 559	889.75	108.05	163.16	0.364 3	0.550 1
石家庄	5 977	1 494.25	89.39	134.98	0.179 5	0.271 0
保定	4 682	1 170.50	116.07	175.27	0.297 5	0.449 2
邯郸	5 323	1 330.75	102.18	154.29	0.230 4	0.347 9
邢台	4 467	1 116.75	112.79	170.31	0.303 0	0.457 5
承德	3 926	981.50	94.42	142.57	0.288 6	0.435 8
衡水	3 918	979.50	114.30	172.59	0.350 1	0.528 7

资料来源：根据民政部、河北省统计局2010年低保统计数据整理而成

（二）分析与结论

（1）现行的农村低保标准难以较好地实现保障农村困难居民基本生活需要的功能，需要加大财政对农村低保的支持力度，适度提高保障标准。河北省2010年11地市农村低保标准测算与调整的结果表明，目前采用的测算方法得到的标准值低于恩格尔系数法的测算结果，按均值计算，2010年的标准为110元人/月，恩格尔系数法的结果为166.062 5元人/月，相差56.062 5元，是当年标准的1.51倍；具体到各地市，出现原有标准越高的地方调整后标准差额越大的特点，标准最高的唐山地区为139.51元，调整后的数额为210.66元，差额为71.15元，差额为调整后各地市中最高，由于该地区财政能力相对较好，因此该结果符合现实情况；在低保救助力度系数的调整中，原有保障力度均值0.266 8，调整后的结果为0.402 9，11地市中的低保救助力度明显得到提高，0.5以上的地区有2个，0.4~0.5的地区有3个，其余地区为0.3左右，救助力度最低的石家庄地区也达到了0.271 0，与参考值0.5相比较，差额明显缩小。

（2）低保标准的提高需要财政的投入。根据数据计算，河北省 2010 年底农村低保制度财政存量负担率为 1.98%，在总收入为 3 020.1 亿元的基础上，农村低保支出为 59.798 亿元，根据恩格尔系数法测算，新标准需要增加 32.497 亿元的财政投入，占财政收入比重为 1.08%，地方财政对农村低保制度的负担率达到 2.99%，此外，还包括增量补助的人口，实际负担率会高于此，考虑到河北省各地市经济发展的差异，对这一增加支出的负担能力是不一样的，这就需要省财政部门通过转移支付的形式来实现协调。以上测算表明该指标具有适度性和可操作性，因此，可成为城乡发展背景下统筹财政支持农村低保的适度参考。

（3）河北省农村低保制度财政支持的政策变化。农村低保制度的低水平保障最终指向的是财政收入水平和支持能力较差，而要提高保障标准，扩大保障覆盖面，增加财政对低保制度的投入是必不可少的。为此，笔者建议从以下几方面来优化河北省农村低保制度的财政支持。

首先，要拓宽低保资金筹资渠道。当前低保制度的筹资方式采用的是公共财政保障方式，该方式相对单一，其局限性在于：会使低保制度过分依赖财政收入，各级财政资金必须同时到位才不会影响制度的运行。应当鼓励多种社会主体加入到低保资金筹资渠道中来，包括非公有制经济、高收入阶层及社会各界等，利用各类捐赠为低保资金提供补充。另外，要扶持各类慈善组织健康发展，开展经常性慈善服务活动，并可以依照社保基金一样建立农村低保基金，进行适当的资本运营来实现低保资金的保值增值。

其次，一般认为，河北省东南部的地市经济发展较为快速，北部地区发展相对缓慢，这也导致了地方财政能力不一的特点。从公共财政的要求出发，地方财力较强的地区应承担起当地的农村低保全部责任，对省内财力较弱的地区应当通过转移支付的方式来实现制度的发展，但现行的农村低保标准与地方财力并未呈现明显的相关性。

最后，我国当前的农村低保资金没有设立预算科目，只是由地方各级政府共同承担。因此，需要合理划分地方政府的保障责任，以实现制度的稳定发展。要在地方政府财政支付能力如实评估的基础上，分担低保资金比例，具体建议为：对于经济发达的区市，低保资金可由省、市、县（市、区）三级分担，比例为 30∶35∶35；经济欠发达的区市，三级分担的比例应为 40∶35∶25；实行省管县财政体制的地区，实行省、县（市）两级分担。

需要看到，为体现社会对贫困家庭的关怀，保障他们有一个基本体面的物质生活保障，近年来河北省各级政府做了相当大的努力。2015 年 12 月 26 日，中共河北省委、河北省人民政府发布了《关于坚决打赢脱贫攻坚战的决定》，要求按照三年集中攻坚、两年巩固提升的总体思路，分步推进实施全省贫困人口的脱贫战略。2016~2018 年，通过集中力量攻坚，全省 90%的贫困县摘帽，90%的贫困村出列，90%的贫困人口实现脱贫；2019~2020 年，通过集中扫尾、巩固提升、长效机制建设，解决剩余特困地区和贫困人口的脱贫问题，全面完成脱贫攻坚任务。到 2020 年，稳定实现农村贫困人口不愁吃，不愁穿，义务教育、基本医疗和住房安全有保障。实现贫困地区农民人均可支配收入增长幅度高于全省平均水平，基本公共服务主要领域指标接近全省平均水平。确保全省现行标准下农村贫困人口实现脱贫、贫困村全部出列、贫困县全部摘帽。实施社保政策兜底脱贫行动。坚持脱贫攻坚不留死角，对 146 万完全或部分丧失劳动能力的贫困人口，全部纳入农村低保范围，通过社会保障实现脱贫。进一步加强农村低保家庭经济状况核查工作，将所有符合条件的贫困家庭成员全部纳入低保范围，做到应保尽保。加快建立动态管理机制，实现保障对象有进有出。加大农村低保省级统筹力度，尽快实现农村低保制度与扶贫开发政策有效衔接，农村低保标准自 2016 年 1 月起提高到扶贫标准，实现“两线合一”，并根据物价上涨水平每年进行调整。新增支出除中央财政转移支付外，不足部分由省、市、县财政分级负担，以省为主，鼓励有条件的地方提高农村低保标准。加快完善城乡居民基本养老保险制度，适时提高基础养老金标准，引导农村贫困人口参保续保，逐步提高保障水平。我们对河北省将扶贫政策和低保政策进行整合的决定持赞成态度，并认为这将显著改进低保政策的实施成效。

第三节　公共财政视角下医疗卫生支出分析

医疗卫生事关人民健康，其中相当一部分属于公共产品的范畴。因此，财政对医疗卫生事业的支出历来是财政支出中的重要内容。但是，在社会主义市场经济中，随着收入分配制度和医疗卫生体制的改革，随着医疗保险制度的建立，市场在医疗卫生资源的配置中已经扮演了重要的角色，个人有能力也应该分担一部分必要的医疗卫生成本。在这样的背景下，财政究竟应该如何承担医疗卫生支出，变成一个令人困惑的问题。在实践中，社会公众对医疗卫生费用开支负担的过快增长发出了很多抱怨的声音，而且看病难的问题也经常困扰着许多病人和家属。因此，从理论和实践的结合上，深入研究财政的医疗卫生支出保障水平和保障机制，就成为一个亟待解决的新课题。

一、中国卫生总费用及人均卫生总费用变化趋势

国际上一般通过对卫生总费用的核算与分析，来评价卫生投入的总量、构成及其效果，并将此作为制定卫生政策与发展规划的基础。所谓卫生总费用，是指一个国家在一定时期内全社会卫生资源消耗的货币表现。按服务提供者分类，卫

生总费用包括医院费用、护理机构费用、门诊机构费用、药品零售机构费用、公共卫生机构费用、卫生行政管理机构费用和其他卫生机构费用。这与我们所分析的医疗卫生支出口径基本一致。按当年价格计算，我国卫生总费用 1978 年为 110 亿元，1980 年为 143 亿元，此后的 10 年中一直低位运行，增幅不大。直到 1990 年增长为 747 亿元，并且此后的 10 年中增幅有了较大的提高，几乎是一年上一个台阶，2002 年已高达 5 872.84 亿元。短短 12 年间，卫生总费用增加近 7 倍，应该说，这个速度已经达到了相当高的程度。之所以会有如此高的增长速度，其主要原因在于以下方面：一是改革开放以来我国经济实力的不断增强为人民医疗健康水平的提高提供了根本性支持。从卫生消费的一般趋势看，在经济发展的不同阶段，居民的卫生开支也会表现出相应的差别。在经济发展水平较低的阶段，由于解决温饱问题是人们最基本的要求，讲求卫生也只能是低层次的。在改革开放前几乎没有几个普通居民有机会接受像 CT 等此类的高级医疗检查，而现在这样的检查已经成为大众化的医疗检查方式，至少在城市居民中可以这样说。二是卫生开支的成本随着物价水平的提高有了较大增长。据有关资料，与 1993 年相比，手术费用、药品费用的价格平均上涨了 9.7 倍。仅仅在妇女生产一项的费用上，1990 年只有 400 元，而 2003 年已经达到 3 500 元。三是人口规模的扩大和人口构成的变化也是卫生总费用增长的一个重要因素。尽管我国的计划生育政策对于人口的无序膨胀产生了有效的控制作用，但由于我国人口基数大，生育适龄人口集中，人口总规模在近年来依然不断扩张。据全国人口普查资料，1980～2003 年的 20 多年里，我国人口总量从 9.87 亿人上升到 2003 年的 13 亿人，仅新增人口就需要花费掉卫生总费用中的 22.1%。加之，我国人口的老龄化已经显现，这样一个人口群体的扩大，必然会在医疗费用的支出方面提出更多的要求。此外，诸如艾滋病等新型疾病的出现对卫生总费用的增长推力不可小视。

在医疗卫生总费用持续大幅度增长的同时，我国医疗卫生总费用占 GDP 的比重也呈不断上升的趋势。1978~2002 年，卫生总费用占 GDP 的比例由 3.04%上升为 5.42%，20 世纪 80 年代在 3%~4%，90 年代在 4%~5%。但即便如此，其比重实际上也是刚刚超过了世界卫生组织规定的 5%的标准，略高于尼日利亚、埃及、罗马尼亚和俄罗斯，但与发达国家相比仍显不足，其中，美国的卫生医疗费用占 GDP 的比重最高，1999 年为 12.9%，高于我国当年近 8 百分点。

就我国的人均卫生费用而言，其增速也是相当惊人的。1980 年我国人均卫生总费用为 14.51 元，到 1990 年增长到 65.37 元，而到 2002 年进一步猛增到 442.55 元。在 20 年间人均卫生总费用增加了 30.5 倍。但是，如与其他国家横向比较，我国人均医疗卫生支出还不高。以 1999 年为例，按世界银行的估计数，我国人均医疗卫生费用为 40 美元，不仅比世界第一强国美国低了 100 倍之多，还比发达国家中的法、日、英、澳等国家低了 41~58 倍。即使是巴西这样的欠发达国家，当年人均医疗卫生费用也达到 308 美元，近乎我国的 8 倍，甚至非洲国家尼日利亚也只比我国低 10 美元。由此可以看出，我国的人均卫生医疗费用支出还处于比较低的水平。

二、卫生总费用的构成及其所占比重分析

在卫生总费用逐年增加的同时，卫生总费用的结构及其变化值得我们关注。从 1980 年以后的 20 年间，我国卫生总费用在稳步上升的同时，政府卫生支出所占比重却在逐年下降，居民个人卫生支出所占比重则急速攀升。1980 年，政府卫生支出占卫生总费用支出的比例为 36.4%；到 1990 年，占 25.06%，下降了约 11 百分点；再到 2002 年，又下降了约 10 百分点，为 15.21%。也就是说，在 20 年稍多一点的时间里，政府卫生支出比例平均以每年 1 百分点的速度下降。与此同时，居民卫生支出的比例却急剧攀升。1980 年，居民个人卫生支出占卫生总费用支出的比例为 21.19%；到 1990 年上升了 14 百分点左右，占 35.73%；再到 2002 年，又上升了近 23 百分点，占到 58.34%。也就是说，在 20 年时间里，居民卫生支出比例实际上是以平均每年接近 2 百分点的速度在快速上升。所以卫生总费用增加的过程，是以政府支出降低、社会支出同时减少、个人被迫提高卫生支出来实现的。换句话说，过去这些年我国卫生总费用的增长主要是由居民个人负担的。但在 OECD（Organization for Economic Co-operation and Development，即经济合作与发展组织）国家中，2003 年卫生总费用的绝大部分是由政府承担的，其中政府承担比例最高的国家为卢森堡，占到 93%，大部分国家政府承担比例都在 70%以上，少于 70%的只有 6 个国家，其中政府承担比例最少的为美国和韩国，政府承担比例为 45%，即便如此也远高于我国。

医疗卫生费用由个人还是由政府负担绝不是钱来自左口袋还是来自右口袋的问题。如果医疗卫生费用主要由个人负担，收入和财富的分配便在很大程度上决定了人们是否能获取必要的医疗保健服务。除非收入和财富在社会各阶层的分配相当平等，否则经济上的不平等必然转化为医疗卫生服务上的不平等。而医疗卫生服务的不平等又会影响全体国民的总体健康水平。如果医疗卫生费用主要由政府负担，那么即使是穷人也能够享受起码的医疗卫生服务，从而有利于提高全民族的健康水平。

三、政府卫生支出占财政总支出和 GDP 的比重分析

考察新中国成立以来的历史，政府卫生支出无论是占财政总支出的比重，还是占 GDP 的比重，在新中国成立后至 1982 年以前都是呈上升态势，双双在改革开放初期达到历史最高点。1983~1992 年，卫生支出占财政总支出的比重时起时

伏，好像变化不大。但是，在此期间，实行“放权让利”的财政包干制，政府财政收支占 GDP 比重急剧下降，结果导致卫生支出占 GDP 比重一路下滑。1992 年以后，尽管政府对卫生投入的绝对数在增加，卫生支出占财政总支出的比重却一路下跌不止，到 2002 年已经跌入 4%以内，达到 3.92%。这是改革开放后近 20 年来卫生支出占财政总支出比重的历史低点。而卫生支出占中央财政支出的比重也同样如此。在 1999 年，我国的卫生费用支出占中央财政支出的 2.1%，虽略高于一些国家，如尼日利亚、日本、印度和俄罗斯，但还远低于一些发达国家，如英、美、法等。造成这种现状的原因是多方面的，但最主要的原因与我们改革总体思路中对经济增长的崇拜是分不开的。长期以来，我们一直强调发展是硬道理。本来，这里“发展”的含意是经济社会全面的进步，绝不仅仅是指经济增长。但在实际工作中，各级政府往往把“发展是硬道理”理解为“经济增长是硬道理”，更进一步，又往往被理解成，为了追求经济尽快增长，其他一切都要让步，都可以被牺牲，包括公共卫生在内。这种畸形的经济增长速度崇拜导致了政府职能的缺位，即该由政府承担的责任政府没有承担起来，具体就表现为：在财政资源的分配中，公共卫生支出所占比重持续较低；在卫生总费用的构成中，政府卫生支出逐年下降。

卫生支出占财政总支出比重低下的问题直接导致了我们对既有的公共卫生的投入不足，医疗卫生设施非常薄弱，严重影响了公共卫生设施功能的发挥。不要说应对突发起来的公共卫生事件，就是维系正常的运转也非常困难。2002 年底至 2003 年春夏爆发的“SARS”疫情足以证明了这一点。所以政府只有进一步加快公共财政制度的建设步伐，才能在未来的各种突发性事件中有更加令人满意的表现。

四、公平与效率分析

2000 年，世界卫生组织将 191 个会员国的卫生系统分为：促进良好的健康的改善；增加反应性；确保卫生筹资的公正性 3 个方面进行了绩效评估。在卫生负担公平性方面，我国被排列在第 188 位，即倒数第 4 位，仅比巴西、缅甸、塞拉里昂稍强，属于世界上最不公平的国家。而一向被我们看做“贫富悬殊极大”的印度却排名第 43 位，居世界前列，远远超过中国。遭受近 10 年经济制裁的伊拉克表现也不俗，排在第 56 位。其他发展中人口大国，如巴基斯坦、印度尼西亚、埃及、墨西哥都排在我国前面。

我们不能简单地用世界卫生组织不了解情况或存在偏见来解释这个排名。事实上，早在 1978 年，同一组织对中国的公共卫生体系曾经给予过高度的评价（钱信忠，1992）。毋庸置疑，我们的医疗卫生领域的确出了问题。国内统计数据在很大程度证明世界卫生组织的评估与实际情况基本上是吻合的。而我国的卫生负担不平等主要表现在 3 个方面，即地区差距、城乡差距和阶层差距。

在看到我国卫生制度不公平性的同时，我们也不能不分析它的效率。不少人以为公平与效率是矛盾的，为了提高效率，就是牺牲点公平也在所不惜。问题是，在牺牲公平的同时，市场化并没有提高医疗卫生机构的效率，反倒降低了它们的效率。

根据卫生统计，20 世纪 90 年代末以来，虽然我国人口还在增长，但医疗机构的门诊量和住院量双双下降。2001 年全国医院和卫生院门诊总量为 20.87 亿人次，与 1992 年 25.7 亿人次相比减少了 4.83 亿人次。是不是我国人民健康改善了，生病少了呢？显然不是，因为城乡居民的两周患病率从 1993 年的 140.1 人次提高到 2001 年的 149.76 人次。其实，门诊量下降的原因很简单，即医疗费不断攀升，超出了很多人的支付能力，因而抑制了城乡居民对医疗服务的有效需求。在门诊量减少的同时，住院病人增加不多，而医护人员的数量仍在增加，其后果必然是医疗资源的浪费。这可以从 3 个指标看出来，即平均每一医生全年负担诊疗人次、平均每一医生全年负担住院床日、病床使用率。与 20 世纪 80 年代末相比，3 个指标都呈下降趋势：诊疗人次由 1989 年的 1 652 人次下降到 2001 年 1 180 人次；住院床日在同一时期从 760 人次下降到 509 人次；病床使用率也出现明显的下降。全国医院的病床使用率在 80 年代一直维持在 80%以上；进入 90 年代便一路下滑，到 2001 年跌到 60%的水平。农村县以下卫生机构的资源利用效率也在下降。乡镇卫生院医生的总数从 1995 年的 42.5 万人增加到 2001 年的 51.9 万人，但与此同时，每年到乡镇卫生院看病的人从 9.38 亿人次减少到 8.24 亿人次。以每年工作 300 天计，每位医生每天的诊疗服务量从 7.36 人次降到 5.29 人次。在此期间，乡镇卫生院的病床床位有所增加，不过住院的人次却大幅下降，从 1995 年的 1 960 万人下滑到 2001 年的 1 700 万人，乡镇卫生院的床位使用率从 40.7%下降到 31.3%。另外，诸如心电图、B 超和 X 光机等仪器设备的使用率也很低。以心电图为例，2001 年时，即使在比较发达的一类农村地区，平均每天使用 1.2 次而已；在落后的四类农村，平均 10 天才用一次。由此可见，我国医疗卫生体制的确呈现出既不公平又效率低下的双重问题。

五、完善中国医疗卫生支出的几点看法

我国医疗卫生支出领域所暴露出来的问题，反映出我国政府在医疗卫生发展领域所存在的职能缺陷和经验不足，也反映出随着我国经济管理体制的转轨，人们在医疗卫生发展领域所存在的认识偏差。我们认为，要改变上述状况，必须从思想认识和管理体制、运行机制等不同的层面加以把握。

首先，要明确政府的责任，加大政府对医疗卫生体系建设的财政支持力度。从公共产品理论分析，医疗卫生服务应该属于准公共产品的性质。一方面，医疗卫生与个人的劳动能力有密切关系，而劳动能力又与劳动者的收入有密切的关系，因此，一般而言，享受高水平医疗卫生服务的人口会比享受低水平医疗服务的人口更具良好的收入潜力。从这一点来说，医疗卫生服务具有私人产品的性质。另一方面，有些医疗卫生问题并非处于个人所能控制的范围，如传染疾病的预防与治疗、健康教育与咨询及环境卫生、食品卫生、劳动卫生、放射卫生监督与检测等。如果这些问题依靠个人家庭来解决，很容易因为他们当中太多的人口和家庭无能为力，或者采取免费搭车的策略，而导致失控的状态。也就是说，相当一部分医疗卫生服务并不能按照市场机制配置资源的方法惠及对其有需要的人口，因为没有人愿意自己付费，生产和提供出由其他人自由、无偿享用的东西。在这个意义上，市场机制无法提供的医疗卫生服务应当属于公共产品的范围。它们的生产和提供不能推给市场，政府作为公共利益的代表，必须承担起相应的责任。此外，还有一种情况需要注意，一部分医疗卫生服务看上去应当具有私人产品的性质，即那些有差异的、与个体相联系的医疗卫生问题，原则上应该由私人付费，通过市场交易的渠道来购买。但是，这些医疗卫生产品往往具有很高的成本和价格，由于种种原因有些对其有需求的人口，却往往没有支付能力，如我国的城市贫困人口和大量经济落后的农村人口，就常常成为缺医少药的一类群体。在此情况下，本来具有私人产品性质的医疗卫生产品实际上已经演变成公共产品。因为如果让无力购买必要医疗卫生产品的人口得不到基本的医疗卫生服务，他们的生活水平过于低下，影响的将不仅仅是他们自己及其家庭，而且还会成为一个社会问题，危及社会的和谐发展局面。可见，医疗卫生服务产品的生产和提供不能指望都依靠市场机制来解决。因此，有必要强调，政府在医疗卫生领域的发展上，应该负有不可推卸的责任，需要通过法律途径保证逐步增加财政支出中的卫生经费，解决医疗卫生体系建设中的财政投资的“缺位”问题。那种把医疗卫生服务当做一种商品，试图借事业单位改革和医疗体制改革，把医疗卫生事业的发展统统推给市场的观点是完全错误的。那种借口发展经济，从而忽视公共卫生服务的做法，也是必须加以反对的。

其次，增加公共卫生资金来源渠道，建立以政府为主、社会为辅的筹资系统（包括以中央和省级财政为主，市县财政为辅的财政经费供给系统；以政府民政部门为主，红十字会等社会团体为辅的社会筹资系统；以财政补助为主，收费补助为辅的成本补偿系统）。将公共卫生服务项目按照从基本到特需进行划分，越是基本的项目（如计划免疫等），其管理级次应越高，可由中央或省级财政承担；越是特需的项目，其管理级次应越低，可考虑县或区财政承担。在目前政府投入无力覆盖全部公共卫生事业的情况下，政府的投入应确保提供基本的公共卫生服务。

基本公共卫生服务不仅对个人而言是公共产品或准公共产品，对单个财政区域而言也是公共产品或准公共产品。因此，应提高政府对公共卫生投入的管理级次。根据公共财政原则，基本公共卫生支出应主要由本级财政和上级财政共同负担。相应地，应建立起以中央和省级财政为主，以市县财政为辅的财政保障供给系统。在强调政府对公共卫生投入责任的同时，要鼓励社会资本增加对非公共医疗卫生领域的投入，发展多种所有制形式的医疗机构。据不完全统计，到2002年我国私营、中外合资合作、股份制等医院从数量上已占医院总数的10%，无论从数量上、规模上都还有较大发展空间。要进一步采取鼓励政策，引导社会力量参与发展医疗卫生事业，在宏观层面上形成公立医院、民营医院、私立医院、股份制医院等多种所有制的医院并存，公平、竞争有序的医疗服务格局，在保障群众基本医疗服务的同时，满足群众多层次、多样化的需求。

再次，政府对医疗卫生服务领域的支持应该转换思路，从主要提供给供给方，转向提供给需求方，进一步改变医疗卫生服务低效和低收入阶层不能受益的状况。现在，政府的卫生拨款全部提供给各级卫生机构，最后的一些微剩余给了乡镇卫生院，供给方将政府的钱主要用于发放工资，即养人方面，而不是用于提供服务。在社会主义市场经济条件下，政府应转变在计划经济时期形成的生产者主权观念，政府不应再一味地保护生产者，在公共卫生政策领域应该是需求导向，即保护消费者的权益，尊重消费者的自由选择。政府对公共卫生的支持不仅仅是在医疗卫生机构投入更多的钱，还包括市场准入、卫生监督、立法执法、提供信息和教育等。同时，政府要根据财政、企业和个人的承受能力，推动城镇医疗保险制度的建设和完善，并对有条件的农村地区发展医疗保险提供适当支持。

最后，政府要特别关注农村医疗卫生服务的供给。公共卫生是人生存和发展的基本要求，是现代公民应当享有的最基本的公共产品。20世纪80年代以来，农村合作医疗体制基本解体，绝大多数农民成为自费医疗群体。由于农民收入增长速度跟不上医疗费用的上涨速度，为数较多的贫困农民看不起病的问题比较突出。农村公共卫生是基本的公共产品，需要国家财政的大力支持。观察2002年我国农村的公共医疗卫生主要问题有两个：一是农村医疗卫生设施相当落后，医疗水平较低；二是现有的医疗机构收费脱离了农村经济状况。我国的医疗价格和医药价格是依据城市的标准制定的。在农民和城市居民的实际收入差距为1：6的状况下，农民要支付和城市居民一样价格的医疗费用，而且农民还不能享受城市居民的医疗保险，广大农民是无论如何也承受不起这个医疗价格水平带来的经济重负。如何形成一个符合农村实际的农村合作医疗体系，是解决农村公共卫生保障的重要前提。国家应当建立和完善农村卫生专项转移支付制度，加大对农村公共卫生的投入力度。此外，要以大病防治为重点，在农村建立大病、重病社会统筹机制。对农民生存造成最大威胁的是一些大病和重病，这些疾病的治疗往往要花费农民数年的积蓄，甚至还要借贷。这部分医疗费用应当尽快纳入社会统筹，让全社会来负担，分散农民遭遇的健康风险。

根据国家卫生和计划生育委员会 2015 年公布的资料，“十二五”以来，特别是党的十八大以来，全国医药卫生体制改革不断深化，医疗卫生事业获得长足发展，人民群众健康水平显著提高。2015 年，我国人均预期寿命比 2010 年增加了 1 岁；婴儿死亡率由 2010 年的 13.1‰下降到 2014 年的 8.9‰，孕产妇死亡率由 2010 年的 30×10^{-5} 下降到 2014 年的 $21.7/10^{-5}$，均提前实现了“十二五”规划目标，我国居民健康水平总体上处于中高收入国家水平。居民个人卫生支出占卫生总费用的比重由 2010 年的 35.29%下降到 2014 年的 31.99%，为 1995 年后近 20 年来的最低水平，2015 年实现了降至 30%以下的目标。我国已经织起了世界上最大的基本医疗保障网，2015 年，城镇职工基本医疗保险、城镇居民基本医疗保险、新农合 3 项基本医疗保险参保人数超过 13 亿，参保率保持在 95%以上，较 2010 年提高了 3 百分点。2015 年新农合、城镇居民医保人均筹资增加到 500 元左右，其中政府补助标准提高到 380 元，比 2010 年（120 元）增长了 2.2 倍。2014 年 3 项基本医疗保险住院费用政策范围内报销比例均达到 70%以上。城乡居民大病保险全面实施，疾病应急救助制度全面建立。这些都标志着国家在医疗卫生领域提供的公共服务能力和水平的显著提高。但是，不容回避的是，当前广大群众对看病难、看病贵等问题反应仍很强烈，进一步解决好公立医院改革、医疗资源配置公平、医疗费用偏高的问题，具有重要的现实意义。

第四节　生态补偿类横向财政转移支付的优先领域选择

在转移支付制度下，地方政府间的横向转移支付体现了一定辖区内居民经济利益存在的相对独立性要求。经济利益的转移与经济利益的获得存在着平衡性。生态利益的交换通过政府间的财政转移支付来完成，是解决生态资源不平衡的一种有效方法。我国地域广阔，人口分布和生态资源不平衡的问题很普遍，完全依靠中央政府的调剂已经不符合分税制财政管理体制的要求。地方政府之间有责任、有必要创新生态资源的共享机制，满足不同区域人口生存和发展的需要。本节简要地阐述了我国生态补偿所引起的财政横向转移支付三个重点问题。

对我国而言，面对资源约束、环境污染、生态退化的严峻形势，迫切需要政府建立和完善生态补偿类财政转移制度。目前已有中央纵向转移支付，如退耕还林、天然林保护工程、退耕还草和湿地保护等，但横向生态补偿机制的缺失，是造成环保进展乏力，环境污染难以遏制的主要根源，同时也严重影响了社会公平和资源配置效率。考虑到现阶段中央地方财政分权的实际，引进横向生态转移支付成为一种必然。横向转移支付的引进，在一定程度上可以减轻中央财政的压力，更重要的是符合谁受益谁负担的基本原则，也提高了资金使用效率。但在目前立法层次低、人们环保意识淡薄的现实情况下，中央政府必须积极参与，以立法的形式规范补偿体系，减少地方政府的博弈环节，降低谈判成本，疏通地方政府间的沟通漏洞和争议点。生态问题错综复杂，难易程度不一。国外治理生态环境的经验和教训启示我们必须因地制宜，科学合理地界定横向财政转移支付的优先领域。

一、省际区域生态补偿

省际区域生态补偿指的是一个或多个省级区域的经济活动对其他省级区域产生了环境生态影响，生态环境的开发利用与保护相脱离而造成的区域利益分配不均衡。外部效应内生化要求建立各省之间的生态市场交换关系，当补偿主体和对象涉及两个或多个区域，就产生区域生态补偿问题。各省级政府之间在生态、环境方面的利害冲突是影响区域基本公共服务均等及协调发展的重大制约。之所以把区域生态补偿放在横向财政转移支付的优先领域的重中之重，是因为：第一，西部地区由于矿产资源过度开发引发的生态环境问题已经由区域性的公共物品演化为全国性的公共物品，而且不合理的资源定价使西部地区并没有得到足够的用于环境治理的财政资金，反而陷入了越开发地方越穷的怪圈，生态环境有加速恶化的趋势。第二，西部地区是我国重要大江大河的水源发源地，生态环境十分脆弱，且历史遗留的原因，使我国对西部地区的欠账过多，发达地区经济发展的成果理应由西部地区共享。但目前却存在财力充足的经济发达地区免费搭车享受着贫困地区提供的生态服务，而贫困地区却得不到任何补偿的悖论。第三，西部地区担负着维护民族团结、保持边疆稳定的政治重任。第四，省际的环境产品市场交换关系的严重缺失使跨界河流、生态功能区的治理与维护面临着众多很难协调的矛盾和冲突。第五，区域生态与主体功能区、重点生态功能区、流域与区域及生态资源的空间重叠也要求中央政府在面临复杂多样的生态补偿问题时，要先为区域生态补偿制定具备可操作性的、有立法保障的补偿标准体系，以此为标杆促使地方政府探索多方式的、灵活的市场或者政府补偿模式。

二、重点生态功能区类生态补偿

2016 年，关系全国或较大范围区域生态安全的国家层面重点生态功能区共有 25 个，分为水源涵养型和生物多样性维护型等，具体包括青海三江源保护区、南水北调丹江口库区、大小兴安岭生态功能区、长白山森林生态功能区、川滇生态及生态多样化功能区等。2009 年就将治理任务更为紧迫、治理成本更加高昂、基层财政更加困难、少数民族更加集中的水土保持和防风固沙两大类型生态功能区纳入，主要覆盖新疆维吾尔自治区、内蒙古自治区等少数民族聚集区和贵州省、青海省等部分地区。把重点生态功能区类补偿作为横向财政转移支付优先领域的中心，主要是因为：从地理特征看，重点生态功能区大都处于东北、西北、西南等边境地区，战略地位非常重要；从民族构成看，少数民族占有比例较高，对于维护民族团结，促进各民族共同繁荣意义重大；从经济实力和财政收入水平看，大都属于经济欠发达地区，基本公共服务均等化程度较低；从国家主体功能区的划分来看，都属于限制开发地区或禁止开发地区。另外，国家级重点生态功能区是同时具有非排他性和非竞争性的纯粹公共物品。从非排他性来看，无法排除其他地区无偿获得生态功能区提供的生态效用；从非竞争性看，增加一个人的消费并不会影响其他人对该类生态效用的消费。政府提供该类公共物品是无可置疑的，但仅仅依靠中央政府提供转移支付等财力支持，要实现符合可持续发展的生态补偿要求，依旧难以为继。所以现实可行的选择是把横向转移支付制度的建立作为目前纵向转移支付制度的补充，以实现重点生态功能区的保护与可持续性发展。

三、流域类生态补偿

流域生态补偿机制是以水质、水量环境服务为核心目标，以流域生态系统服务价值增量和保护成本与效益为依据，调整流域利益相关者之间的利益关系，并实现流域内区域经济协调发展的制度性安排。根据流域战略地位，可细分为以下几类：一是国家层面上的大江大河的生态补偿问题，主要指长江、黄河、珠江等国家重点监控、事关国家水资源安全的流域。其特点是流域涉及几个甚至十几个省，有的还属于国际界河，流经地区大都属于国家经济发达区域，经济地位至关重要。难点在于受益地区和保护地区界定困难，外部性非常复杂，作用范围广泛，涉及的利益主体众多。二是跨省际的中尺度流域的生态补偿问题，如跨陕西省和湖北省的汉江流域，跨青海省、甘肃省和内蒙古自治区的黑河流域等。该类流域虽不涉及生态全局，但由于河流流经地区分别隶属于不同的财政层级，并且各地区财政能力水平不同，所以生态补偿问题就变得既重要又难点众多。三是省以下某个行政辖区的小流域生态补偿问题。该类问题并不复杂，流域主体比较清晰，利益协调比较容易。四是城市水源地的生态补偿，这类问题可能属于同一行政辖区的不同区域，也可能属于不同行政区域，如河北省张家口的水库就担负着向北京和天津供水的重任。

流域生态环境本质上属于准公共物品的范畴，在消费上具有非竞争性，但却无法做到有效的排他。两个省或者两个省以上的跨界河流生态补偿需要解决的是上游的自身环境保护责任确定、中下游对上游的生态补偿问题，但关键是怎样理解“上游”这个最基本的概念，中下游的不同区域又应该向“上游”的不同地区支付多少，怎样分摊各自的转移支付数额。当然这种划分并不绝对，大江大河的流域保护就接近于纯粹公共物品类型，有些可能就属于所谓的“俱乐部产品”类型，如河北省张家口水源地保护的受益主体就相对比较单纯。另外，随着技术的进步，目前无法解决的水资源在技术层面的非排他性一旦得到解决，该类型的公共产品就属于所谓“私人物品”，解决方式当然也就可以应用市场的办法了。根据目前现实状况，可以把流域生态补偿归纳为大江大河流域、2~3个省的跨界河流、涉及两个以上行政区域的水源地保护等这样三个领域作为生态补偿的优先领域。

应该说，随着分税制财政管理体制在我国的实施，中央政府对地方政府的纵向转移支付及省级政府对下级地方政府的纵向转移支付已经形成了一些初步的规范性制度。这些制度对解决一些地方政府的预算困难和经济发展的资金短缺提供了有针对性的援助，促进了全国区域间的平衡发展。但是，在横向转移支付问题上，相对而言，还有很多工作要做。特别是在类似于京津冀这样的紧密型经济体范围内，北京、天津两市与河北省存在的显著发展差异确实是不正常的。河北省的经济发展水平远低于北京、天津两市，却在资源上，包括水资源、水土保持和绿化资源及人力资源等方面直接、间接地服务于北京、天津两市，满足了北京、天津两市对各种资源的需求，这是造成河北省与北京、天津两市发展差异的重要原因。近年来，北京、天津对河北省的生态补偿转移支出有了一些变化，但是，对于形成常态化的制度约束做得还不够到位。因此，在构建京津冀一体化的命运共同体的背景下，完善财政横向转移支付制度的建设，深化地方政府间的利益互换机制改革，需要从理论和实践的结合上做出有操作性的研究。

第八章　财税制度与政策国际比较研究

第一节　西欧国家的税制创新及国际示范作用

税收制度会随着经济和社会发展不断改革和完善，这是税收制度生命力的源泉所在。我国的税收制度在改革开放初期阶段，也一直处于逐渐恢复和改革的摸索之中，除了开征中外合资经营企业所得税、外国企业所得税之外，还于 1983 年和 1984 年进行了两步利改税，创设了国营企业所得税、国营企业利润调节税，改工商税为产品税、增值税、营业税和盐税，并恢复了诸多的原有地方性税种。税收体系在较短的时间内达到了一个相当复杂的程度。但是，由于缺乏以商品经济规则管理社会化大生产和税收的经验，在一些税制度的设计上还难免存在不同程度的缺陷。西欧国家是工业革命的发源地，其市场经济体制下的税收制度建设经验具有重要的示范性，从所得税到增值税，这些广泛受到世界各国所推崇的税制都来自于西欧国家。本节着重研究西欧税制国家创新的历史过程及其背后的原因。

税制即税收制度，它是国家各种税收法令和税收管理办法的总称，是国家征税的法律依据和工作规程，规定着国家与纳税人之间的征纳关系。毫无疑问，税收制度属于上层建筑，体现着统治阶级的意志。然而，一种税收制度的产生，总不能凭空杜撰，在很大程度上，它反映着社会生产力发展的内在要求。正因为如此，虽然各国的税制都是围绕着本国的需要而建立的，存在着一定的差异，包括社会性质方面的差异，但可以看出，在不少方面，各国的税制又具有一定的共同特征。今天，世界上的税收制度是极为繁多的，当然有些也可以说是比较复杂的。不仅在发达的资本主义国家，而且在广大的发展中国家，都呈现出税收多样化的显著特点。即使在社会主义各国，随着经济体制改革的进展，税制也都不同程度地趋向完善。尽管这些税收制度至今还存在着某些缺陷，不那么尽如人意，但不可否认，作为人类文明的一部分，它们对社会经济的发展起到了重要的促进作用，以至于成为各国政府管理国民经济的主要杠杆之一。纵观迄今为止的整个税制的历史，西欧国家对于世界各国税收的发展做了十分重要的贡献。税制的很多创新起始于西欧国家，随后才逐渐为其他国家所接受，并最终引入各国的税制体系之中。因此，西欧国家的税制创新在世界上具有很大的示范作用。

一、所得税制度在西欧国家的产生与示范效应

各国现代税收制度按征税对象的不同，一般划分为四大类：①对所得额的征税，称为所得税制（在我国是对收益额征税）；②对商品销售额和劳务收入的征税，称为流转税制；③对财产的征税，称为财产税制；④对某种特定行为的征税，称为行为税制。总的来看，在上述这种税制结构中，所得税制是一种主要的基本的形式。在许多国家，依靠所得税取得的收入在全部税收中占有最大的比重。这种以第一次世界大战为转机的现代税收制度，标志着税收制度的重大变化。

所得税制度创始于 18 世纪末的英国。当时，正值英国军队与法国拿破仑军队交战时期。由于依靠正常的财政收入满足不了战争的巨大耗费，英国政府不得不在发行巨额公债的同时，另辟其他收入渠道。1798 年英国颁行了具有所得税性质的"三级税"（triple assessment）法案，并于 1799 年颁行了正式的所得税法，规定按国民的综合所得，在进行法定的减免、扣除后，以 10%的税率课征税款。1802 年，英法之战暂告结束，作为临时税种的所得税随即停征。1803 年英法之战重新爆发，英政府决定恢复征收所得税。与原来不同，这次改按分类法，即对不同来源的所得划分为 A、B、C、D、E 五类，实行源泉课征。这种办法直至战争结束才废止。以后几经废兴改革，至 1842 年再度立法，恢复征收。从此，所得税便由原来的临时性税种成为永久性税种。第一次世界大战期间和战后，所得税在英国发展很快。第一次世界大战前的 1911 年，所得税收入占税收收入总额的比例不到 22%，1922 年就超过了 45%，从而一跃取代了以往的消费税，成为英国的主要税种。到 70 年代，所得税的比例提高到 60%以上。

为什么所得税能够首先在英国获得成功？已如上述，税收制度的合理与否是与这种制度赖以存在的经济基础相联系的。众所周知，18 世纪 60 年代末期，以英国为先导，在欧洲发生了人类社会上伟大的工业革命。机器工业的建立，为资本主义制度奠定了良好的物质基础，有力地促进了资本主义生产力的迅速发展，推动资本主义生产社会化水平达到空前的高度，这使英国最先成为世界上经济发达的国家。作为"世界工厂"，英国利用在对外贸易中的有利地位，积聚了巨额的财富，国民收入迅速增长，从而客观上为所得税的实施提供了良好基础。当然，所得税制度的建立与无产阶级的长期斗争也有很大关系。因为传统的以消费税为主的税制不问人们的负担能力如何，造成穷富之间的更大差异。而所得税是以人们的所得额为课征对象，是量财而征，不是量人而征，因此，可以起到抑制这种差异扩大的作用。不应否认，无产阶级随着自己力量的日益增强，对资产阶级政府立法的影响也日益增大。它要求税收转向负担能力大的富人课征，从而给新兴的资产阶级政府的税收立法以强大压力，迫使其在社会制度允许的范围内做出某些退让。

19 世纪以后，所得税制度在各发达资本主义国家相继仿行，并且发展很快。

在美国，既有联邦政府所得税，又有各州和地方政府的所得税。从它们的历史来看，后者的引进要早于前者。当时，作为近代商业与货币经济发展较早的国家，美国已具备了实行联邦所得税的条件。但因宪法规定，各州有完全的自主权，联邦政府除军事和外交外，权力受到很大限制。直到 1862 年，才因为南北战争的军费需要，开征了属于联邦收入的所得税，但未获预期效果。以后曾几次提高税率，收效甚微，终于 1872 年废止。美国的现行所得税制度始于 1913 年。次年，第一次世界大战爆发。因战争需要，所得税税率两度提高，并辅之以战争利得税。到 1917 年，所得税收入已凌驾于传统税收之上。1922 年，达到税收收入总额的 65%以上。20 世纪 70 年代末，又达到 90%。

自 1871 年后，法国因普法战斗失败，政府财政十分艰难，急需增加收入来源。与此同时，法国工商业的发展很快，而社会财富的分配越来越不公平，人民强烈要求改革不平等的税制。在这种情况下，法国议会每年都有所得税的提案，甚至还设立了所得税案委员会。但由于受到一些参议员的反对和资产阶级民主自由思想的抵制，直到 1914 年，第一次世界大战打响之时，才迫于解决战争费用需要，正式开征了所得税。从后来的发展看，法国的所得税在整个税收结构中的地位一直不如美、英等国。据 1974 年的资料。法国的所得税只占税收收入总额的 33%。

19 世纪中叶，德国各邦政府均已将所得税作为税收体系中的主要税源。1920 年由于德国战败后政治倾向于中央集权，遂将各邦所得税改为国税。第二次大战后，联邦德国继续致力于发展所得税。20 世纪 70 年代中期，所得税收入占全部税收入的一半左右。

在日本，所得税制于 1887 年正式引进。1949 年根据“夏普劝告”进行了现代税制改革。这一新税制的基本特征就是强调以确立长久而稳定的税制为目标，建立以所得税为核心的、重点在直接税的赋税体系。20 世纪 70 年代中期，日本所得税收入占全部税收收入的 66.9%。

所得税制度不但在一些发达国家占有重要地位，而且在一些发展中国家也日益被各国政府所重视。例如，东南亚各国在第二次世界大战后，在税制上增添的新内容，主要就是引进所得税制或致力于整顿所得税制。目前，所得税在这些地区的国家中，其收入总额虽未占据主要地位，但无疑对于它们的传统税制，已经或正在形成有力的冲击。

在社会主义国家，所得税曾经一度不被重视。对马克思主义的社会主义所有制理论存在的不正确认识，导致对于国营企业收入的分配长期实行利润上缴制度，只有非国营企业才征收所得税。20 世纪 80 年代初期，随着社会主义各国经济管理制度改革的进行，人们对于税收在社会主义经济运行中的地位和作用有了新的认识。匈牙利和我国先后进行了利改税，将原来由国营企业上缴利润改按税法规定的税种、税率征收国营企业所得税或利润税，并且恢复或新开征包括个人所得税在内的几种所得税。苏联和其他东欧国家也都做了相应的改革。

由上可见，所得税已经成为世界上普遍征收的一个税种，成为现代税收制度的中心内容。这种税收制度之所以能够从英国如此广泛地扩及于世界各国，其基本原因是所得税制度本身具有其内在的一些优点，这主要表现为以下方面。

第一，所得税一般采用超额累进税率进行计算，具有收入上的弹性。超额累进税率的特点在于：依据计税所得额的大小分别适用于不同的税率，按超额累进的原则分级征收。它可以根据纳税人（包括自然人和法人）的收入状况“自动平衡”地课征，与经济活动的扩张和收缩有较好适应性。因此，在西方，这种税率被称为“内在稳定器”，西方国家政府竭力利用累进所得税的这种特点，使其成为干预经济发展的一个有力杠杆。

第二，所得税客观上以应能负担作为税收立法的重要原则，具有一定的合理性。各国所得税在立法时适用的一项普遍原则是所得多的多征、所得少的少征、无所得不征税。也就是按照纳税人能力的大小和有无，来确定税收负担。具体说就是通过各项所得收入的计算，测定纳税人的实际负担能力，然后采取累进税率征收。这样，基本可以保证对不同收入的人，征收不同税款。当然，在资本主义社会，这种公平纳税的原则具有很大的欺骗性。

第三，所得税以所得额为征税对象，具有税收负担的直接性。货物税、产品税或营业税等以流转额为征税对象，税额可以加到商品的价格上去，在商品售销过程中转嫁给他人（特别是消费者），从而造成纳税人与税收实际承担者的脱节。而所得税是对各类纳税人的所得进行的直接调节，这就把纳税人与税负的实际承担者直接统一起来，同时还可以减少税负转嫁对商品流通带来的不利影响。

二、增值税制度在西欧国家的发展与示范效应

如果说所得税制度的创立引起了整个税制结构的重大变化，那么，增值税制度的创立就是对流转额征税制度的重大变革。

所谓增值税，是以商品生产和流通过程中的增值额为课征对象的一种税。增值额，是指纳税人在产品制造过程中新增的价值。从理论上讲，它大体上相当于商品价值扣除在生产上消耗掉的生产资料的转移价值，即相当于纳税单位经营劳动新创造的国民收入，主要包括工资、利息、租金和利润。从实践应用角度看，作为计税依据的增值额，一般是在理论基础上规定的法定增值额。凡实行增值税的国家，税法都对增值额的具体项目和内容做了明确规定。增值税是 20 世纪 60 年代后发展起来的一个新税种，但它的构想却比较早。早在 1918 年，德国工业资

本家西门子就提出了征收增值税取代周转税的建议。此后不久，美国也有人建议，用增值税代替公司所得税。20 世纪 50 年代初期，日本又有人建议政府创办所得税。但均未能实行。直到 1954 年，法国才率先在改革其生产税的过程中，正式推出增值税。它的开始阶段，仅限于工业产制环节，但很快就扩展到批发环节，到 1968 年，又进一步扩展到零售环节。这样，法国就形成了比较完整的增值税制度，最终代替了其他的商品课税制度。法国作为西欧共同体的成员国，其增值税的成功实施，引起了共同体其他成员国的关注。1962 年，该共同体的财政金融委员会向共同市场所有国家建议实行增值税。从 1968 年联邦德国开始，到 1973 年英国开征增值税为止，西欧共同体所有国家都按照统一规定实行了基本一致的增值税。与此同时，欧洲的瑞典、挪威、丹麦、奥地利也先后仿效。

增值税不仅在欧洲盛行，而且其他地区的不少国家也纷纷引进。在拉丁美洲的主要国家，如巴西、乌拉圭、厄瓜多尔、玻利维亚、阿根廷、墨西哥等，1967~1980 年都已把增值税制度纳入本国的税制体系。就连非洲一些国家，如象牙海岸、塞内加尔、马尔代夫等，也都以增值税改革了传统的商品课税。作为主要资本主义国家的美国和日本，虽然长时期未采行增值税，但两国在 1980 年前后的税制改革方案中，均已把增值税（日本称为余配售税）列为主要内容。我国从 1979 年起先在农业机具、机器机械两个行业进行了增值税的试点，1982 年 7 月 1 日又扩大试行范围，增列了部分机械产品。从 1983 年 1 月 1 日起，对上述行业和产品，在全国范围内试行增值税。1984 年 10 月，在第二步利改税中，颁布了《中华人民共和国增值税条例（草案）》，建立了适合我国国情的增值税制度。随着经济体制改革的深化，增值税在我国得到了更大范围内得到运用。

增值税为什么能够在比较短的时间内发展成为一个具有国际性的重要税种？这同样是由税种设计本身具有其内在的优点所决定的。

首先，增值税可以排除重叠征税现象。其他对商品的征税，如货物税、产品税等，一般都是按商品销售余额征税，如果实行多环节征收，就不可避免地会造成重叠征税现象。产品流转环节越多，产品价格中包含的税额就越大，产品流转环节越少，产品价格中包含的税额也越小。显然，这对于专业化协作生产是不利的。而按增值额征税，也就是只对销售额中尚未征过税的部分征税。所以，虽然多次课征，但不会发生重复征税的问题，在全能企业与专业化企业之间就不可能产生税负的不平衡。只要它们生产的商品相同，售价相同，适用税率相同，其单位产品的税收含量就可以保持一致，从而有利于按专业化方向组织社会生产，有利于企业间在平等的外部条件下发展竞争。

其次，增值税便于办理退税。从实行增值税的大多数国家来看，一般都采用抵免法计算税款。所谓抵免法，就是纳税企业先以本期销售收入额乘以税率，得出应交税款总额，然后从中减去同期内购入其他企业的产品上已付增值税额，得出企业应交税款净额。实行这种办法有一项基本要求，就是各企业之间在销售发票上必须单独明确列出货物的已纳税额，以便购货企业扣除税款。这样，从产制到零售的各个环节，商品价格中所含税款都可分开，从而就为顺利退税创造了条件。这是其他类型的商品课税所不能比拟的。这一特点常常被各国政府当作用来执行鼓励商品出口的政策。它可以使出口产品在出口环节一次把生产商品过程中已征的全收税款如数退还给企业，使该项商品以完全不含税的价格进入国际市场，为争取有利的竞争条件打下基础。

再次，增值税可以保证国家财政收入的稳定性。在激烈竞争的商品生产环境中，企业之间的合并与分化是会经常发生的。在按销售收入全额征税的情况下，税负必然要随同企业之间这种重新组合而上下波动。不同企业的合并会减少财政收入，一家企业划分为几个企业会增加财政收入，因而不利于财政收入的稳定。实行增值税后，既不会因实行专业化、扩散产品而增加产品的税负，也不会因企业实行联合、实行统一核算而减少财政收入。这就保证了财政收入的稳定。

最后，增值税可以减少税款的流失。由于增值税税款抵免办法的实行，购销先后相联系的企业彼此间在纳税上相互牵制，不但可以使企业进行自我约束，而且为税务机关对纳税企业的审查提供了便利，有利于防止偷漏税的发生。

当然，增值税制度也不是尽善尽美的，尤其在税务管理方面，还存在着一些难以克服的困难和缺点。但是，许多国家的经济学家和企业家们都对它给予极高的评价，对于更快地把它推行到更为广泛的经济活动中去充满乐观态度。我们完全可以这样说，增值税制度是一种具有很强生命力的税收制度，它代表着商品课税制度的发展趋势。

今天我国的税收制度仍然处在不断深化改革之中。2016 年 6 月已完成营业税改征增值税的全面覆盖，个人所得税的改革也已经启程，相伴随的还有一些地方性税种，特别是房产税的改革，都是对社会经济生活具有重要影响的税制改革。总的来看，由于我国社会主义市场经济体制的建设尚待完善，税收作为调整社会公共利益好私人利益关系，调整经济与社会发展关系，以及经济体系内部各方面关系的重要工具，改革的任务还相当繁重。我们的目标就是要找到一个能够兼顾公平与效率、整体利益与个体利益的良性税制，使之能够承担起促进经济和社会协调和可持续发展的重任。在此过程中，我们的制度需要根据国情进行创新，同时，对他国的有益经验不应排斥，需要继续以开放的心态学习和借鉴国外好的税制和税收管理方法为我国所用。

第二节　日本税制发展与启示

日本的经济发展模式具有浓重的东亚国家色彩，其经济增长也比较早地进入到发达国家的行列。在税收制度建设方面，日本对西方国的税制持有开放态度，使税制较好地适应了经济和社会发展的需要。本节内容分别从日本所得税制度的演变、日本税理士制度的建设及日本激励和调节投资的财税政策方面进行分析，并结合我国的税制改革与发展的实践，探讨日本税制可供我国学习借鉴的有益经验。

一、日本所得税制度的发展与启示

所得税制度是现代税制形成的基本标志。在长期的税制建设中，日本政府为适应社会经济生活发展的需要，十分重视充实和完善所得税制度。从时间上看，日本所得税制度形成时间比较早，且一直没有中断。

（一）从间接税为主体转向所得税为主体的税制

所得税制度作为一种新型的税制，是由英国政府于 1799 年创设的，并在 1842 年成为永久性的国家税收。19 世纪以后，各国相继仿行。日本政府引进所得税制度是在 1887 年，从时间上看，晚于德国（1571 年）而早于美国（1913 年）和法国（1914 年）。但直到 1940 年以前，日本的所得税制度发展都比较缓慢。这从所得税占整个税收收入总额的比重中可以得到反映。以 1922 年为例，美国的所得税收入占税收总额的比重为 65.3%，英国为 45.1%，日本仅为 20.7%。而同年三国消费税占税收总额的比重则分别为 27.3%、28.2%和 45%。这种情况表明，当时的美国和英国税制结构已经发生了根本性的变化，即实现了由间接税为主体的税制结构，转变成以直接税为主体的税制结构，而日本则相差甚远。这种情况的出现主要是日本政府财政的需要和两种不同性质的税制机能造成的。根据税收的一般理论分析，间接税（包括消费税、营业税、增值税等）的征税依据基本都是商品的价格，只要生产经营者发生了销售行为，有了销售收入，就要依法照章纳税。即使企业因经营管理不善，成本增加，利润下降，甚至出现亏损，税收一般也不会有大的变化。所以，间接税对于保证国家财政收入的稳定有着积极的作用。所得税是以纳税人的各种收益额为征税对象的，收益额的增加与国民收入额的增加密切相关。而在国民经济的发展过程中，由于各种因素的影响，国民收入往往要随着生产的波动而波动，这就不可能使所得税税基达到一个比较稳定的状态，所得税税额也会使国家财政收入具有较大的弹性。所得税的这种性质决定了它只能在经济发展水平特别是国民收入水平比较高的国家里，才能成为税制结构中有决定意义的税种。否则的话，必然会因税收收入缺乏坚实的基础导致其固有的财政功能丧失。这对于任何一个国家的政策来说，都是无法接受的选择。日本自明治维新开始，资本主义经济得到了较快的发展。但从总体上看，由于其原有基础比较薄弱，直到第二次世界大战以前，日本的生产力发展水平与欧美工业发达国家相比，还存在着很大的差距，这就从客观条件上对所得税的扩大起到了限制作用。同时，在此期间，日本政府于 20 世纪 20 年代中期进行了旨在保证财政收入的税制改革，改革的结果是加强了间接税在税收制度整体中的地位。

1940 年是日本向现代税制转变的关键时期。正是在这一时期，日本进行了以确立所得税（包括法人税）为主体税种的税制改革，并且从那时以来，所得税制度一直在整个税制构成中作为核心内容得到充分的重视和利用。1948 年日本所得税制度已超过全部税收收入的一半，达到 50.9%，1974 年上升到 66.9%，1985 年进一步上升到 71%。20 世纪 40 年代为什么会发生这种税制的重要转变呢？其原因主要在于：随着日本社会经济的发展和国民财富的增长，企业之间和居民个人之间的收入水平产生了越来越大的差距，而国民收入是否公平合理，必然要对企业与劳动者的投资兴趣和生产积极性发生重要的影响，并影响到社会的安全。所以，如何在保证提高经济效益的同时，实现收入分配的公平，便成为日本政策必须解决的问题。一般地说，在一个市场经济国家，解决收入分配不公的最有效的手段就是税收。税收的原则是从如何推行财政政策的角度来考虑。国家财政必须努力实现下列四个目标，即在政策和民间两个方面合理地分配资源，保持客观经济的稳定，实现收入的公平分配和促进经济稳定增长。日本经济学家藤田清和贝冢启明甚至认为，税收的原则总归起来有两条：一是效率，二是公平（刘瑞杰，1995）。欧美不少学者还把税收的公平原则看做税收制度中最重要的原则。那么，什么样的税收能够充当实现收入公平分配的手段呢？只能是直接税。因为间接税对商品的价格产生影响，如果要使用间接税调节收入的不公平分配，前提条件必须是不同收入的企业和居民要按其收入水平成比例地消费商品，这在事实上是根本不可能的。直接税（主要指所得税）由于直接以国民收入的各个占用者的占用份额为征收对象，并且通常采取累进征收方式，即所得多的多征，所得少的少征，无所得的不征，这样，税收负担就可以比较好地与纳税人的负担能力协调起来。正是因为这一点，所得税在经济发达国家受到政府的青睐。日本政府从间接税为主体的税制体系转变到以所得税为主体的税制体系实属历史的必然。

（二）第二次世界大战后日本所得税制度的改革

第二次世界大战以后，日本所得税制度主要进行了两次重大改革。

第一次改革是在 20 世纪 40 年代末期。1949 年 5 月，以美国哥伦比亚大学夏普教授为团长的美国税制调查团前往日本，帮助其进行税制改革。这次改革的背景是第二次世界大战的失败，日本国内生产力受到严重破坏，经济水平下降幅度很大。1946 年的工矿业生产均降至第二次世界大战前的 30%，农业生产约降至第二次世界大战前的 60%，人均的实际国民生产总值仅相当于第二次世界大战前的 50%。与此同时，人们提取战争期间积累下来的公债和银行存款，再加上战争初期有着庞大的临时军费支出，致使货币发行量猛增，半年之内就增加了一倍，这就不可避免地发生了严重的通货膨胀。特别是 1947 年 1 月复兴金融公库的设立，更进一步助长了通货膨胀的势头。这种严重的通货膨胀导致了构成税制基础的收入和消费等资产的货币价值出现了大幅度的变动，从而使税制本身也表现为十分混乱的状况。为了克服困难，1947 年日本政府曾经对税制进行了一些改革。例如，将原来对所得税实行分类征税和综合征税并存的制度改为单一的综合税制，税率由 20%~75%，并开征财产税、所得税附加和交易额税等，征税方法也由按查定征收改为按预算与申报纳税，等等。但这些改革并不彻底。夏普税制调查团就是在这种背景下到日本的。调查团经过实地考察，提出了一份《日本税制报告书》，并在 1949 年 9 月和 1950 年 9 月两次提出了与报告书要求相协调的“夏普劝告”，明确了具体的税制改革方案。整个“夏普税制”的基本精神是：①建立以所得税为主体的税收体系。这是对 20 世纪 40 年代初期有关税制改革的进一步肯定；②对个人所得税采取超额累进的联合所得税制，其最高税率为 55%；③为了体现公平原则，对个人资产净值超过 500 万日元的部分，以 0.5%、1%、2%、3%四级超额累进税率课征富裕税；④法人税采用比例税制，税率为 35%；⑤为了防止对股利分红的双重征税，允许在课征所得税时，从应交税额中扣红利收入的 25%。

“夏普税制”从 1950 年正式开始实行，但到 1953 年修改税制时，它便几乎完全解体了。造成这种后果的主要原因是“夏普税制”与日本经济发展的要求不相适应。因为第二次世界大战后初期的日本经济，面对的主要任务就是要大力推行刺激供应的政策，以摆脱商品奇缺、通货膨胀的境况。而“夏普税制”的综合课税方式却要求对任何性质的收入一概采取不予照顾的政策，同时不允许实行减税措施。这对资本的积累和个人储蓄的增加都是很大的限制，从而不利于投资的增长和刺激供给政策的实施。所以，两年之后日本政府断然修正了“夏普税制”。首先是个人所得税从联合课税制改为按所得来源分类征税的制度，然后根据不同性质的收入来确定相应的税率或实行优惠政策。例如，对除储蓄存款利息之外的其他利息收入废除超额累进税率，而代之以优惠的低税率，对资本增值收入实行照顾措施，特别是对有价证券增值的收入实行免税。其次是提高法人所得税的比重并降低法人所得税税率。在“夏普税制”中，法人税在税法收入中的比重极小，1950 年度的比重为 14.7%。随着日本经济的发展，法人税规模逐渐扩大，到 1960 年左右，有时可达 30%以上。在税率方面，1955 年开始采取了降低税率的措施，并从1961年开始将税率分为企业未分配利润税率和股票红利税率两种类型，对后者采用更低的税率。最后是推行了一系列的“租税特别措施”。在个人所得税方面，规定储蓄存款3万日元以下的免征利息所得税。后来标准又逐步提高，到1974年为300万日元，另外，再加上免征利息税的国债限额300万日元和劳动者财产积累储蓄500万日元，总计免征利息税的本金额达1 100万日元。对于除上述3项之外的其他利息收入，1955~1957年3年完全免征利息税，对股票红利收入，除继续保留“夏普税制”时的扣除制度以外，还规定在一定限额之内可免征所得税，并将有价证券转让收入列为非税收入，从1951年开始规定可从计税所得中扣除人寿保险金，等等。在法人所得税方面，规定企业在计算法人税应纳税所得额之前，可以经费支出的名义扣除各种准备金和专用基金，如价格变动准备金、补偿违约损失准备金、出口贸易准备金、海外市场开拓准备金、职工退职专用基金等。此外，政府还建立了特别折旧制度，以减轻企业的税收负担。

日本政府对所得税制度的第二次重大改革是在1986年未到1987年初。日本政府为这次税制改革确立的基本方针是：①按照公平、合理、简化的原则，建立一种能适应21世纪的税收制度；②税制改革的重点是消减个人所得税和法人税，改革中间收入阶层中存在的税收重压感和收入不公平感；③重新认识现行税收体系，确定合理的征税范围，开征销售税，停征物品税等8种间接税，取消小额储蓄存款利息的免税制度。由此可以看出，日本政府这次对税制的改革虽然不仅仅限于所得税，但其核心内容却是对所得税的改革。

根据1986年12月日本自民党通过的《税制的根本改革和1987年度税制改革大纲》，这次改革的具体方案主要包括以下方面：

首先是消减个人所得税和法人税。个人所得税率由原来的10.5%~70%降低为10%~50%，累进档次由15级调减为6级，法人税的最高税率由原来的52.92%降低到49.99%，普通法人基本税率由原来的43.3%调减为1987年度的42%，之后再降至37.5%。

其次是增加其他所得税和销售税。在所得税方面，一是废除了小额存款免税制度，增税1.6亿日元。对银行存款、邮政存款及国债的利息按中央税率15%，地方税率5%分别计征。小额储蓄利息收入的优惠免税只限于老年人、儿童及残疾人。二是调整有价证券转让所得税。原来较低的税率此次做出调整，原来免税的此次改为征收轻税。在销售税方面，日本政府开始把在世界上许多国家早已征收的增值税制度引入本国税制体系，按税制改革大纲的要求，计划对营业额1亿日元以上的企业一律征收5%的增值税。由于日本国内一些在野党和居民的抵制，日本众议院此后只通过了标准税率为3%的具有增值税性质的销售税。

总的来看，此次税制改革是日本政府对“夏普税制”改革的继续和深化，是一次范围广泛、影响深刻、系统性强的改革。它是国内外经济矛盾日益尖锐的产物。一方面，从国外的影响因素看，以美国为先导的税制改革潮流和日本与美国的贸易摩擦是两个主要问题。1986 年 9 月，美国众参两院通过了美国第二次税制改革法案。其主要内容是对所得税税率做大幅度的调整，如个人所得税的最高税率由 50%调低为 33%和 28%，税率档次由原来的 14 个减少到 3 个，公司所得税最高税率由 46%调低为 34%。美国税制改革的结果之一是使其他国家的资本与人才发生外流。日本政府为控制这一现象的发展，采取了相应的对策。另一方面，日本与美国及西欧国家存在长期的贸易摩擦，欧美国家处于经常性的逆差状态，而日本则处于经常性的顺差状态。为了改变这种贸易结构关系，美国和欧洲国家强烈要求日本政府扩大国内市场，减少出口数额。迫于国际压力并为了日本自身对贸易的长期拓展，必须采取措施调整日本国内的产业结构，刺激国内需求。而通过征收小额储蓄利息税，则是达到这一目的有效手段。因为利息税征收，直接减少了居民参加储蓄存款的利益，越来越多的居民都会在利益导向下将收入的更大部分用于消费支出。从日本国内的影响因素看，主要也是两个问题。一是财政赤字的压力。从 20 世纪 70 年代后期开始，日本政府在财政上采取了不少措施，力图实现“重建财政计划”。但是，由于财政赤字是诸多经济因素和非经济因素共同影响的结果，要在短时期内摆脱它的困扰绝非易事。实践证明，日本政府为“重建财政计划”付出的努力收效甚微。为了弥补财政赤字，政府不得不连年发行国债。但是，债务收入虽然能够解决财政收入不足的问题，但同时也使财政背上了沉重的债务支出负担。据统计，1981~1987 年，日本国债费用占一般预算支出的比重从 14.2%上升到 20.9%，致使其国债费用支出成为全部支出中的最大项目，财政功能也受到很大程度的削弱。为此，如何尽早解决国债过多的问题，就成为日本政府的一项重要任务。解决国债过多问题的途径就是开源节流。而根据国际竞争形势的要求，所得税类不仅不能增加，相反却要减少，所以开源只能在间接税上做文章。二是所得税本身的缺陷。前已述及，所得税本是世界各国公认的“良税”，理应得到重用。但是，在所得税的发展过程中，不仅在日本，而且在世界各国几乎都采取了同样的管理模式，即一头是高税率（如 1986 年日本个人所得税最高税率改革前最高达 70%，美国为 50%），另一头是窄税基。这种模式形成的原因是高税率的实行目的在于促进收入分配的公平化，但却对提高效率有很大的影响。为此，政府不得不采取各种各样的优惠措施以刺激纳税人的投资和生产积极性。这样的办法最后就导致了所得税制度的混乱，集中表现是名义人的高税负，实际上的低税负，同时给利用税制漏洞偷税者创造了有利条件，税收条款日趋增多，给税务机关的管理工作带来了很大困难，所以，所得税制度的改革势在必行。

（三）日本所得税制度改革对中国的几点启示

我国税制改革这几年迈出了不小的步子，通过 1983 年和 1984 年两步利改税，我们已经初步建立了一套“多税种配合、多环节征收、多层次调节”的税收体系，对于经济改革的进行起了有益的推动作用。目前，由于经济改革急待进一步深化，要求税制改革必须与之协同进行。这就需要我们认真总结几年来税制改革的经验，深入探讨在新的形势下税制出现的新问题，寻求建立一套适应新的经济运行机制的较为稳定、合理的新税制度。笔者以为，中日两国虽然经济制度不同，并由此决定着税收制度的制定原则、目的和方向存在必然的差异。但是，两国的经济构成都是建立在商品经济的基础之上，税收作为调控商品经济运行的主要手段之一，在许多方面也都具有相同或相似的地方。从这个意义上讲，在我们深化税收改革的过程中，借鉴一下日本税制建设的经验是很有必要的。

综观日本所得税制度变化的整个过程，我们可以从中得到哪些启示呢？笔者认为主要有以下三点：

（1）我国新税制的基本格局不应盲目照搬其他国家的方法，而应与本国国情相适应。在讨论我国税制改革的发展方向时，有一种意见就是主张从 20 世纪 80 年代按所得税为主体构造新的税制，这是值得商榷的。我们一开始便指出，所得税制度是现代税收制度形成的基本标志，它的发展理应得到重视。但是，我们从日本所得税制度演变中已经看到，所得税能不能在一国税收制度中成为主体税种，关键不在于政府的意图，而是依赖于客观的经济条件。只有当客观条件已经具备或基本具备时，才能不失时机地把所得税制度推到整体税制的主体地位上去。否则的话，如果条件未成熟就急于追求税制在形式上的“先进性”，其后果就不仅是使所得税自身出现许多难以克服的矛盾，从而丧失所得税应该具有的“良性”特点，而且还会造成整个税制格局的混乱，使税制难以与经济体制改革的要求相适应。笔者认为，在我国税制改革刚刚起步阶段，就主张建立以所得税为主体的税制不合时宜。所得税依赖的最主要条件是国民收入要达到一个比较稳定的高水平。这一点我们尚有很大差距。我国国民收入无论从总体水平看还是从人均占有水平看都比较低，同时也不稳定。1979~1989 年，经过国民经济调整和改革，我国企业的经济效益有了一定程度的提高，不少企业不仅向国家财政增加了税利的上交，同时企业自身也有了越来越多的利润提留。但是，不能否认我国目前的企业效益问题是不容盲目乐观的。一方面相当部分的企业由于管理不善，加上难以承受改革中的价格上涨冲击，以及职工工资和福利的刚性增长，长期处在微利甚至亏损状态。另一方面，随着我国经济的发展目标、发展战略的转变，经济结构要有一个较大的调整过程，特别是要把庞大的军工、重加工制造业转到为国民经济服务的方向上来尤为费时费力。在调整时期，企业的投资、生产难免要经历较大的动荡，使企业的盈利水平很难在短期内稳定下来，即使是盈利水平较好的企业也要面临着艰苦的考验。很显然，在这样的前提下把国家财政收入的主要来源放到所得税上，其前景可想而知。根据这种情况，笔者赞成，在当时的历史条件下，我国应采取流转税和所得税并重的税制模式，而且这并非只是眼前的过渡问题，很可能在一个长时期内都是一种有效的模式。实践证明，这种看法是符合税制改革进展的。

（2）所得税制度不宜过于复杂。从日本所得税制度的演变过程可以看到，在所得税制度内部，他们始终是以个人所得税和法人所得税两个基本税种为骨干构造所得税体系的。这种情况表明，这样的所得税体系有着较强的适应性。事实上，不仅在日本，在许多国家，都是按此办法设计所得税制度的。

我国的所得税建设主要是从 1980 年以后起步的。根据对外开放形势发展的需要，我国先是设计了中外合资经营企业所得税和个人所得税，而后又设立了外国企业所得税，在利改税过程中，又开征了国营企业所得税，并将原工商所得税正式改称集体企业所得税。1986 年开征城乡个体工商业户所得税，1987 年开征个人收入调节税（对国内居民的个人所得税），1988 年开征私营企业所得税。这样，我国的所得税就形成了八种税分足鼎立的局面。这是其他任何国家所没有的现象。其实，区别不同的经济性质设立所得税也未尝不可，特别是像我国这样一个习惯按经济性质的不同，实施不同经济政策的国家，设立多种类的所得税有一定的道理，不能过分指责，问题在于，我们的改革是要在统一的商品经济原则下促进各种经济性质的经济行为主体共同发展，不能对他们实行有保有压的歧视性政策。只要他们的生产经营合乎我们法律要求，他们的收入来源正当，从政府的角度就不能给予轻重不同的税负待遇。否则必然影响他们开展正常的竞争，影响他们的工作热情。同时，不符合国际上的征税惯例，也容易引起国外客商对我国开放政策的怀疑，不利于引进外资和人才，并导致不必要的国际课税矛盾。所以，应抓紧时间调整我国多税种并立的所得税内部结构。要尽快将国内企业所得税条例合并，统一国内所得税制，适应降低税率，取消税前还贷，实行统一的计税标准。实行税利分流，对企业实现利润的分配，国家应先征收所得税，然后再由资产所有者和经营者对企业税后利润进行再分配，理顺国家资产所有者和企业经营者的分配关系。同时，将涉外的两个企业所得税法合并，统一涉外企业所得税制、个人所得税、个人收入调节税和个体工商业户所得税也要进行适应地调整和完善。待条件成熟后，将国内、国外两套所得税法合并，建立统一的企业所得税制度和个人所得税制度。

（3）税收制度建立与实施应相互配合。日本政府之所以要在 1986 年末对所得税制度进行重大调整，关键的一条是所得税制度本身名不符实。这种情况反映了日本政府在税收制度的建设上是比较严紧的，而在税收制度的实施上却是比较宽松的。在我国当时的背景下同样存在类似的问题。例如，税前还贷政策本来是在一定程度范围内和一定条件下采取的，在实际工作中却不能按政策规定办事。许多企业并非是按规定通过贷款项目新增利润还贷，而是以企业的所有利润还贷，税前还贷本是在部分国营企业内实行的，实际工作中却扩大到了集体企业。这给所得税的税基造成了很大的侵蚀。又如，减免税是国家对特定纳税人采取的一种优惠措施，目的在于解决纳税人的特定困难，调节纳税人的特定经济行为，但在实际工作中的情况是减免税口子乱开。一些地区和部门的领导人，为了局部利益，任意越权行事，置国家利益于不顾，有法不依，以权代法，各行其是，巧立名目，擅自减免不应减免的税款，或者擅自对国家允许减免的税款层层加码，造成国家财政收入的大量流失。

目前我国的个人所得税制度建设仍然处在深化改革过程中。从该税种的功能来说，它不仅要承担聚集财政收入的责任，同时也要发挥对个人收入公平分配的调节作用。但是，这些功能需要建立在个人税前收入在国民收入分配格局中占有更大比重且收入公开透明的基础上，这两大基础的形成是一个很复杂的过程，尤其在我国存在较大的发展不平衡、市场要素还不能正常反应市场规则要求的情况下，这决定了我国个人所得税制度的规范化建设还需要有一个较长的过程，不能单纯追求形式上的完美。但是，我们要保持必要的紧迫感，因为时间拖得越长，积累的问题就会越多，改革的成本就会越高。

二、日本的税务代理制度

税务代理是指税务代理人在国家规定的代理范围之内，接受被代理人（纳税人、扣缴义务人）的委托，代办有关纳税事宜的民事法律行为。税务代理最早起源于 20 世纪 20 年代的日本。1942 年在民间税务代理业发展的基础上，日本制定了《税务代理士法》，1951 年 6 月又以《税理士法》取代了原有的法律。而后，又经过了 1956 年、1961 年和 1980 年三次部分修订《税理士法》的过程。经过多年来的实践和不断完善，日本的税务代理制度促进了颇具特色的税务代理业的形成。

为了保证税务代理业的健康发展，日本把规范税务代理人的行为看成最具关键意义的环节。为此，他们采取了以下措施：①严格确定税务代理人，即税理士的任职资格。《税理士法》规定，税理士应该是精通法律、法规的内容，并在纳税申报、申请、不服上诉等程序中，具有依据税法及有关法律对税务调查的主张、陈述等实际业务，有丰富知识和较强能力的税务专家。按照此项规定的要求，能够作为税理士的人选可以是律师、公认会计师和通过税理士考试合格者及符合有关规定的可免试者。从事税务或会计工作两年以上具有实践经验的适当人选，也在考虑之列。税理士考试每年至少进行一次，主要是面向新的大学毕业生、从事税务或会计工作一定年限之上者。考试内容由日本国税厅设置，由税理士考试委员会执行。具备税理士资格的人选，在从事其业务之前需要在税理士名簿上登记，取得税理士证书。不符合条件的人将不准予登记。同时规定，作为税务人员的税理士，禁止受理其在职期间涉及的案件业务。②设立税务代理人的组织机构。为加强税理士的自律机能，便于国家对税理士的监督和管理，日本成立了指导税理士业务活动的组织机构——税理士会及其联合会。税理士会作为社团法人，设在每一税务局管辖区的联合会。对税务行政及其他税收或与税理士有关的制度，税理事会可以向有权限的行政公署提出建议，也可以答复其询问。对会员进行业务指导及有关的联络、监督，也是税理士会的基本职责之一。国家对税理士会的监督管理由大藏省和国税厅负责。③税务代理人的活动必须严格遵守独立公正的立场。日本《税理士法》第 1 条规定，税理士作为税务方面的专家，在独立公正的立场上，遵循申报纳税制度的观念，报答纳税者的信赖，以谋求法令规定的有关租税的纳税义务的适当实现为使命。在该税第 2 条规定中，税理士在遵循申报纳税制度的观念、拥护纳税者的权益的同时，必须为租税制度的改善而努力。上述规定表明，税理士既独立于国家税务机关，也独立于被代理人。税理士作为纳税者的代理人，必须作为税务专家协助当事人正当履行纳税义务。无论是站在纳税者的立场上逃避纳税义务，还是对纳税者正当的权利不予保护，都与税理士的独立公正的立场相背离。④明确规定税务代理的业务范围及其报酬。《税理士法》规定，税理士接受被代理人的委托，可从事税务代理、税务文书的编制、税务咨询和会计业务。税务代理的报酬则可分为顾问报酬、税务代理报酬、不服申诉的代理报酬、调查到场的报酬、拟定税务文书报酬等。这些规定对于制止税务代理业的盲目竞争是非常必要的。

与日本税务代理业的发展相比较，我国的税务代理业还处于起步阶段。1992 年发布的《中华人民共和国税收征收管理法》(简称《税收征收管理法》) 第 57 条规定，纳税人、扣缴义务人可以委托税务代理人代为办理税务事宜。这是我国开展税务代理工作的法律依据。为了促进税务代理业的健康发展，国家税务总局于 1994 年 9 月 16 日发布了《税务代理试行办法》。该办法对税务代理人的资格、权利与义务、业务范围等都做了规定。从那时以来，我国税务代理业确有较快的进展。

但是，回顾税务代理业初期几年走过的道路，我们感到，要真正发挥税务代理业在税收领域中的作用，还有许多应予认真研究的问题，主要有以下方面。

第一，是税务代理的社会需求问题。税务代理是市场经济中的商业行为，代理人与被代理人之间是平等的商品交换关系。从根本上来说，税务代理业的形成，是由社会化大生产条件下分工协作、提高效率、降低成本的客观要求所决定的。现代社会经济生活的复杂性，使税收制度也变得相应复杂化。纳税人面对复杂化的税收制度，如果自行办理一切纳税事项，必然会产生双重效率，即纳税效率和经营效率的损失。因此，为了提高效率，减少损失，纳税人就可以将各种纳税事项委托给具有丰富纳税经验的人去办理，自己在支付一定费用之后，可以腾出所有精力专注于经营活动。但是，要使纳税人内在地形成委托税务代理的愿望，至少需要两个必要的条件：其一，纳税人感受到强烈的市场竞争压力。没有竞争的压力，尽管由纳税人自行办理纳税事项会损失效率，他也照样具有生存的空间。其二，纳税人感受到委托税务代理的费用比自己办理纳税事项的费用更为划算。如果费用过大，即使在提高效率上有一定好处，那么他也宁愿放弃委托税务代理的要求。就第一个条件来看，在 20 世纪 90 年代中期，我国的市场竞争虽然在总体上变得日趋激烈，但国有企业因改革难度较大，不少企业仍对政府保护心满意足，因此，这对纳税人委托税务代理的需求会有不利的影响。这个问题只能随着我国社会主义市场经济体制的建立逐步加以解决。就第二个条件来看，当时在我国的情况是，根据《税务代理试行办法》的规定，税务代理的收费标准由省、自治区、直辖市国家税务局会同有关部门制定，全国没有统一的标准。这种收费标准的制定难以做到公平，甚至有可能演化为乱收费的现象。鉴于税务代理作为一种商业行为的特殊化，国家有必要在全国统一收费标准。

第二，是税务代理机构与税务机关的关系问题。税务代理人不是税务机关工作的组成部分，税务机关可以依法监督税务代理人行为的合法性，但不能替代税务代理人的业务。这是保证税务代理具有独立公正立场的必然要求。但是，我国税务代理业基本上是以税务机关为依托发展起来的。在机构设置上，有的是税务机关自行设置的税务师事务所，有的归属于原来的税务咨询公司，有的委托会计师事务所或律师事务所，但绝大多数代理机构并没有完全从税务机关分离出去。这样做的结果，一是容易导致强迫税务代理的问题。本来作为一种商品交换关系，实行税务代理必须坚持自愿委托的原则。但由于税务代理机构依托于税务机关，税务代理人员就可以税务机关的名义强迫纳税人委托代理纳税，有的税务代理机构甚至被所辖税务机关视为创收单位。二是容易导致乱收费的问题。税务代理机构从属于税务机构，与被代理人之间就失去了平等关系。对于税务代理机构提出的收费标准，被代理人难以按市场准则给以约束。三是容易损害税务代理机构的形象，从一开始就给税务代理业的顺利发展设置障碍。因此，国家尽快解决税务代理机构与税务机关彼此不分的问题，彻底实现税务代理机构与税务机关的脱钩，使税务代理真正成为一种独立于税务机关之外的社会服务行业，就提上了日程。脱钩后的税务代理机构作为经济法人从事其经营活动，独立核算，自担风险，自负盈亏。税务机关则要转变传统的征管方法，把社会性、程序性的业务事项还给社会或纳税人，特别是要放弃从纳税辅导到申报、入库，直至检查一包到底的“保姆式”税收专管员制度。

第三，是建立税务代理人的行业组织问题。是否需要建立税务代理人的行业组织，在世界各国并没有统一的模式。日本、韩国、德国、奥地利等国家，都对税务代理人的资格实行严格限定，未经注册登记或未加入行业组织（如税理士会等）的人，一律不得自行接受税务代理业务。但有的国家，如美国、澳大利亚等，对税务代理人的资格要求却比较宽松。在美国，除了律师、注册会计师、注册代理人可以从事税务代理业务外，其他人也可以从事相关工作，如为纳税人准备纳税申报表，作为证人代纳税人出庭，根据税务机关的要求提供情报资料，等等。美国设有律师协会、注册会计师协会、注册代理人协会，但从业人员是否加入行业组织完全凭个人意愿，即使不加入这些团体也可以开展业务。

1992 年的《税收征收管理法》第 57 条规定："纳税人、扣缴义务人可以委托税务代理人代为办理税务事宜。"2015 年该法修订文本再次做了规范。这为我国建立和推行税务代理制度提供了法律依据。在我国积极推行税务代理制度，不仅是社会主义市场经济发展的客观要求，也是强化税收征管工作的内在要求。实践表明，在税收征管工作中实行税务代理制度，既有利于形成纳税人、代理办税机构、税务机关三方相互制约的机制，协调征纳关系，也有利于维护纳税人的合法权益。但是，从税务代理行业发展的规范性来说，我们还需要借鉴包括日本在内的经验，建立健全相关运行和管理制度，实施更加有效的管理。

三、日本宏观投资运行机制建设中的财税制度保障

自明治维新开始的日本近现代市场经济体制，直到第二次世界大战结束之前，日本虽也奉行自由市场经济主义的指导思想，但长期带有政府统治的色彩。只是在第二次世界大战结束后，美国占领军为彻底消灭日本军国主义而实施经济民主化，包括解散财阀，制定反垄断法，实现民主经营分散化，实施道奇计划，遏制恶性通货膨胀，强化市场竞争等一系列改革方案，才使日本暂时确立起了与欧美各国几乎完全相同的自由市场经济制度。然而，日本政府面对战后百孔千疮的经济条件，为尽快实现赶超欧美经济水平的目标，在取得欧美各国谅解的前提下，很快转向了政府主导型的经济发展模式。这种政府主导型的市场经济模式，其基本特征是以私人企业制度为基础，资源按市场经济原则进行配置，政府以强有力的计划和产业政策对资源配置实行调节，以达到某种短期和长期的增长目标。

投资作为促进经济增长的直接动力，也是实现政府经济政策意图的重要手段。因此，日本政府十分重视建立与其经济模式相配套的宏观投资运行机制。

（一）把确立产业政策作为构建宏观投资运行机制的基石

日本的政府主导型经济模式，其中一大特色就是在经济发展中始终坚定不移地制定和贯彻政府的产业政策。第二次世界大战后，日本的一些经济学家在总结资本主义经济发展的历史经验时，就已经看到了单纯市场调节的局限性。他们认

为，市场调节是一种利益驱动，单纯的市场调节难免会出现空缺和弊端（刘瑞杰，1995）。反映在投资领域里，其空缺主要表现为：①非盈利或低盈利的“公共工程”；②资金投入量大、建设工期长的基础产业；③代表最新科学技术成就、反映社会发展方向的风险产业等。其弊端主要是：①市场价格信号给投资指出的仅是一个方向，没有数量界限，没有提供该事业发展所需要的多种信息；②单靠市场的力量优化企业的组织结构，社会损失太大，时间也很少；③市场调节是一种事后调节，天生是浪费的。一个项目从可行性研究到决策、建筑安装、试制投产，要有一个过程，在市场反映该产品已经滞销时，其在建生产能力往往百分之几十，甚至成倍地高于已投产的生产能力，结果造成大量生产能力闲置浪费。

正是基于这些认识，战后日本政府为减少投资的盲目性，积极推行了产业政策。日本产业政策的特点一是具有战略性。日本的产业政策不是从个别产业和一时的需要出发，而是立足追赶欧美经济发达国家这个总目标，从国家的全局和长远利益考虑。日本战后经济发展经历了加强基础设施，发展重化工业，振兴机电工业，培植汽车、家电等主导产业几个重要阶段，使产业结构由劳动密集型向资金密集型，继而向知识密集型转化，较好地符合了经济发展的客观要求。二是具有阶段性。日本的产业政策根据国家的总体战略，在经济发展的不同阶段突出不同的重点。在重点确定之后，日本政府倾注全力，采取一切措施，组织各方面的力量促其实现。从而使经济发展具有比较明显的阶段性。三是具有具体性。日本的产业政策在确定重点产业时，并不包揽整个产业，而是突出关键，只对某一产业的特定部分，甚至该产业中的某些企业、某几项产品进行大力扶持，从而带动整个产业，乃至全国经济的发展。例如，振兴机电工业，开始从扶持机床制造、通用部件、特定部件抓起，逐步增加扶持产品，并由机床制造扩大到土木建筑机械、化工机械等。四是具有法律和组织保证。为了能够使国家产业政策真正落到实处，日本十分重视有关法律体系的建设和执行。例如，为加强基础设施，设立了《公益事业令》；为振兴电力工业，设立了《电力工业重新改组令》；为振兴机电工业，设立了《机械工业振兴临时措施法》和《机械电子工业临时措施法》；等等。同其他任何法律一样，涉及产业政策的法律必须贯彻执行（中国社会科学院工业经济研究所和日本总合研究所，1982）。同时，围绕执行国家的产业政策，日本还建立了相应的机构，形成了一个组织保证体系。除日本大藏省、通产省外，参与执行产业投资计划的机构还有开发银行、输出入银行、国民金融公库、中小企业金融公库、开发北海道公库、公营企业金融公库、冲绳振兴开发金融公库、中小企业信用保险公库等所谓两行十库，以及 20 多个公团和事业团，如日本住宅公团、年金增利事业团、公害防止事业团、地区振兴整备事业团等。这些机构有统有分，互相配合，从组织上保证了产业政策的贯彻执行。

（二）保持政府对投资资金的支配和引导能力

如前文所述，日本的政府主导型经济模式，从根本上说来，仍然坚持的是自由市场经济主义思想，因此，经济的运行主要是依靠作为微观经济主体的私人企业，在市场经济规律作用下完成的。据 20 世纪 80 年代中期的统计，日本的国有经济在整个所有制结构中所占比重为 10%，低于法国、英国和联邦德国。在这样的制度格局基础上，政府又如何取得对经济的主导权呢？这里的关键就在于政府始终保持了对投资资金的支配和引导能力。

（1）日本政府直接控制着一些特殊的金融机构。早在 19 世纪末 20 世纪初，日本就形成了一批执行特殊目的、依据特种法律、受政府特别支持保护和严格监督管理的特殊金融机构。这些特殊金融机构在发展日本经济和对外扩张侵略中发挥了重要的作用，成为日本金融资本和军国主义推行国内外政策的重要工具。第二次世界大战后，这些金融机构虽然经过了美国占领军的强制“整编”，但作为一种传统和政策却被保留下来，并随着经济恢复和发展，又逐渐形成颇具实力和特色的政府管辖的金融机构。这些金融机构种类众多，行业齐全，作用卓著。它们的共同特点是：①由政府全资建立，行政上皆归大藏省监督管理，业务上由大藏省和有关主管部门领导；②一般由政府保证支付债务本息，风险很小；③一般不接受存款，也不从民间借款；④专业性极强，均有特定的贷款支持范围和对象；⑤由于有政府强大后盾的支持，信誉相当好，可免除某些税负，又可不参加存款保险，因而运营成本低，竞争能力强。上述特点的存在，决定了这些政府金融机构在日本银行体系中占有重要地位。据 20 世纪 80 年代的统计资料，政府专业金融机构贷款占日本国内银行贷款总量的三分之一。其资金来源大体有三种渠道：一是靠大藏省“资金运用部”贷给，这一部分占政府专业金融机构资金总额的 70%，而资金运用部的资金又来源于邮政储蓄系统，后者吸收了日本储蓄总量的三分之一；二是依靠政府的财政拨款，这约占总额的 20%；三是依靠自身发行债券筹集，这仅占 10%。政府所辖金融机构的资金专门用于财政投资的贷款。

（2）日本财政对投资资金拥有很强的直接和间接的影响能力。这表现为以下方面。

第一，通过经常性预算支出直接安排建设资金。日本政府通过中央财政预算支出实施产业政策，在第二次世界大战战后初期的经济恢复和 20 世纪 50、60 年代经济高速增长时期比较明显。第二次世界大战后初期，日本政府为了加快经济恢复进程，利用经常预算支出支持钢铁、矿山、电力和化肥等基础产业投资、经营。50 年代，日本经常预算中设置了产业投资科目，其规模曾占到经常预算的 10%以上，通过这一资金对企业进口国外先进设备和技术开发、利用给予支持。同时，政府经常预算支出对农业基本建设的支持也是十分重要的，特别是在 50 年代增加粮食生产、60 年代实施农业生产结构调整、70 年代以后的农地平整和农村基础设施建设中，经常预算支出起着重要作用。从中央财政经常预算支出看，到 70 年代中期为止，与实施产业政策有关的“国土保护开发费”和“产业经济费”等占总支出的 30%左右。

第二，建立财政投融资体系，拓展财政活动范围。日本的财政投融资有政府“第二预算”之称，是以政府为主体，以实现政府的经济发展目标和规划为目的，遵循信用的原则，有偿运营部分财政资金及其他财政信用资金的一种活动。第二次世界大战战后，日本面临着恢复重建的重任，需要大量资金来进行基础产业和公共设施的建设，单凭民间的投资力量和财政预算拨款是远远不够的。基于此，政府开始通过大藏省的资金运用部筹集部分资金用于投资，从而使财政投融资得以很快发展。从 1953 年的 3 228 亿日元扩大到 36 兆日元，约扩大 111 倍。财政投融资计划总额目前相当于日本中央财政一般会计预算总规模二分之一，与一般会计预算中一般支出的规模接近。财政投融资计划的资金来源，包括邮政储蓄资金、政府开办社会保障制度闲置资金、国有资产经营收入、国有企事业单位发行“政府担保债券”收入和政府经常预算中规定有偿使用的资金等。邮政储蓄资金和社会保障制度闲置资金是主要资金来源，1991 年二者占财政投融资计划资金总额的 40%左右。在 20 世纪 80 年代重建财政时期及 90 年代初财政收入增长缓慢时期，日本政府在证券市场上抛售国有股票收入也成为重要的资金来源。

日本财政投融资资金的投入对象主要是国民经济中的基础产业和公益事业，具体领域包括：能源产业、交通设施、邮电通讯设施、流通基础设施、区域性开发、农业基本建设、新技术产业、进出口产业、城市生活服务设施、中小企业设备投资、居民个人建房和购房投资、国债和地方债。

第三，采取鼓励投资的税收制度和政策。从日本政府的角度讲，税收是财政收入的基本来源，如果采取税收优惠政策，其结果必然是财政收入的直接损失，也可看做是政府的一种支出。但是，对于接受支持的企业来讲，其经济含义却不一样。国家提供的税收优惠，不仅可以增加企业投资资全，而且还有利于提高企业的利润水平，增强企业的竞争能力。第二次世界大战后的日本政府为了发挥税收对投资的刺激功能，专门制定了《租税特别措施法》。按照该法的要求，日本的年均由大藏省主税局、通产省、税制调查会三单位一起协商，确定各年度属于减免税的项目及有关的变动。由于不同时期的经济发展目标不同，日本政府制定的减税措施也有差别。1951~1956 年，属于“租税特别措施”的优惠超过了 50 种。如 1951 年“对重要产业设备的加速折旧”，1952 年“对重要产业的额外初期折旧”。“租税特别措施”规定，对重要产业的现代化设备实行加速折旧制度，有的设备第一年即可折旧 50%，折旧部分可以从利润中提取，不需要缴纳所得税。这一时期，属于租税特别措施的重要法规还有对国民经济特别急需添置的新设备的制造、试用免收 3 年法人税的《产业合理化促进法》，对为适应现代化需要引进的机械设备免征进口关税的制度，为扶持出口产业的发展而采用的对出口收入的特别扣除制度，以及扶持建筑业发展的“新建出租住宅加速折旧”制度。20 世纪 60 年代，日本政府的减税措施目标特别向鼓励技术进步方面倾斜。例如，1963 年给予中小企业加速折旧的待遇，1967 年对防止污染的设备提高了加速折旧率，同年还规定，1967 年 6 月 1 日~1986 年 3 月 31 日，企业的试验研究费超过一定额度时，可以得到其超过额 20%的税前扣除优惠。70 年代，特别是 1973 年石油危机发生后，日本对税收优惠的优先目标做了变动。优先鼓励节约能源，促进环境保护和地区开发政策的重要性得到了充分的重视。1981 年年度财政预算中规定，凡以节约能源为目的的新投资，对投资额的 10%实行减税。1984 年又规定，凡 1984 年 4 月 1 日~1986 年 3 月 31 日为促进能源利用效率进一步提高的设备投资，第一年度可以获得 30%的特别折旧，或者可以减去相当于其设备价款的 7%的税额。到了 20 世纪 80 年代，日本政府围绕着“技术立国”的发展战略，对企业采购或租用的先进技术设备也采取了特别折旧或减征一定税额的优惠措施。90 年代初的资料统计显示，由于第二次世界大战后租税特别措施的实行，日本政府共减收了包括企业和个人在内的纳税人 10 000 亿日元以上的税收。这其中相当大的部分与促进投资的政策有关。

第四，引导民间资本进入基础设施建设领域。基础设施投资大，回收期长，客观上不便于吸引追求低风险的民间资本。为了弥补政府资金的不足，日本政府推出了多种扶持性措施，以引导民间资本向基础设施领域的投入。主要有以下几个方面：

首先，提供财政和政策性金融担保。为了降低民间资本进入基础设施领域的风险，20 世纪 80 年代日本政府为长期信用银行对风险企业的贷款，曾提供 80%的金融担保。日本国营铁路部门和电信业发行的债券中，都有政府担保债券。电力部门在进入民间金融市场的过程中，政策性金融为其发行债券和获取贷款提供过担保。

其次，开拓特殊债券市场。1948 年 6 月，日本制定并颁布了促进电话发展的债法，规定凡申请安装电话的用户必须认购一定数额的“加入者债券”。此项办法几经修改一直延续到 1983 年。1950 ~ 1972 年，“加入者债券”筹集的资金占日本电信公司外部资金来源的 70%左右，1972 ~ 1982 年，这一比重仍高达 45%左右。

再次，发行长期金融债券。第二次世界大战后，日本长期信用银行依法向商业银行发行长期信用债券，由商业银行用吸收居民储蓄存款认购。当商业银行需要现金时，可以将长期金融债券转让出去，也可以金融债券抵押向日本银行贷款。这样，就开创了居民储蓄用于基础设施建设的转化渠道。

最后，联合投资。例如，日本关西机场的建设，就是由其中央政府、地方公共团体和民间企业共同出资完成的。

（三）培育国民储蓄意识，建立有效的储蓄-投资机制

在总结日本经济高速增长经验的时候，国内外有关专家普遍地注意到，当时的日本对外资的引进并不持积极态度，因此，外国资本对日本经济的高速增长未能产生什么有意义的影响。可以说，支撑日本经济高速增长的投资基本上源于国内。之所以会有这种情况，关键就在于日本政府善于培育国民的储蓄意识，使国民储蓄率长期保持在一个较高的水平上，从而为投资的增长创造了有利的资金环境。

据有关统计资料显示，第二次世界大战后几十年来，日本的家庭储蓄率一直名列世界前茅。以 1975 年为例，日本的家庭储蓄率为 22%，法国为 15.3%，联邦德国为 15.2%，英国为 9%，美国为 8.8%。到 1995 年，日本的家庭储蓄率仍保持在 20%以上的水平上，是世界上这一比例最高的国家。1986 年，日本成为世界上人均储蓄额最高的国家，达到 27 303 美元，同年一些富裕的西方国家人均储蓄额分别为瑞士 23 728 美元，比利时 14 555 美元，联邦德国 2 287 美元，奥地利 10 200 美元，丹麦 10 164 美元，美国 9 733 美元。日本之所以能具有这种独占鳌头的储蓄率，首先在于日本人作为东方民族，具有勤俭积蓄的良好习惯，他们把参加储蓄、刻苦工作、为民族的生存和兴旺而努力进取的精神作为一种传统美德。其次，日本在战后相当长的历史时期保持了经济的高速发展势头，这也为日本国民的储蓄奠定了稳定的雄厚物质基础。最后，日本的社会保障、福利事业及措施远不如美国和西欧各国那样发达完善，子女教育、购买住宅和养老形成日本人储蓄的三大目的，这必然促使国民的储蓄率保持在一个较高的水平上。但是，除上述原因以外，日本政府对国民储蓄的扶持政策也是不容忽视的。这体现在：①实行奖励储蓄的租税特别措施。储蓄利息是形成居民收入的来源之一。按照所得课税的原理，储蓄利息与纳税人的其他各种收入合并进行综合课征，并实行累进征收的制度，才能保证纳税人之间的负担公平。但是，日本政府以奖励储蓄、促进投资、扶植资本市场为宗旨，1950~1970 年的 20 年间，日本政府对利息收入及红利收入、财产转让收入一直实行分离征税的政策。这一方面使累进税负在总体上被降低，另一方面为减征或免征利息所得税提供了便利。20 世纪 70 年代以后，由于社会舆论对分离征税的制度所引起的分配不公反应很大，政府不得不修改税制，转而采用不需要最终申报的源泉征收制度。但是，仍有不少储蓄项目按一定数额享受不征税的优惠。②建立发达完善的邮政储蓄制度。邮政储蓄制度在日本已经有了 120 多年的历史，长期以来在日本经济和金融业的发展中发挥了独特的作用和影响。同银行等金融机构相比较，日本的邮政储蓄所具有的显著特征在于广泛的群众性。邮政储蓄存款中的 99%以上来自于居民的个人存款，参加邮政储蓄的日本

家庭占其总户数70%以上。之所以会有如此大的吸引力，除了邮局系统拥有星罗棋布的机构网点、储蓄业务种类繁多、服务方便快捷之外，还有很重要的一点原因，就是邮政储蓄存款利率明显高于民间金融机构。

第三节　美国赤字财政政策的演变与启示

美国政府是世界上最早采用赤字财政政策的国家，这一政策曾经被证明屡试不败。直到20世纪70年代，美国经济陷入滞胀并存的尴尬境地，才使政府和经济学家们对赤字财政政策产生了怀疑。到了80年代，赤字财政政策逐渐被供给学派的主张取代，从而意味着政府几十年都奉为圭臬的政策之宝，退出了当时的政策体系。到克林顿政府时期，美国财政曾经出现了久违的年度收支平衡的局面，而且整个经济发展的势头良好。这再次让人们对赤字财政政策产生了走到尽头的感觉。本书就是在这样的背景下，对美国实施赤字财政政策的演变过程及其对我国的启示进行了初步研究。

一、美国的赤字财政政策的发展

一般认为，美国政府早在罗斯福总统推行“新政”时期即已开始应用赤字财政政策。1929年发生的世界性经济危机，从根本上动摇了美国经济。1932年美国工业生产下降了一半，失业人口大量增加。罗斯福在这种背景下出任美国总统并实行“新政”。“新政”的主要内容是扩大政府支出，通过创造有效需求，以刺激经济的复苏。为此，美国从1935年开始采用所谓增加开支的 “诱水政策”，即通过一次性地向经济运行过程注入财政资金，达到启动市场，进而启动投资、促进经济发展的目的。这一政策在一定程度上获得了成功。由于诱水政策的本意在于源头启动，而非连续性地介入经济运行过程，因此，在1937年国民经济开始复苏后，政府采取了断“水”措施，大幅度削减财政支出。这种措施的效应是经济增长的迅速回落。它使人们认识到，仅靠一次性地投入财政资金的诱水政策是不能克服危机的，为了克服危机，必须采取连续投入财政资金的辅助措施。于是，美国从1938年开始实施联邦财政支出计划。1940年，美国经济步入战时体制，一直受到压抑的军费支出急剧增加。在这样的背景下，“新政”政策对有效需求的创造和经济复苏的刺激产生了明显效果，但同时也将美国财政引上了赤字化的道路。从实行“新政”开始到1940年为止，美国财政除一年有盈余外，其他各年均为赤字。第二次世界大战后，杜鲁门和艾森豪威尔分别连任两届美国总统。在此期间，他们的财政政策较前有所调整，即主张采用补偿性财政政策对付危机，从而使赤字规模得到较大的抑制。但是，面对经济发展的不景气和工人失业的增加，自1961

年以后，肯尼迪政府对补偿性财政政策失去了耐心。肯尼迪认为，为刺激经济增长，政府预算不仅不能搞年度平衡，而且也不能搞周期平衡。应以充分就业下的预算为目标，实行“增长性赤字财政政策”，即为了刺激经济增长，财政赤字应该成为常规手段，连续不断地实行。此后，约翰逊、尼克松、福特、卡特几位总统都坚持充分就业预算政策。这给美国财政赤字的延续和增长提供了稳固的政策基础。第二次世界大战结束以来，20 世纪 50 年代美国财政赤字最高的是 1959 年，为 129 亿美元；60 年代最高的是 1968 年，为 252 亿美元；70 年代最高的是 1976 年，达到 664 亿美元。整个 70 年代，赤字总额创下了 3 044 亿美元的惊人纪录。

按照凯恩斯主义赤字财政理论的解释，只要存在经济萧条，存在着大量工人失业，赤字财政政策就可以起到促进经济增长的作用。虽然也会出现通货膨胀，但在经济增长的状态下不必担心其影响。这种解释实质上认为经济增长与通货膨胀是不能分离的孪生子，只要把通货膨胀控制在一定幅度内，它们的存在只会对社会经济发展有利，而不会有害。所以，实行赤字财政政策具有积极意义。但是，美国经济发展的实践表明，赤字财政政策并不总是在引发通货膨胀的同时，一定会促进经济增长。进入 20 世纪 70 年代后，赤字财政政策实际上使美国经济陷入了“滞胀”困境。

二、克林顿政府削减财政赤字的努力

1979 年美国联邦赤字为 402 亿美元，里根上台后的第一任期内，联邦赤字 4 年平均超过 1 200 亿美元，总和达到 5 998.4 亿美元，超过 1933~1980 年历届总统任期赤字之和。1985 年，美国国会通过并由里根签署了《拉格姆–拉德曼平衡预算法》。该法案规定了 1986~1990 年各年度财政赤字最高限额，1986 年为 1 719 亿美元，1987 年为 1 440 亿美元，1988 年为 1 080 亿美元，1989 年为 720 亿美元，1990 年为 360 亿美元，1991 财政年度消灭赤字。为保证这一计划的顺利执行，这个法案还规定其后各年度编制预算时，如果出现赤字超过限额，国际支出和非国防支出均应自动相应缩减。然而，美国政府财政赤字的实际状况与其平衡预算法案规定大相径庭。法案执行的第一年，联邦赤字创下 2 210 亿美元的新高，是里根上台时的 3 倍。该法案执行的后期，布什总统上台。他继续奉行一方面大规模增加军事开支，以求巩固美国在世界上的霸主地位；另一方面实行减税政策，以求刺激国内经济增长，从而导致联邦财政赤字扶摇直上。1990 年赤字额为 2214 亿美元，1991 年为 2 695 亿美元，1992 年为 2 904 亿美元。巨额的赤字通过举债弥补，挤占了巨额的私人资本，引起的高利率又严重影响私人投资信心，严重地阻碍着美国经济的恢复和发展。布什执政 4 年，每年的经济增长率只有 1.100，失业率高达 7.800，人民生活水平未见改善，贫富差距拉大，不满情绪日益增长。在这种背景下，共和党在竞选中败给民主党，相当程度上反映了美国人民要求全面改革财政经济状况的愿望。

1993 年初，克林顿入主白宫。他一上台就立即为大规模削减赤字而努力，形成了以削减财政赤字为基础，以促进经济发展为目标的财政经济政策。其基本内容有：①切实压缩财政赤字，以根本扭转私人投资不足的局面，带动美国经济的全面增长。为此，克林顿政府提出了历史上第二个最大的增税计划，5 年内增税 2460 亿美元。同时，要改革政府机构和健康保险制度。在精简机构的基础上，实现裁减 27 万余名联邦雇员的目标；健康保险费用更应该实现真正有效的压缩，因为它已成为美国财政赤字的重要原因。②增税措施与社会公平目标相结合，即增税的重担主要压在富裕阶层。为此，克林顿政府把个人所得税最高税率由 31%提高到 36%，对年收入在 25 万美元以上的富人再加征 10%的附加税，使最高税率进一步上升到 39.6%。大公司的所得税率也从 34%提高到 36%。此外，对有利于富人的一些税前列支项目给予限制或取消。③实行有利于增强美国经济竞争能力的倾斜投资政策。为了利用科技发展和全球经济增长带来的各种机会，迎接未来挑战，克林顿政府在公共投资方面，采取了加大对儿童、教育和培训、科学和技术及基础设施等用途的支出。在私人投资方面，通过税收优惠鼓励私人投资于科学研究和人力资源开发等，以利于高科技的发展。为了落实政府以削减财政赤字为基础的经济政策，1993 年 8 月份国会通过并经克林顿签署了《综合预算调整法令》，规定在 1994~1998 年的 5 年间削减预算赤字 505 亿美元。

实践证明，克林顿政府削减赤字的努力虽不断遇到麻烦，但其效果总的看来比较显著。首先，美国联邦赤字有了连续的较大幅度的下降。1993 年赤字减到 2 547 亿美元，比上年压缩 357 亿美元；1994 年赤字为 2 032 亿美元，又比上年压缩 515 亿美元；1995 年赤字为 1 925 亿美元，比上年再压缩 107 亿美元。其次，各项经济指标全面好转。这表现为：一是经济增长强劲，就业增加。1994 年 GDP 比上年实际增长 4.4%，是以往 6 年中最高的增长率。失业率从 1992 年以来逐年下降，到 1994 年 12 月已降到 5.4%。二是私人投资和消费者信心增强。美国股市连续创出新高，到 1993 年道琼斯指数达到 7 700 多点。汽车、住房和其他耐用消费品的需求都有较大增长。三是通货膨胀率继续得到控制。自 1993 年以来，美国城市消费者价格指数一直稳定在低水平上。四是美国经济在世界上的竞争力加强了。尤其是对亚太和拉美地区的出口贸易，显示出更强的竞争能力。

三、对中国控制财政赤字的启示

美国赤字财政政策的转变及其效果表明，经济健康正常发展是不可能建立在庞大的财政赤字之上的。特别是克林顿政府通过消除财政赤字的努力而取得的经济成效，更加充分证明了在长期的连年巨额赤字之后，大规模削减赤字对于经济增长的重大意义。中共十四届五中全会决定，“九五”时期要实行适度从紧的财政政策，基本消除财政赤字，控制债务规模，这是在充分认识我国经济和社会发展现状，正确把握发展大局及未来趋势的基础上做出的必然选择。

我国改革开放以来，各方面急于求成的扩张冲动给财政带来巨大的支出压力，同时，社会经济变革中各种利益关系的重新调整，使财政在国民收入分配中的份额逐步缩小，财政收支矛盾越来越尖锐，赤字现象也越来越具有经常化的特征。自 1979 年以来，除 1985 年外，国家财政连年发生赤字，至 1995 年，赤字数额累积近 6 000 亿元，国债累积余额达 4 700 亿元。按我国 12 亿人口分摊，人均国债负担为 391.67 元，占人均年收入的 18.38%。地方财政收支不平衡的问题同样严重。据 1994 年对部分省、市、自治区的调查，县级财政有一半以上发生赤字的情况比较普遍。例如，湖南省有赤字县 54 个，占 51.3%；吉林省有赤字县 23 个，占 56.1%；贵州省有赤字县 66 个，占 76.7%；青海省有赤字县 37 个，占 77.1%；新疆维吾尔自治区有赤字县 75 个，占 88.2%；河北省的情况相对较好，但也有赤字县 53 个，占 38.8%。并且，县级财政赤字大部分通过挂账、拖欠等手段隐瞒了赤字的真实数据，在部分省市，县级财政隐性赤字比账面还要多 2/5。

巨额赤字给我国经济运行及财政自身发展都带来了始料未及的严重危害，主要表现在以下方面。

第一，巨额财政赤字成为诱发通货膨胀的重要因素。我国财政赤字的弥补方式基本上有三种，即动用财政历年结余，发行政府债券，向银行透支和借款。无论哪种方式，都不能说一定会导致通货膨胀的发生。因为财政弥补赤字的方式和过程，始终是与银行信贷资金的运动相互联系的。只要财政与信贷资金能够做到相互平衡，财政赤字就不会引发通货膨胀。但问题在于，自改革开放以来，我国财政与银行的协调运作缺乏统一性和权威性，各行其是的现象比较突出。无论是财政还是银行信贷，在经济发展高速运行的压力下，都存在着资金投放扩张的冲动。结果，虽然财政赤字连年增长，银行信贷不仅没有收缩，反而也呈迅速膨胀之趋势。这样，财政赤字就必然成为诱发货币发行和通货膨胀的重要因素。根据我国颁布的《预算法》，停止了财政向银行透支的做法，同时，连年的赤字局面也使动用历年结余弥补赤字的渠道失去了可能性。因此，弥补财政赤字的唯一方式便是发行政策债券。发行债券一般只会引起货币资金的再分配，即购买力的转移，全社会货币资金供应量并不增加，所以被世界各国视为理想的弥补赤字的方法。

第二，巨额财政赤字严重弱化了国家财政的宏观调控能力。如前文所述，我国连年发生财政赤字，很重要的原因之一在于财政收入在社会总财力分配中的比重过度下降。有资料表明，自 1980 年以来，国家预算内收入占 GDP 的比重每年平均下滑 1%左右，到 1995 年只占 10%。这种状况导致国家财政宏观调控能力严重削弱。首先，国防、农业、科技和教育等需要国家财政供应资金或主要依靠财政投资、财政补助的部门，发展明显滞后。以教育为例，发展中国家的教育投资平均占 GDP 的 4%以上，我国 1999 年仅为 2.5%。尽管我国政府十分重视教育事业,教育支出占财政支出的比重已超过 13%,但由于财政收入占 GDP 的比重太低，而且连年下降，因而教育投资占 GDP 的比例也太低，并呈下降趋势，这无疑对教育事业的发展形成了制约。其次，经济结构调整遇到很大障碍。在 20 世纪 90 年代末依靠存量调整尚不能对经济结构调整有较大作为的情况下，必须充分运用增量投资的作用，以促进经济结构中不合理问题得到缓解。但是，我国预算内固定资产投资占社会投资总额的比重只有 4%左右,其他社会资金又过于追求短期效益和地方局部利益，这就难以通过政府财力的投入带动整个社会财力的合理而有效的利用，实现经济资源的优化组合。

第三，巨额财政赤字影响了财政政策与货币政策的协调配合。国家财力紧张，导致财政尤其是中央财政宏观调控能力弱化，使国家对宏观经济的调控越来越依赖货币政策进行。财政政策职能向货币政策转移，既加重了银行的负担，又导致了财政与银行在角色上的错位和功能上的紊乱，并引发了财政、银行之间的一系列摩擦和矛盾。主要表现为：①国有企业资本金不足本应由财政投入资金，但由于财政无力注资，转为由银行承担，导致银行信贷资金被大量长期占用。这一方面造成了国有企业的过度负债，利息负担沉重，企业经济效益不能得到正常反映，另一方面严重影响了银行信贷资产的质量，相当一部分贷款处于难以收回的高风险之中。②国有银行的政策性负担过重。20 世纪 80 年代末到 90 年代初国有银行承担着保值补贴，向特困企业发放“安定团结”“送温暖”贷款等政策性负担，从而大大降低了银行的经济效益水平，银行利润减少又影响了财政收入，形成不良循环。同时，这种不应有的负担也混淆了银行与企业、财政与企业的关系，很不利于银行的商业化改革。③各种规定的财政补贴，如解决对粮棉油收购资金补贴、政策规定的外贸亏损企业补贴等不到位，由银行大量垫款，迫使中央银行增加基础货币投放。

从国际经济发展的经验和我国社会主义市场经济体制建立的宏观要求来看，依靠财政扩张政策，特别是在收入不断下降的基础上推行财政扩张政策，必将严重地破坏国民经济长远、稳定的发展目标。我们绝不能对巨额的财政赤字掉以轻心。

要消除我国的财政赤字，必须立足于整个国民经济对财政收支的制约关系，从增加收入和控制支出两个方面采取综合措施。同时把消除财政赤字与振兴财政紧密联系，在消除财政赤字的过程中，壮大财政实力，强化财政职能，重新确立财政在国民收入分配和稳定经济发展中的应有地位。在收入方面，要充分重视加快深化国有企业改革步伐的财政意义，因为直到 1997 年，国有企业上缴财政的收入在全部财政收入来源中仍然占有60%以上。此外，要采取有效措施，强化税收征管，规范预算外资金的提取与运用，理顺分配关系。在支出方面，一是要坚定不移地贯彻适度从紧的财政政策，严格控制固定资产投资规模和消费基金的过快增长。在此前提下，要根据社会主义市场经济条件下政府职能转换的新要求，调整和优化财政支出结构，提高财政资金的使用效益。要采取切实措施，下狠心精简行政机构。世界上许多国家中央政府的部委一级机构一般控制在 20 个左右，地方政府的职能部门则更少。而我国中央政府有近 50 个部、委、总局，加上由财政负担的一级行业协会、总公司、研究机构，共有 100 多个，部内司局设置也是其他国家的二三倍以上。地方政府机构的设置与中央的模式基本相同，有的甚至要多于中央机构的数量。行政机构多，财政供养的人口多，导致财政支出中行政管理费用比重大、刚性强。关于精简机构，提高行政办事效率等问题，日本、美国都有很好的经验，值得学习借鉴。

第四，需要指出，事实上，自从赤字财政政策实施以来，这种政策始终没有完全退出过美国政府的财政政策体系，所不同的只是政策力度程度强弱不一。特别是 2008 年，美国的金融危机爆发后，奥巴马政府很快就做出动用扩张性的财政政策干预经济衰退的决定。美国政府不仅实行了大规模的减税政策，而且用财政资金增持了房利美和房地美公司的股份，并直接购买了通用汽车公司的 50%以上的股份。之所以如此，是因为在现代经济中，政府已经作为经济主体之一融入经济发展过程。它不仅仅是原来的市场经济“守夜人”，而是必须在经济发展中有更大的作为，也就是至少要承担起宏观经济的组织者或引领者的角色。政府有责任对劳动力的就业和家庭生活的稳定给予保护，在经济增长出现停滞甚至衰退时期，通过政府的财政政策和货币政策对经济增长施加干预。赤字财政政策和其他政策一样，都会有正反两方面的作用，只要运用得体，完全可以形成利大于弊的效果。2008 年以来，美国的经济出现了较快的复苏和增长趋势，政府已经着手退出已经实施的刺激性财政政策。相比而言，我国的积极财政政策到 2016 年还没有退出的条件，政府决定为稳定经济增长要继续实施此项政策。这表明，以赤字财政政策干预经济发展是市场经济中各国政府均可运用的一项重要政策，其效果的好坏不能简单地根据某一阶段的经济增长状况来判断，这需要根据国情和经济环境的变化统筹评价。

第四节 正确看待与完善中国的企业所得税负担

我国企业所得税在长时间内采取了内外有别的两种制度，这反映了我国改革开放过程中税制建设的渐进性和对内外资两类企业生产经营的差别待遇。总的来说，在形式上内资企业的税负要重于外资企业。这包括税率结构的差异化和税收优惠的差异化。这样做的目的是要通过给外资企业一定的税负从轻的好处，能够弥补我国基础设施建设和市场竞争环境不够健全对涉外企业利润带来的影响，对境外资本产生足够大的吸引力。这种代价有其合理性。但是，随着内外资企业所得税的合并，外资企业原来享受的税收优惠逐渐消失了。加之我国人工成本上升过快等因素的影响，部分外资企业感到在华投资的利益保障有所降低，特别是与某些发展中国家相比较，获利能力已经下降了。对这种所得税制度合并带来的外资企业资本外流的问题一度令人感到十分担心，本节以此为背景，提出需要正确看待我国企业所得税合并引起的外资企业外流问题。

一、韩资企业在中国的投资和撤离的基本情况

自从 1992 年 8 月中韩正式建交以来，两国在经济、政治、社会、文化等各个领域的交流日益增加，其中韩国企业在华的投资增长迅猛。据国家统计局统计，截至 2005 年 4 月，中方实际利用韩资额 277 亿美元，居中国利用外国直接投资的第三位；在中国吸收的外商直接投资中，韩资所占比重已由 1992 年的 1.1%升至 2005 年的 8.57%；2006 年中国吸收的外商直接投资总额为 603.2 亿美元，其中韩国直接投资 38.95 亿美元，与 2005 年的 51.68 亿美元相比，减少了 24.6%；韩资占中国吸收的外商直接投资总额比重为 6.18%，比 2005 年下降了 2.35 百分点。

2003 年开始，韩国企业出现了“非正常撤资”现象，即未经清算撤离中国市场。以山东为例，据韩国驻青岛总领馆提供的数字，韩国企业在山东的“擅自撤退”事件是在 2003 年，当年发生了 21 起逃离，此后开始逐年增加，2004 年有 25 家，2005 年有 30 家，2006 年有 43 家，但是，2007 年一下子上升到 87 家，与上年同比增长 1 倍有余。分析显示，“擅自撤退”的韩国企业多为低工资的劳动密集型企业，其中首饰生产厂家最多，为 63 家，其余依次是服装厂 33 家、皮革厂 28 家、箱包厂 14 家、制鞋厂 13 家。据山东省外经贸厅提供的数据，2003 年来逃逸的 206 家韩资企业涉及员工 2.6 万人，拖欠职工工资 1.6 亿元，拖欠银行贷款近 7 亿元；而烟台 2006 年逃逸的 3 家韩资企业拖欠职工工资 370 万元，各项债务 3 000 万元人民币。韩国企业从中国撤资，从大的方面而言，固然是全球产业调整和经济环境变化对国际投资资本规模和结构进行调整的现实表现，同时也是中韩两国经济条件变化和韩国企业自身问题的客观反映。但是，我国的税收制度改革所产生的企业税收负担变化也应该是一个不可回避的重要方面。

二、外资企业所得税税负分析

（一）内外两套税法独立运行时期的外资企业的税负。

在1980年和1981年，为了适应外商投资企业在中国发展的需要，中国政府分别建立了《中华人民共和国中外合资经营企业所得税法》和《中华人民共和国外国企业所得税法》；1991年7月1日起开始施行《中华人民共和国外商投资企业和外国企业所得税法》，把上述两个独立运行的税种合并起来。后来，中国也公布了一系列的规范性政策文件。例如，1995年施行的《外商投资产业指导目录》（后来有过四次修改），2002年的《指导外商投资方向暂行规定》，2006年的《关于设立外商投资创业投资企业的暂行规定》，以及2007年3月通过的《中华人民共和国企业所得税法》，等等。

虽然中国的引进外资政策在不断的调整与完善，但在2008年施行《中华人民共和国企业所得税法》以前，内资企业和外资企业始终是在两套不同的税法下运作的，税制待遇也一直是对外资超国民待遇中最典型的政策措施，其中最为根本性的问题是为内外资企业设定了有差别的税收负担。在1991年的税法中规定，外商投资企业和外国企业基本上实行成本费用税前据实扣除的办法，其所得税实行30%的比例税率，另按应纳税的所得额征收3%的地方所得税，综合税率也为33%。同时，国家实施了一系列税收优惠政策，主要包括生产性外商投资企业享受企业所得税“两免三减半”优惠，投资港口码头和能源类的外资企业享受企业所得税“五免五减半”，对设在经济特区、经济技术开发区等地区的生产性外资企业实行15%、24%低税率优惠等；对设在中西部地区的国家鼓励的外商投资企业，在5年的减免税期满后，还可延长3年减半征收所得税；对外商投资设立的先进技术型企业，可享受3年免税、6年减半征收企业所得税待遇；对出口型企业，除享受上述两免三减所得税优惠外，只要企业年出口额占企业总销售额的70%以上，均可享受减半征收企业所得税的优惠；对外商投资企业在投资总额内采购国产设备，如该类进口设备属进口免税目录范围，可按规定抵免企业所得税。外资企业所得税有上述一系列减免优惠政策，导致企业名义税负与实际税负相差很大。

应该注意的是，从企业方面看，其总体利益的获得不仅与税收负担相关，而且也与其投资国政府所提供的其他好处相关。事实上，我国吸引外商投资的政策随着国内境内经济环境的变化也在不断地调整，在1993年以前，主要注重创造有利的投资环境，包括改善基础设施、提供优惠的租税及廉价的土地等方面；1993年以后到加入WTO前，则是强调“以市场换技术”，也就是希望通过放宽进入市场的条件，吸引具备高新技术的产业直接投资，从而促进国内产业结构调整和升级；加入WTO后，中国在吸引外商直接投资的政策上转向强调“自主发展”，希望引进的技术能落地生根，有助于内资企业提升技术水平及研发、创新能力。这些变化从《外商投资产业指导目录》的制定与修订过程中可以略见一斑。

（二）中国企业所得税法施行后对外资企业税负的影响

我国现行的所得税依据的是2007年3月在全国人民代表大会通过的，于2008年1月1日开始施行的新企业所得税法。这部法律实现了内外资企业所得税的统一，开启了中国社会主义市场经济公平竞争的大门。

由于税率、税基和税收优惠政策发生的变化，新企业所得税法的税负水平也相应出现了新的变化。

第一，税率。对于外资企业而言，执行新税法后，其法定名义税率由33%降到25%，对以前适用33%税率的企业来说，其法定名义税率降低8百分点，企业税负减轻。对一些执行24%或15%低税率的外资企业来说，其法定名义税率上升了1百分点和10百分点，税负增加了。因此，新税法实施后，外资企业的行业税负结构发生变化。另外，针对“外商投资产业指导目录”（2007年修订）中列出的鼓励外商投资产业的“两免三减半”（从赢利开始之日算起，2年之内免征企业所得税，以后的3年所得税减半，即征收50%。）的税制优惠政策正式废除；同时一部分外资企业在新税法实施后可以继续按新税法的规定统一享受新的低税率优惠政策，如对高新技术企业实行15%的优惠税率、对小型微利企业实行20%的照顾税率，再加上原享受低税率和定期减免税优惠的老外资企业，可以享受过渡优惠政策：自2008年1月1日起，原享受低税率优惠政策的企业，在新税法施行后5年内逐步过渡到法定税率。其中，享受企业所得税15%税率的企业，2008年按18%税率执行，2009年按20%税率执行，2010年按22%税率执行，2011年按24%税率执行，2012年按25%税率执行；原执行24%税率的企业，2008年起按25%税率执行。

第二，费用列支标准。以前内资、外资企业所得税在成本费用扣除范围和标准方面差异极大，如内资企业所得税实行计税工资限额扣除制度，而外资企业所得税对工资支出实行全额据实扣除等，由此导致了内外资企业税基厚薄不一的状况。新企业所得税法对企业实际发生的各项支出扣除做了统一规范，明确规定企业实际发生的与取得收入有关的、合理的支出，准予在计算应纳税所得额时据实扣除，并在新企业所得税法同步实施的税法实施条例中对具体的扣除办法做出规定。主要内容包括取消内资企业实行的计税工资制度，对企业真实合理工资支出实行据实扣除；适当提高内资企业公益捐赠扣除比例，该比例从年度应纳税所得额的3%调整为年度利润总额的12%；企业研发费用实行加计扣除；合理确定内外资企业广告费扣除比例。

第三，税收优惠政策。一是对符合条件的小型微利企业实行20%的优惠税率，将国家高新技术产业开发区内高新技术企业15%低税率优惠扩大到全国范围；将环保、节水设备投资抵免企业所得税政策扩大到环保、节能节水、安全生产等专用设备；新增了对创业投资机构、非营利公益组织及对企业从事环境保护项目所得的优惠政策。二是保留了对国家重点扶持的基础设施投资、技术转让、农林牧渔业和国家已确定的其他鼓励类企业（即西部大开发地区的鼓励类企业）的税收优惠政策。三是用特定的就业人员工资加计扣除政策替代以往的劳服企业直接减免税政策；用残疾职工工资加计扣除政策替代以往的福利企业直接减免税政策；用减计综合利用资源经营收入替代以往资源综合利用企业直接减免税政策。四是取消了生产性外资企业定期减免税，产品主要出口的外资企业减半征税优惠政策；对于经济特区和上海浦东新区内新设立的国家需要重点扶持的高新技术企业，可以享受5年过渡性优惠。

毫无疑问，两税合并意味着对外资企业和国内企业一样要实行国民待遇，这会对外资企业原有的超国民待遇产生一定程度的影响，但具体分析可能并没有想象的那么严重。因为新税法不是将内资企业身上的负担再加到外资企业身上，而只是在统一规范税制的前提下，将以前仅给予外资企业的一些优惠也给予内资企业。

三、优化企业所得税负担的对策建议

根据对中国企业所得税改革及其产生的税收负担变化情况的分析，中国企业所得税制度的统一不应该成为导致韩国企业决定是否继续在中国境内投资决策的主要因素。我们既要看到，投资和撤资是市场经济中一种正常的经济活动，不能以过度消极的态度进行渲染，同时，中国自身的外资政策也需要做更深入的考虑，以应对未来更加复杂的情况。就税收负担的确定来讲，笔者提出以下几个方面的建议。

（一）改变外资观念和态度，变“引资”为“选资”

中国改革开放自始就伴随着对外商投资的鼓励，在唯GDP增长为尊的政绩考核机制下，从中央政府到地方政府，对外商投资基本上是“来者不拒”。近年来，随着中国引进外资规模的迅速扩大，外资已经广泛地渗透到中国各个产业和地区。国家税务总局公布的“2004年度中国纳税500强企业排行榜”显示：2004年外商及港澳台商投资企业纳税百强的纳税额为627.77亿元，与2003年纳税额627.65亿元基本持平，从纳税总量相对数来看，2004年增长率基本为零。与此相对应的是，2003年中国吸引外商直接投资总量位居世界第一，2004年首次突破600亿美元。公开资料显示，2005年在中国境内的50多万家外资企业中，有60%账面亏损，年亏损总额达 1 200 亿元。而另有数据显示，外商企业又一直在不断追加投资，有些外资企业投资增长率平均年达 30%~40%。长亏却不倒，显然不符合市场经济法则和企业经营常规，这就证明了不少外资企业存在偷逃税或避税行为。

从中国对外资企业的税收支持的角度来说，主要是以税率的降低为手段，没有以产业优化和技术进步为导向，这样便导致外商投资的产业雷同，使中国产业结构失衡；同时，外商企业的技术水平一般，有的甚至是国外淘汰技术，没有达到吸引外资以引进国外先进技术的目的。这种税收支持尤其为劳动密集型、技术含量不高的投资项目带来好处，此外，在巨额外资进入带来经济快速发展、就业增加、出口扩大的同时，也导致了严重的问题，如环境的破坏、能源的大量消耗。可以说改革开放初期的那种不加甄别地引进外资的做法已经不再适合当前经济发展的需要。因此，应该改变过去那种只注重引资规模、不顾引资成效的态度，在外资进入时要注重外资质量，将“引资”转变为“选资”，选择性地引进技术含量和扩散程度高、对本国产业成长有促进作用的外资，而对于与国内技术水平相当，只想利用中国低成本生产优势的外资，如一些劳动密集型产业的外资，中国应当理智地拒绝其进入。这样一来，就可以通过“选资”而防范撤资。

（二）规范税收优惠政策，变“按地方分类引导”为“产业优惠为主，区域优惠为辅”

从 20 世纪 80 年代后期以来的税制改革中，许多国家取消了相当多的税收优惠措施。这样做的原因主要有两个：一是为了保证财政收入，在降低税率的同时取消税收优惠待遇，以扩大税基；二是与税收“中性”理念有关。第二次世界大战后几十年的实践表明，每一项税收优惠都是潜在的税收漏洞，增加了税收管理的复杂性和困难。更重要的是广泛的税收优惠政策效果往往言过其实，因为税收优惠旨在吸引那些已缔结含有税收饶让条款的税收协定国家的投资者，对于没有这些条款的国家，如美国，税收优惠措施只意味着把收入让渡给其他国家的国库。因此，许多国家开始对税收优惠重新评价，采取更加谨慎的态度。考虑到税收优惠不可替代的激励作用，不可能将其取消，而是使优惠政策的运用更具有针对性、有效性。

中国企业所得税制的税收优惠政策未能很好地体现国家的政策导向，表现为区域性优惠导向有余，产业性优惠导向不足，经济特区、经济技术开发区的优惠程度远高于中西部地区，加大了地区差异，有悖于经济发展战略目标，对于生产性外商投资企业不分产业性质进行优惠，扭曲和减弱了产业政策的导向作用，也与产业政策区别对待的方针相悖。另外，没有很好地将利用外资同优化中国产业结构结合起来，未能有效地引导资金投向国家急需发展的瓶颈产业，致使相当部分的外资投向不够合理，加剧了国内产业结构的失衡。在中国国民经济各行业中，外资投向主要集中在加工业、房地产业和公共事业等，而农业、交通运输、环保产业、高新技术产业和技术服务业中外资所占比重较小；在这些投资中，非生产性项目吸引外资偏多，基础设施、基础产业等行业则非常低；外资集中投向技术含量较低的项目，多数为加工业和劳动密集型产业，属于先进技术的为数不多。这种状况不利于中国经济结构的调整和产业结构的升级，所以在制定涉外税收优惠政策时，要以产业优先为原则，将产业结构调整置于区域政策之前，确保国家经济结构调整到位。在对待不同产业的发展上，可以实行产业不平衡增长战略，解决税收政策与产业政策的矛盾，从产业发展战略上主要是对基础产业和高新技术企业可以给予特殊优惠，对其余生产性或非生产性行业只能享受一般性优惠。对此，中国统一后的企业所得税已有所规定。例如，企业从事符合条件的环境保护、节能节水项目，如公共污水处理、公共垃圾处理、沼气综合开发利用、节能减排技术改造、海水淡化等项目的所得，自项目取得第一笔生产经营收入所属纳税年度起，给予“三免三减半”的优惠。企业以《资源综合利用企业所得税优惠目录》规定的资源作为主要原材料并符合规定比例，生产国家非限制和禁止并符合国家和行业相关标准的产品取得的收入，减按 90%计入收入总额。

（三）加强市场机制和法制建设，改善外商投资环境

一般来说，国内企业开展国外投资的根本目的是通过资金的转移，去寻求新的优势，寻求与其他国家各种优势的结合，以便在竞争中建立起企业新的更强大的优势地位，而企业寻求的优势一般集中在资源、市场和效率三个方面。一国对外国直接投资的吸引力的影响因素就从重到轻包括市场潜力、政治和法律因素、要素禀赋的比较优势（如劳动力、资源等）、东道国的产业集中程度、成本和激励因素（包括优惠政策）。税收优惠被排在第五位。可见，税负轻重并非一国吸引外资的唯一因素，也不是最关键的因素。韩国的经验可为此提供典型例证，到目前为止，韩国的外资企业所得税税率约为 54%，大大高于中国 33%的名义税率，是中国经济特区 15%税率的 3.6 倍，但我们看到，韩国引进外资的数量并未因此而减少。和改革初期相比，现在进入中国的外资企业看中的已不再是税收优惠等优惠政策，中国广阔的市场潜力、稳定的政治经济环境、不断完善的法制，对外来投资者具有非常大的吸引力。根据亚洲开发银行的调查显示，在中国的外资企业中，有 95%的外资企业看好目前中国的经济形势，愿意保持或继续扩大投资规模。所以说，完善的市场机制和法制体系是企业正常经营和公平竞争的保障。现在的企业所得税制度，并不是简单的内资和外资税率合在一起，提高外资企业的税负，减少内资企业的税负。中国合并两税的最终目的就是给内外资企业在税收上营造一个平等竞争的环境，从而体现出市场经济的效率、平等竞争和透明公正的原则，这也是吸引外资的根本措施。另外，保持税负的确定性是保证一项税制改革成功

的关键因素之一，因为只有确定的、可预测的税负环境，才有利于企业与公众在其筹资和投资决策时进行较长期的展望。要在税制改革中维持税负的确定性，就必须高度重视并扎实做好税制改革的各项准备工作，如改革方案的可行性分析、改革措施的咨询和改革方案实施前必要期限的试验调整，以避免因准备不足而进行随意性、盲目性改革，导致税负的变化莫测。就一个企业而言，税收制度和政策的改革的确就是他们最为关心的重大问题，这要求我们为此开展深入事前事后的调查研究，做足功课，才能做到心中有数，成竹在胸。

参考文献

北京大学中国经济研究中心宏观组. 1999. 宏观政策调整与坚持市场取向[J]. 河北经贸大学学报，3：10-21.
陈共. 2015. 财政学[M]. 北京：北京：中国人民大学出版社.
邓小平. 1987. 建设有中国特色的社会主义（增订本）[M]. 北京：人民出版社.
邓小平. 1993. 邓小平文选[M]. 第3卷. 北京：人民出版社.
邓聿文. 2009-09-09. 经济刺激政策为何不能见好就收[N]. 中国改革报.
邓子基. 1987. 比较财政学[M]. 北京：中国财政经济出版社.
邓子基. 2007. 财经文选[M]. 第二卷. 北京：中国财政经济出版社.
丁凌云. 2008. 农村社会保障及政府承担力的一个基本判断[J]. 广西金融学院学报，2：23.
冯锦福. 2008. 全国文化信息资源共享工程基层建设中的重要环节[J]. 图书馆建设，2：114-117.
高凤，宋良荣. 2013. 增值税扩围后中央与地方分享比例测算[J]. 财会月刊，4：56-57.
高培勇. 2009-08-05. 坚定不移地实施积极财政政策[N]. 人民日报.
高培勇. 2014. 财税体制改革与国家治理现代化[M]. 北京：中国社会科学文献出版社.
郭庆旺，赵志耘. 2002. 财政学[M]. 北京：中国人民大学出版社.
国家税务总局税收科学研究所. 2012. 国外税制改革发展方向与经验研究[J]. 经济社会体制比较，11：13-23.
国务院研究室. 1993. 中国农业综合生产能力研究[M]. 农业出版社.
胡怡建. 2011. 增值税扩围改革的财政收入影响分析[J]. 财政研究，9：18-22.
蒋洪. 2011. 公共经济学（财政学）[M]. 第二版. 上海：上海财经大学出版社.
梁红. 2015-08-17. 降低税负不应缺席稳增长和调结构[EB/OL]. 中金公司，http://www.cicc. com/index_cn.
刘瑞杰. 1995. 简评西方税收原则理论的演进[J]. 税务研究，4：58-61.
刘尚希. 2012. 直接税的比重无法通过税改来提高[EB/OL]. 和讯论坛，http：//tax.hexun. com，11-05.
刘尚希. 2015-09-09. 全面减税能解除经济增长的抑制吗？[N]. 中国财经报.
罗肇鸿，张仁德. 1994. 世界市场经济模式综合与比较[M]. 兰州：兰州大学出版社.
马歇尔 A. 1965. 经济学原理[M]. 陈良壁译. 北京：商务印书馆.
毛泽东. 1966. 毛泽东选集[M]. 第三卷. 北京：人民出版社.
穆勒 D C. 1993. 公共选择[M]. 张军译. 上海：上海三联书店.
钱信忠. 1992. 中国卫生事业发展与决策[M]. 北京：中国医药科技出版社.
人力资源和社会保障部劳动工资研究所.2012-01-02. 2012 年中国薪酬报告[EB/OL]. http：//news.xinhuanet.com.
日本经济企划厅. 1999. 经济白皮书[M]. 东京：大藏省印制局.
施文泼，贾康. 2010. 增值税“扩围”改革与中央和地方财政体制调整[J]. 财贸经济，11：46-51.
斯密 A. 1974. 国民财富的性质和原因的研究[M]. 王大力，王亚南译. 北京：商务印书馆.

魏武，李建敏. 2004-06-01. 我国政府工作模式根本变革:公共服务走向社会化[EB/OL].http：//news.sina.com.cn.
习近平. 2014-06-10. 在中国科学院第十七次院士大会、中国工程院第十二次院士大会上的讲话[N]. 人民日报.
项镜泉，杨良初. 1991. 税利分流是现阶段实现社会必要扣除的较好形式[J]. 财政研究，3：16-22.
杨翠迎，米红. 2007. 农村社会养老保险：基于有限财政责任理念的制度安排及政策构想[J]. 西北农林科技大学学报（社会科学版），3：1-7.
杨和焰. 2006. 论网络时代的政府公共信息管理与服务[J]. 兰州学刊，9：177-178.
杨澜，周馨怡. 2009-10-09. 绸缪经济刺激政策的退出机制[N]. 21 世纪经济报道.
杨亮. 2009-11-16. 财政部：积极财政政策应对金融危机成效显著[N]. 光明日报.
杨名，李大庆. 2012. 增值税“扩围”改革中税收收入分配问题探析[J]. 河北学刊，164-167.
曾伟清. 2004. 网络环境下文献信息资源共享的障碍及对策[J]. 图书馆，4：63-65.
张斌. 2011. 增值税扩围对地方经济的影响分析及对策研究[J]. 湖北社会科学，6：74-77
张涛. 2015-04-27. 积极财政要靠减税[EB/OL]. 财新网，http：//www. caixin. com/.
张晓林. 2001. 数字化参考咨询服务[J]. 四川图书馆学报，1：34-40.
赵峰. 1986. 税收的收入作用与调节作用谁居首位要做历史的具体的分析[J]. 财政研究，12：31，32-34.
郑功成. 2003-01-07. 未来发展：中国需要一个怎样的社会保障制度[N]. 中国社会报.
中共中央马克思恩格斯列宁斯大林著作编译局. 1972. 马克思恩格斯选集[M]. 第 2 卷. 北京：人民出版社.
中共中央马克思恩格斯列宁斯大林著作编译局. 1972. 马克思恩格斯选集[M]. 第 3 卷. 北京：人民出版社.
中共中央马克思恩格斯列宁斯大林著作编译局. 1972. 马克思恩格斯全集[M]. 第 23 卷. 北京：人民出版社.
中国社会科学院工业经济研究所，日本总合研究所. 1982. 现代日本经济事典[M]，北京：中国社会科学出版社.
Barro R J. 1979. On the determination of the public debt[J]. Journal of Political Economy, 87:940-971.
Downs A. 1957. An Economic Theory of Democracy[M]. New York: Harper.
Musgrave R. 1959. The Theory of Public Finance: A Study in Public Economy[M]. New York: McGraw-Hill.
Ter-Minassian T. 1997. Decentralization and macroeconomic management[J].IMF Working Paper，97：155.

后　记

出版本书的目的是想对笔者财政税收学术研究的成果做一个集中性的总结。笔者于 1982 年从河北大学财政金融专业毕业后，留校任教至今。虽然工作期间先后到中央财政金融学院（现称中央财经大学）和厦门大学攻读硕士和博士学位，但毕业后又回到河北大学工作，始终专注于财政税收的教学与研究。期间，共发表 130 多篇论文。本书的内容以 1987~2015 年所发表的部分学术论文为基础资料，对财政制度改革和财税政策的变迁进行了较为系统的探讨，并结合当前的情况，对其所出现的变化和未来的发展趋势做了尽可能的展望。由于笔者认知水平的局限性，书中存在一些观点的偏差和文字的浅薄。但是，回望这些研究成果，笔者对于能够提出一些对当时财税制度改革和政策分析有益的观点及建议，特别是有些已经成为政府部门制定政策的参考依据，感到荣幸。

需要说明的是，本书的出版得到了河北大学一些教师、研究生同学的支持，主要有宋凤轩教授、李克桥教授、杨文杰博士、王丽敏博士、田贵贤博士、马卫红博士、朱天华博士、谷彦芳博士等。在此，对这些老师和同学的贡献表示衷心感谢！

笔者要特别感谢科学出版社的编辑们为该书的出版所付出的心血！

孙健夫

2016 年 4 月